JN440470

이유록

二有錄

이유록 二有錄

고려대학교
정년 교수의 퇴임사

고려대학교
교무처 편

고려대학교출판부
KOREA UNIVERSITY PRESS

축사

정년 퇴임식을 할 때마다 퇴임하시는 교수님들로부터 인사말씀을 듣는 시간이 있습니다. 한 글자 한 글자 정성스럽게 작성하신 원고를 읽으시기도 하고, 긴긴 세월의 연륜을 담아 짧지만 깊은 여운이 남는 메시지를 즉석에서 전하시기도 합니다. 내용과 형식은 다를지 모르지만 우리 고려대학교에 대한 애정과 더 밝은 앞날에 대한 축원에 있어서는 모두가 한마음 한뜻이십니다. 그 고결한 마음과 뜻을 잘 알기에 후학들은 정년 퇴임 교수님들의 말씀 앞에서 학교와 학문 발전을 향한 의지를 새롭게 다지곤 합니다. 그러므로 이 책은 어찌 보면 정년 퇴임식과 더불어 오랜 시간 동안 쌓여 온 감동적인 장면들을 모아 놓은 사진첩과 같은 것이라 봅니다.

'민족의 힘으로 민족의 꿈을 가꾸어 온 민족의 보람찬 대학.' 우리 고려대학교의 위상을 문학적으로 집약한 호상(虎像) 비문(碑文)의 첫 구절입니다. 우리 학교의 발전을 위해 보탠 손길이 어디 한둘이겠습니까. 그런데 그중에서도 학생을 가르치시랴 연구를 하시랴 분주하게 활동하신 교수님들의 손길은 학교 발전의 결정적 요인이었습니다. 보이는 곳에서 혹은 보이지 않는 곳에서 한 손에는 정을, 다른 한 손에는 쇠망치를 굳게 쥐고서 거칠고 차가운 돌덩이를 다듬으며 뜨거운 혼을

불어넣어 끝내 웅혼한 석탑을 만드셨습니다. 이 책은 그런 교수님들의 숨결을 느끼게 합니다. 학교 발전과 국가 발전을 향한 교수님들의 일생이 이 책 속에서 때로는 객관적이면서도 역사적으로, 그리고 때로는 개인적 심상(心想)으로 고스란히 나타나 있습니다. 아울러 대학 교수이자 학문하는 사람으로서의 공적인 삶 저편에 자리잡고 있는, 인간이자 스승으로서의 진실했던 모습들도 함께 담겨 있습니다. 그래서 이 책의 발간은 퇴임하신 교수님들께서 지식의 온전한 전수를 위해 늘 고수해 오신 항심(恒心), 옳은 것을 옳다고 말하고 그른 것을 그르다고 말하기 위해 지켜 오신 지조(志操)를 오늘을 사는 우리들이 되새기는 또 하나의 계기가 되어 줄 것입니다.

《二有錄》의 발간을 위해 흔쾌히 원고를 보내 주신 퇴임 교수님들께 진심으로 감사드립니다. 그리고 귀중한 자료들을 정성스럽게 정리하여 책자로 발간하기까지 수고를 아끼지 않은 명순구 교무처장과 '유시유종(有始有終)'의 문의(文意)를 기반으로 본교 교수님들의 정년 퇴임사 모음집에 고아(高雅)한 이름을 선사해 주신 한문학과 심경호 교수께도 깊은 감사의 인사를 전합니다.

이 책은 우리 고려대학교의 역사 속에 특별한 문적(文蹟)으로서,

단순히 세월을 돌이키며 떠올린 소회(所懷)를 글월로 전하는 것 이상의 의미를 지니게 될 것입니다. 첫 번째로 발간된 《二有錄》이 제자가 스승을, 후학이 선학을, 그리고 고려대학교의 희망찬 미래가 소중한 과거를 기리는 기념비로서 오래도록 우리 곁에 남아 있기를 소망합니다.

2012년 9월

고려대학교 총장 김병철

발간사

매년 2월과 8월의 막바지에 우리 고려대학교에서는 어김없이 원로 교수님들의 정년 퇴임 기념식이 거행됩니다. 2011년 9월 1일 교무처장 직을 맡은 후로는 주무 처장으로서 그리고 사회자로서 언제나 기념식을 준비하고 진행하고 있습니다. 그전에는 가까이 모시던 교수님께서 정년 퇴임을 하시는 계기에 띄엄띄엄 정년 퇴임 기념식장을 찾은 적이 있었습니다. 그런데 정년 퇴임 기념식에 갈 때마다 가슴속이 뭉클하지 않은 적이 한 번도 없었습니다. 퇴임하시는 교수님들의 인사말씀 때문이었습니다.

기념식 순서에는 퇴임 교수님의 인사말씀이 포함되어 있습니다. 퇴임사에 해당하는 그 인사말씀은 아주 짤막합니다. 그런데 그 짧은 언어가 때로는 바로 옆에서 울리는 북소리처럼 마음을 일깨우고, 때로는 푸른 풀밭을 쓰다듬는 부드러운 바람결처럼 마음을 어루만져 주었습니다. 교수님들의 퇴임사가 그런 신비한 힘을 가지는 이유는 한 치의 거짓도 없는 순수의 마음으로 우리 고대 가족의 한결같은 바람을 표현하고 있기 때문이라고 생각합니다. 고대 가족의 한결같은 바람이 무엇입니까. 고려대학교가 학문으로 반짝반짝 빛나고 그 빛이 온 누리를 넉넉히 비출 정도가 되는 것밖에 무엇이 또 있겠습니까. 말하자

면 퇴임식장의 교수님들께서는 고려대학교를 향해 진정한 축원을 하시는 것이지요.

그렇게 귀한 말씀들을 지금까지는 후학들의 기억에만 담아 두는 데 그쳤습니다. 그러다 보니 후학들에게 벅찬 감동과 깊숙한 영감을 주는 그 말씀들 중 어떤 것은 그냥 허무하게 공중으로 날아갔습니다. 고려대학교의 귀한 역사를 보듬지 못한 것입니다. 이제는 저희 후학들의 기억이 한계점에 이르렀다는 사실을 고백하고자 합니다. 선학들의 고매한 행적이 후학들이 감당할 수 없을 정도로 너무 많이 쌓인 것이 한 이유이고, 후학들은 이제 더 높고 새로운 길을 고민해야겠다는 것이 또 다른 이유입니다. 그리하여 이제부터는 교수님들의 퇴임사를 책으로 엮어 내고자 합니다.

2012년은 고려대학교 개교 107주년이 되는 해입니다. 마음 같아서는 107년 동안 고려대학교 교수로 봉직하셨던 교수님들의 퇴임사를 빠짐없이 담고 싶었습니다. 그러나 세상일이 어디 그리 마음과 같습니까. 이미 작고하신 교수님도 계시고 연락이 여의치 않은 분도 계십니다. 그래서 2011년 12월 12일 교무처에서 파악할 수 있는 범위에서 이미 퇴임을 하신 교수님과 2012년 2월 29일 날짜로 정년을 맞

으신 교수님께 편지를 드려 원고를 부탁드렸습니다. 그렇게 모인 원고 약 70편을 이 책에 담았습니다. 있어야 할 원고의 수에 비하면 매우 적은 양이기는 합니다. 그러나 이제부터라도 놓치지 않고 고려대학교의 역사를 하나하나 기록해 나가는 것이 중요하다고 생각합니다.

이 책의 제목 '二有錄(이유록)'은 문과대학 한문학과 심경호 교수님의 작품입니다. '二有'는 '有始有終(유시유종)'의 뜻을 취한 것입니다. '有始有終'은 《大學》의 '物有本末, 事有終始, 知所先後, 則近道矣'(사물에는 근본과 말단이 있고, 일에는 끝과 시작이 있으니, 먼저 하고 뒤에 할 것을 알면 도에 가까울 것이다)라는 말에서 나온 것입니다. 이 책에는 한결같은 마음으로 고려대학교에서 학문과 교육에 힘쓰시다가 퇴임하신 교수님들의 말씀이 담겨 있습니다. 학문과 교육에도 '初志'가 있고 '終成'이 있어 비로소 한 학자의 삶이 완결된다고 보기에 '有始有終'의 뜻을 취한 것입니다. 책의 제목을 얻기 위해 몇 분 교수님들께 부탁을 드렸는데 최종적으로 '二有錄'이 선정되었습니다. 교무처장의 부탁에 따라 제목을 제안해 주셨던 다른 교수님들께 감사와 송구한 마음을 함께 전해야 할 것 같습니다. 너그러이 양해해 주시기를 바랄 뿐입니다.

이 책의 원고는 그 형식이 한결같지 않습니다. 어떤 교수님은 정년퇴임사를 보관하셨다가 그대로 보내 주셨습니다. 어떤 교수님은 교무처장의 갑작스러운 부탁에 새로 글을 써서 보내 주셨습니다. 원고의 제목에도 일관된 법칙이 없습니다. 그럼에도 불구하고 책을 편집함에 있어서 굳이 원고의 통일성을 세우려 애쓰지 않았습니다. 중요한 것은 각 원고에 드러난 교수님들의 마음이라고 생각하기 때문입니다. 이번에 모인 원고로 첫 번째 《二有錄》을 묶었습니다. 《二有錄 2》, 《二有錄 3》…. 《二有錄》은 이렇게 고려대학교의 역사와 함께 계속 이어질 것입니다. 후학들은 이 책을 경건한 마음으로 읽을 것입니다. 이 책은 고려대학교의 역사를 증거하게 될 것입니다.

요즘 한국의 대학은 새로운 발전을 위하여 무한경쟁을 하고 있습니다. 머지않은 장래에 우리나라에도 세계적으로 빛나는 대학들이 떠오를 것입니다. 우리 고려대학교가 그중의 하나임을 물론입니다. 그런데 그 영광이 상처와 공허함으로 가득한 것이어서는 안 될 것입니다. 그러기 위해서는 '대세를 거스르지 않으면서도 결코 대세에 묻히지 않는 고려대학교'를 지켜야 할 것입니다. 우아한 학문공동체를 지향하고자 합니다. 이를 위하여 교무처는 'University+ 프로젝

트'를 기획하여 시행하고 있습니다. 'University+'란 안으로는 자기 혁신을 통해 늘 새로워지는 고려대학교, 밖으로는 일반적인 대학을 넘어서는 고려대학교를 마음에 품고 있습니다. 《二有錄》의 발간은 'University+ 프로젝트'의 일부입니다.

은퇴하신 교수님들께 작년 12월 12일 원고를 부탁하는 편지를 드릴 때 '과연 몇 분이나 답을 주실까?'라고 생각했습니다. 2012년에 바로 책을 꾸밀 수 있는 정도의 양이라도 되었으면 좋겠는데…. 이런 저런 마음이 교차했습니다. 그런데 원고를 모으고 보니 제 걱정은 기우였습니다. 심지어 어떤 교수님께서는 교무처장으로부터 원고청탁을 받고 가슴이 울렁거리셨다고 합니다. 갑작스러운 청탁을 그렇게 어여삐 여겨 주시고 기꺼이 귀한 글을 주신 모든 교수님들께 존경과 감사의 말씀을 올립니다. 교수님들의 그 숭고한 마음이 있었기에 우리 고려대학교가 이렇게 굳건할 수 있었습니다.

2012년 9월

고려대학교 교무처장 명순구

차례

물러서는 惑想

이상은

1905년생 • 문과대학 철학과 1945-1970년 재직

금년 8월 말로 나는 65세 정년 제도에 따라 고려대학 職場에서 물러서게 되었다. 정년 제도가 하나의 제도로서 존재하는 이상 어느 누구를 물론하고 때 되면 물러서게 마련이니 그것은 '生·長·盛·衰'와 '新陳代謝'의 生物學的 법칙에 따르는 불가피한 현상이라고 보아도 좋을 것이다. 더욱이 急激한 變化의 時代—學問이 나날이 새로워지고 技術이 나날이 발전되어 가는 時代에 있어서 늙은 사람들의 旣成觀念과 固定化된 머리는 새 時代에의 適應에 있어서 젊은 사람들에 뒤지지 않을 수 없는 것이며 生理的인 老化는 特殊한 경우 이외에는 精神的인 老化를 隨伴하기 마련이므로 늙은 사람은 물러서고 새 時代를 담당할 수 있는 젊은 사람들이 뒤를 이어야 進步와 發展이 있을 수 있다는 論理에서 정년 퇴직은 하나의 必要한 사회제도인 것이다.

그러나 물러서는 개개인의 느끼는 감상은 반드시 이처럼 淡淡한 것은 아니다. 停年이란 말 그 自體가 이미 한 人生의 黃昏을 宣告하는 만큼 빛나고 多彩롭고 希望의 꽃이 피던 時節은 이미 過去로 사라져 버리고 孤獨과 寂寞과 衰殘만이 날이 갈수록 무거운 장막을 내리게 될 앞날을 생각하면서 서글픔을 금치 못하는 사람도 있을 것이요 한 職場에 數十年 동안 있게 되면 同僚間의 友情과 師弟間의 情誼로써 서로 얽히어 그 속에서 삶의 보람을 느꼈다면 그러한 삶의 보람을 하루아침에 다 잃어버리게 되는 정년의 물러섬을 서글피 생각함도 또한 人之常情이다. '벗'이란 것이 人生에 있어서 얼마나 중요한지 가장 절실히 느끼는 때도 바로 물러서는 이때이리라고 나는 생각한다. 그래서 孔子는 "有朋이 自遠方來하니 不亦樂乎아"라는 名句를 늘그막에 남겨 놓았던 것이 아닌가 한다.

그러나 이러한 감상은 마음 가지기에 따라서 달라질 수 있는 것이라고 볼 수도 있다. 윌리엄 제임스의 用語를 빌려 말하면 軟心腸(tender-minded)의 사람에 있어서는 그러한 情感이 하나의 '實存'으로 自己를 사로잡을지 모르나 硬心腸(tough-minded)의 사람에 있어서는 그것을 理性化함으로써 解消시킬 수도 있는 것이다. 莊子는 그 妻가 죽었을 때 처음엔 몹시 서글퍼 했지만 그 뒤 가만히 생각해 보니 人生이란 본래 大自然에서 태어나서 이 世上에서 하루살이 生活을 하다가 다시 大自然의 제집으로 돌아가는 것이 아닌가? 지금 自己 곁에 누워 있는 妻는 제집으로 돌아가서 편안히 쉬고 있는데 내가 공연히 울고불고할 필요가 없지 않은가…. 이렇게 감정을 理性化함으로써 莊子는 生死를 達觀하는 哲學者로 이름났거니와 그러한 硬心腸을 가질 수만 있다면 人生의 모든 哀歡을 벗어난 超越의 世界에 살 수도 있으리라.

그러나 이제 내가 느끼는 것은 한낱 多情多感한 軟心腸의 것도 아니요 그렇다고 해서 超越의 世界에서 놀려는 硬心腸의 것도 아니다. 나는 普專時代부터 이 學校에 관계하다가 소위 大東亞戰爭 때 約6年間 中斷하고 8·15 해방 이후로 다시 관계하여 오늘날까지 계속되었으므로 前後를 통산하면 30年間이란 세월을 나는 이 학교에서 보내게 되었다. 이 30년의 세월은 나의 청년期, 장년期, 老年期에 걸치고 있는 만큼 나의 一生은 普專·高大와 함께 크고 자라고 늙었다 하겠다.

人生이란 하나의 自己完成의 過程이라고 나는 본다. 어느 만큼 살았느냐 하는 물음은 어느 만큼 自己를 完成시켰느냐 하는 물음이다. 普專·高大를 職場으로 삼고 30年이란 세월을 보내는 동안 나는 이 職場生活을 통해서 얼마나 나 自身의 人間完成의 過程을 걸어왔는가를 決算해 보아야 할 時期에 이르렀다.

孔門의 道를 傳했다는 曾子는 다음 세 가지 물음으로써 自己完成에의 길을 밟아 갔었다.

(1) 남을 爲해서 일을 도모해 주는 데 忠誠을 다하지 못하지 않았나?

(2) 벗과 사귐에 있어서 信義를 지키지 못하지 않았나?

(3) 배운 것을 버려두고 익혀서 더 새롭게 하지 못하지 않았나?

이 물음을 나에게 묻는다면 나는 세 가지 중에 어느 한 가지에 대해서도 滿足한 대답을 할 수 없다는 것을 率直히 告白하고 싶다.

사람들은 儒教的인 이러한 反省은 순수한 個人의 私的生活에 屬하는 일로서 現代市民社會의 公的生活·社會的生活과는 그다지 關係없는 것같이 생각한다. 그러나 나는 그렇게 생각하지 않는다. 누구나 한 機關에 오래 있으면 여러 가지 公職에 따르는 地位와 名譽를 가지게 된다. 사람들은 이 地位와 名聲의 高下로써 人間評價의 尺度로 삼으려 한다. 그러나 따지고 보면 그 地位나 名譽는 한 機關이 그 機能을 發揮하기 爲해서 제정해 놓은 制度로서 個人에게 一時的으로 주어진 虛名에 不過한 것이요, 그 個人 자신의 본래 지니고 있는 것은 아니다. 個人의 完成에 있어서는 그런 多彩로운 職名이 문제되는 것이 아니라 그 職에 있어서 얼마나 忠實하게, 얼마나 참되게, 얼마나 올바르게 일을 했느냐가 문제되는 것이다. 그러므로 公·私生活을 막론하고 人間은 항상 自己로서 自己가 해야 할 道德的 義務를 自身에게 賦課하고 그것을 實踐함으로써 自己完成을 指向해 나아가는 것이다.

이러한 人生觀에서 나의 30年 職場生活을 回顧해 볼 때 나는 나의 生活을 創造的, 能動的으로 開拓해 나가기보다 公式的, 依例的, 日常的인 惰性에 빠져 그날그날을 보냈던 것이 太半이 아닌가? 나는 내가 念願하고 計劃했던 일을 實現 못 하고 만 것이 얼마나 많았던가? 等閑과 不注意로 事理와 情勢判斷을 그르쳐 失敗를 招來했던 일도 한두 가지 아니었던 것이 아닌가? 좀더 진실된 努力으로 좀더 큰 業蹟을 남길 수 있었음에도 不拘하고 그렇지 못하지 않았는가? …. 이 모든 물음에 나는 否定的 대답을 할 自信이 없다.

나는 自身이 賦課한 義務를 다 完遂하지 못하고 職場을 물러서게 된 것이 무엇보다도 恨스럽다. 그러나 職場을 물러섰다 해서 自己完成의 義務가 끝나는 것은 아니다. 그것은 나의 숨이 붙어 있는 날까지 계속해야 할 義務인 까닭에….

—1970년 8월 퇴임사

의과대학의 발전을 기원하며

최덕경

1918년생 • 의과대학 의학과 1961-1983년 재직

변변치 못한 제가 교수직의 말석에 앉아 정년을 맞이하게 되니 부끄럽고 감사하기 짝이 없습니다.

고려대학교 의과대학은 1938년 5월 1일 설립되어 약 35년간 우여곡절을 겪은 경성여자의학전문학교를 1971년에 병합하여 약 10여년이 지나고 있습니다. 고대 의대의 전신인 경성여자의학전문학교의 약 35년간의 역사는 현대 한국의 정치사요, 사회사요, 교육사입니다.

경성여의전의 탄생 자체가 기적이고 요행입니다. 막대한 재산을 기부하신 김종익 선생의 유지는 의학 교육이 여자로 국한한 것으로는 촌탁되지 않았습니다. 그런데 여기에 문제가 있습니다. 1938년에 한국의 통치자는 일본이었습니다. 그간 한국을 지배하다 1910년에는 아주 통째로 합병하여 조선총독부를 세워 통치하다가 아직도 욕심이

남은 일본은 1931년에는 자작극으로 만주사변을 일으켜 1932년에는 만주국을 설립하고 계속 전쟁을 하여 1937년 7월에는 중국과 전면전을 벌였습니다. 7, 8년 침략전쟁으로 인적 자원이 부족해진 일본이 우리나라 청년들에게 지원병 제도를 실시한 때가 바로 1938년이었습니다.

일본은 한국인을 노예화하려고 통치 35년간에 고등교육기관의 설치를 허가한 사실이 없습니다. 1919년 3·1운동 이후 총독 사이토 미노루가 문화정책을 공포하여 겨우 우리말 신문들이 발간되고 1924년에는 한국인을 위한다 하면서 설립한 경성제국대학이 유일한 고등교육기관입니다. 그러면서 20여 만 명 조선 거주 일본인 자녀들에게 입학을 허가하여 학생 수는 1년에 한국인 40명, 일본인 120명으로 무언으로 고정되어 있었습니다.

일본인 젊은 의사가 군의관으로 투입되고 후방에 의사가 부족하여 의사의 양성이 필요한 절박한 때에 김종익의 유지는 가뭄의 단비였습니다. 그러면서도 일본은 의과에 입학하는 일본인 남자가 부족할 것까지 계산하여 여자의과의 허가를 고안하여 김종익 선생의 유지의 1/2에 해당하는 허가를 결단하였습니다.

이래서 경성여자의학전문학교가 탄생한 것입니다. 물론 일본 여자 공학이요 교장도 일본인이었던 것은 주지의 사실입니다. 1945년 졸업생까지 일본 여자가 섞여 있습니다. 저는 경북여고를 졸업하고 고향에서 2년여를 초등학교 교원으로 지내다가 이 학교가 개설되자 1

회 입학생으로 교문을 두드린 것입니다.

전시였지만 의과는 무풍지대였고 1941년에는 부속병원이 개설되어 진료와 실습이 이루어졌으며 전시 일본인 의사가 부족하여 경성여의전의 교수는 전부 한국인이었으니 이보다 더 다행한 일은 없었습니다. 전쟁은 점점 가열되어 1941년에 일본이 제2차 세계대전에 뛰어들었으며 한국에서는 쌀 수탈, 창씨개명, 한국인 징병제, 학병제, 전면 징용제, 여자정신대 동원 등 갖은 악랄한 발악을 했습니다. 연세대는 공업경영전문학교로 교명이 바뀌고 2년제에다 일본인이 교장이 되는 변을 당하였으나 다행히도 고대의 전신인 보성전문학교는, 경성척식경제전문학교로 교명이 바뀌고 2년제가 되었으나, 일본인 교장만은 총독부도 감히 파견하지 못했습니다. 그래서 저의 졸업장은 창씨개명한 이름이요 의사면허장은 물론 일본에서도 통용되는 것입니다.

1945년 8월 15일 일본의 무조건 항복으로 경성여자의학전문학교는 제2의 변동기에 들어갔습니다. 일본이 물러가고 한국인의 손에 모든 것이 일시에 넘어오는 격동과 혼란의 시대 상황하에 1950년 6월 25일 한국동란으로 인한 파괴에 들어가는 어려운 시기에 경성여의전이 잊을 수 없는 인물은 박춘자 여사입니다. 설립자 김종익 씨의 미망인으로, 불과 6-7세 된 후계자 김두수를 데리고, 현대교육도 받지 못한 분이 그의 예지와 정확한 판단력으로 여의전을 이끌어 가는 모습은 옆에서 보기에도 민망하고 죄송하였습니다. 그분의 힘이 아니었다면 여의전은 고대에 병합되기까지 지탱하기 힘들었을 것입니다. 그런데 이분 박춘자 씨의 공로가 고대 의대 역사에 아무 데도 기록되지 않고 있는 것은 참으로 유감입니다. 교육령의 변경으로 1948년 5월 경성여자의과대학으로 승격된 후 6·25 동란을 겪던 혼란스러운 시기에 이제껏 한국 경제사회 기반이었던 농지에 농지 개혁이 이루어졌습니다. 농지를 기반으로 한 법인이 대혼란을 겪은 것은 물론, 한국 사회의 구태를 말끔히 벗어 버리지 못해 여자 의과대학의 존립이 어려워지자, 1957년 남녀공학으로 바꾸면서 교명을 수도의과대학으로 개칭하였습니다. 당시의 사회정세로 보아 입학생이 남자 일변도가 될 우려가 없지 않아 여의전의 출발을 생각하고 저는 남녀 50%씩의 비율을 강력히 주장하였으나 대세에 밀려 여자 30%로 낙착되고 말았습니다. 수도의대는 1970년 국학대학과 합쳐 교명을 우석대학으로 개칭하고 일종의 종합대학으로 발전하게 되었습니다. 이제껏 학교 운영에 전념하시던 박춘자 여사는 작고하시고 성년이 된 김두수가 운영을 맡게 되면서 교수가 중심체가 되는 운영 체제로 지속되어 오다가 다행히도 민족자본으로 운영되던 고려대학교와 합병되어 오늘에 이르고 있는 것입니다.

이 격동기를 겪은 저로서는 안정된 학구 분위기에서 모교가 무궁한 발전을 하기를 기원하면서, 앞으로 여러분의 노력과 행운을 기원하면서 이 자리에서 물러갑니다.

—1983년 2월 퇴임사

재직 중 보고 듣고 느낀 대로

손응룡

1920년생 • 생명과학대학 생명공학부 1954-1985년 재직

고려대학교 농과대학이 창설될 당시에는 농학과와 원예학과, 단 두 개 학과뿐이었다. 1955년에 농화학과, 그 다음 해에 축산학과가 신설되었다. 1955년과 1959년 두 차례에 걸친 단과대학 및 학과 개편과 신설을 통하여 법과대학·상과대학·문리과대학·농과대학·정경대학의 5개 단과대학을 두게 되었고 캠퍼스 내에는 농과대학 교사, 과학관이 준공되고 부속 연구기관으로 아세아연구소, 한국곤충연구소, 기업경영연구소, 국제농업자원연구소 등이 부설되어 명실 공히 명문대학으로서의 체제 정비를 갖추어 가기 시작하였다. 그리고 학교 당국, 과학기술처, 문교부, 농촌진흥청 등 여러 기관으로부터 연구비 지원이 있어 교수들의 연구 활동 또한 점차 활발해져 갔다.

1960년 전후부터 비닐이 생산되면서 시설원에 농사가 개발되어

모든 농작물을 연중 몇 번씩이나 심고, 캐고 하며 제철과 관계없이 수시로 먹을 수 있게 되었다. 손으로 뽑던 잡초와 손으로 잡아야만 했던 곤충도 농약이 개발됨에 따라 일순간에 제거가 가능하게 되었고, 일일이 손으로 부려야만 했던 농기구도 기계화되어 밭도 동력 경운기로 갈고, 콤바인으로 작물을 수확할 수도 있게 되었다. 대로변은 물론 시골 골짜기에 이르기까지 대규모의 양계장, 양돈장, 목장 등을 볼 수 있게 되었다. 현대 문명의 급격한 발전으로 도시에서는 국산 자동차가 질주하고 TV, 냉장고, 선풍기, 전화 등 전자제품도 보급되고 트럭, 경운기, 이앙기, 콤바인 등이 농가의 일손을 덜어 주기 시작하였다. 필자 또한 학생들에게 새로 개발된 농약, 농기계 등에 관하여 각별한 관심을 가져 달라고 여러 번 독려하였다. 이런 영농기술 강의를 통해 비전을 제시함으로써 이에 자극받은 몇몇 뜻있는 학생들과 함께 모여 무궁무진 발전 가능성이 높은 우리나라 농업 앞날을 향한 열띤 토의를 벌이곤 하였다.

겨울이면 구공탄 난로를 때던 교실 풍경이 석유난로 난방으로 바뀌고, 그것이 또다시 스팀 난방으로 개선되어 가듯, 학교는 1961년 서관을 준공하고, 박물관·농산가공실험실·온실 및 그 밖의 부속건물을 신축하였으며, 1963년 이공대학과 우리나라 최초의 경영대학원 신설, 1966년 이후 이공대학·농과대학의 학과 증설, 교육대학원 개원에 이어 1970년에 시작된 장기발전계획에 따라 1971년 12월 학교법인 우석학원과 우석대학교를 병합하였다. 그리고 그 후 요업학과, 공업

경영학과, 산업공학과, 교육학과, 체육학과, 가정교육학과가 증설되면서 총 학생 수가 9천여 명 정도로 늘어났다. 필자가 부임하여 처음 왔을 때와는 비교도 할 수 없을 정도로 모든 면에서 현저한 발전을 이루어 중앙도서관, 과학도서관, 교육문제연구소, 통계연구소 등 여러 기관이 캠퍼스를 가득 채우면서 학술 연구에도 추호의 불편함이 없는 현재의 종합대학교 면모를 갖출 수 있도록 탈바꿈하였다.

어린 시절부터 '나는 어떤 사람이 되겠다'고 마음먹고 그 마음먹은 대로 장성한 사람도 물론 있겠지만, 일반 보통 사람들 대부분은 자기가 뜻한 바대로 선생이 되고 싶었는데 정말 선생님이 되었다거나, 예술가가 되고 싶었는데 정말 예술가가 되었다거나, 정치가나 실업가는 진정 바라던 꿈이 아니었기에 그렇게 되지 않는 것은 아닌 것 같다. 우리가 걷는 인생길 여기저기 널려 있는 장애물만으로도 모자라 예나 지금이나 우리 발목을 잡는 현실로 인하여 자기 꿈대로, 자기 꿈에 맞게, 자기 항로를 잡지 못하고 어영부영 지내다가 평범한 인생을 보내게 되는 것이 아닐까 생각된다. 그러다 보니 하다못해 세상만사 뜻대로 안 되는 것이 오히려 정상인 것같이 느껴진다. 필자도 인생의 진리에서 크게 벗어나지 못하는 중생의 범부인지라 여의치 않은 부득이한 사정으로 인하여 품었던 꿈과는 달리 농학과 인연을 맺게 되었다. 애당초 농학에 뜻을 두고 있지 않았던 상황인지라 평소에는 잘 알 수 없었던 나 자신을 농학을 통하여 알 수 있게 되었고, 동시에 농학을 전공하기에는 너무 적당하지 않은 천성의 소유자라는 것 또한 깨닫게 되었다. 무엇이든 즉시 결말지어야만 속 시원해 하는 성격이다. 그래서 교재 같은 것을 준비하는 일도 조급하게 서두르지 않아도 될 것을 공연히 밤새워 분주하게 마무리하곤 했었다. 그러다 보니 결과는 불충분한 것이 되고는 하였다. 자연의 순리에 따라야 하는 농학을 공부한다는 사람이 이같이 성급해서야 어떻게 큰 업적을 남길 수 있을 것인가 하고 때로는 낙심한 일도 있다. 자연의 원리가 무엇이며 그것이 우리 인류에게 주는 교훈은 무엇일까 하는 것을 전공 학문을 통해 알고자 하였으나 이것저것 여러 가지 과목을 맡아서 가르치다 보니 그 어느 한 가지도 제대로 해내지 못하고 1985년 8월에 정년 퇴임을 맞이하게 되었다.

1954년 고려대학교에 부임하여 첫 시간 수업을 마치고 나서 부족한 점이 많은 사람임을 절감하였다. 32년이 지난 1985년 7월 어느 날, 종강이자 고별 강의에 해당되는 마지막 강의를 마치고 나서도 32년 전 첫 강의 시간을 마치고 나서 느꼈던 것과 똑같은 부족감을 느꼈다. 그러는 동안 과학기술처, 문교부, 동아일보, 한국과학재단, DAD, 농촌진흥청 등에서 연구비를 탔다. 그러나 연구비가 몇 해 동안 연이어 지속적으로 지급되지 못했던 관계로 한 가지 전공 과제를 놓고 계속, 꾸준히, 끝까지 연구할 수 없었다. 그로 인해 자기 전공 분야 연구는 아예 소홀히 하고 단기에 끝낼 수 있는 연구 주제를 택할 수밖에 없었던 현실이었으나 지금 생각하면 연구비만 낭비한 것 같아 연구비를 지원해 준 여러 기관에 송구스러울 뿐이다. 학술 연구도 운동 경기와 다를 바 없어 연구를 잘하는 연구자에게 장기 투자를 하여 금메달을 타게 하던가, 한걸음 더 나아가 감히 노벨상까지도 넘볼 수 있을 만큼 확실한 지원이 뒷받침된다면 고려대학교를 위해서도, 우리나라를 위해서도 좋지 않을까 하는 공연한 생각도 해 보았다.

재직 중 5년간의 미국 유학, 서독에서의 교환 교수, 교통사고로 인한 입원 치료 등으로 본의 아니게 결강도 하게 되었으나 학생들은 물론 학교 측에서도 모두 아무 탓도 하지 아니하고 가족의 일원으로 너그럽게 봐 주었다. 이 점 은퇴 후 지금까지도 고마움을 잊지 않고 있으며 앞으로도 변함없이 고려대학교가 계속 번성하기를 간절히 바란다.

금석지감의 감회

김세경

1920년생 • 의과대학 의학과 1960-1986년 재직

1973년 6월에 캐나다의 밴쿠버에서 개최하는 비뇨기과 학회 학술대회에 참석한 일이 있었다. 그때만 해도 캐나다의 영사관이 우리나라에는 없어서 도쿄의 캐나다 대사관에 가서 비자(VISA)를 받아야만 했다.

그 당시 우리나라에서는 해외에 나가는 자는 100달러 이상은 갖고 나갈 수 없다는 법이 있었고, 그것을 아는 캐나다 대사관에서는 비자 발부를 거절하는 것이었다. 전에 미국에 유학할 때 저금한 것이 있다고 해서 비자를 받았다.

태평양을 건너서 캐나다 학회에 가는 사람이 거의 없을 때여서 먼 나라에서 뛰어든 나에게 흥미가 있어서 그런지 여러 가지 질문을 해왔다.

내가 우리나라 비뇨기과학회장을 맡고 있기 때문에 견학하러 왔다고 하고, 명함을 교환하다 보니 내가 1964년도와 69년도에 Journal of Urology에 발표한 〈신부분절제술(partial nephrectomy)의 새로운 술기〉라는 논문들을 기억하는 사람도 있어서 화제가 되기도 하였다.

당시는 국제 항공 예약조차 잘 되지 않은 때라 지금은 상상하기 어려울 정도로 금석지감이 있다.

그만큼 우리나라 위상이 높아진 것이다. 지금이야말로 여러분의 꿈을 실현하기에 좋은 때라고 생각한다.

대학의 뿌리를 튼튼히 하자

김윤환

1921년생 • 정경대학 경제학과 1960-1986년 재직

1. 인촌 선생과 고려대학교란 이름

학창 시절 고려대학교의 설립자라 할 수 있는 인촌 김성수(仁村 金性洙, 1891-1955) 선생의 특별강연을 들은 적이 있다. 선생은 세계열강의 침략으로 신음하는 약소민족의 고통과 살길, 그리고 해방 정국의 실상과 우리 민족의 진로를 말씀하셨다. 이어서 고려대학교에 관한 이런저런 이야기를 하셨다(1947년경). 인촌 선생은 일제의 억압으로 시달리는 많은 애국지사들을 도왔으며 당대의 뛰어난 인물들이 따를 만큼 비범한 인물이었다.

선생은 백성을 깨우치고 인재를 기르는 것이 나라를 살리는 길이라고 생각하시어 1932년 보성전문학교를 인수하여 교육에 힘썼고, 이를 해방 후 고려대학교로 승격시켰다(1946). 8·15 해방 당시에는 전

문학교는 많았지만 대학은 경성제국대학 하나뿐이었다. 우후죽순처럼 많은 대학이 생기려 할 때 인촌 선생은 고려대학교란 학교명을 마음속으로 정하시고, 남이 이 이름으로 설립인가를 낼까 봐 마음을 태우셨다고 강연에서 실토하셨다. 고구려, 고려는 우리 민족의 기세가 외부로 뻗어 나가 널리 알려진 이름이고 우리나라 전 지역을 포괄하는 이름이기 때문이다.

고려대학교로 승격한 초기에는 교수 수십 명과 학생 천 명 내외로 소규모였다. 건물도 지금의 본관 건물과 대학원도서관 일부 건물뿐이었다(후에 증축). 인촌 선생의 학교 사랑은 대단하시어 손수 학교 환경을 설계하여 아름답게 가꾸고 학교 건물도 영국 대학 건물을 돌아보시고 세웠다고 한다. 현재는 많은 건물이 들어서고 세종캠퍼스가 생겼으며 외국인을 포함한 박사학위 소지자인 교수가 천 명 이상, 학생 수가 수만 명으로 규모가 커졌다. 그리고 세계에 널리 알려진 명문대학이 되어 외국인 유학생 수도 날로 늘고 외국 유명 대학과의 교류도 활발하다.

2. 왜 민족대학이라 하는가?

인촌 선생은 고려대학교가 민족대학임을 강연에서 강조하였다. 고려대학교의 전신인 보성전문학교는 외국 선교사가 세운 학교도 아니고 일제 침략자에 의해 세워진 학교도 아니다. 애국독립지사들의 간절한 소망으로 세워진 그야말로 순수한 민족학교였던 것이다. 학교 경영에는 떡장사, 시장상인, 소상공인, 농민, 지주, 기업인 모두가 힘닿는 대로 성심껏 지원하였다고 한다. 그야말로 전통 문화를 상징하는 토속적인 막걸리와 민족의 비애, 이상, 행동 등을 상징하는 아리랑으로 뭉치고 빚어진 민족대학인 것이다. 이제 고려대학교는 들어오는 침략 세력에 저항하고 싸우던 시대의 폐쇄적인 닫힌 민족고대에서 신장된 국력을 배경으로 경쟁하고 협력하면서 세계로 뻗어 나가는 시대의 개방된 열린 민족고대로 비약하게 되었다.

3. 대학의 뿌리와 고대인

고려대학교는 유교, 불교, 기독교 등의 종교 정신이나 침략적인 패권적 세계주의 사상에 뿌리를 두는 대학이 아니고 개방적 민족주의에 뿌리를 둔 대학이다. 열린 민족주의는 우리 민족이 여러 민족과 더불어 경쟁(과 통합)하고 협조(와 융합)하며 공존(과 조화)하여 전 인류의 행복한 생활, 세계 평화, 세계 문화 발전을 도모하려는 주의이다. 대학의 뿌리가 되는 이 정신을 깊게 넓게 뻗어 나가도록 튼튼히 할 때 대학은 발전할 것이고 그 바탕 위에서 많은 성과를 꽃피우게 될 것이다.

고려대학교는 자유롭고 진취적인 학풍과 시대 변화에 대응하여 탐구정신으로 실사구시하여 공부하고 연구하는 대학으로 발돋움해야 한다(자유, 진리). 그리고 불의에 저항하여 어지러운 세상을 바로 세우려는 열정으로 인류와 사회를 구하려고 생각하고 행동하는 대학(정의)이 되어야 한다. 다시 말해 김상협 전 고대 총장이 내세운 지성과 야성이 균형적으로 갖추어진 교육을 해야 한다. 이러한 교육을 받은 고대인은 적어도 돈과 권력에 눈이 어두워 인생을 그르치는 사람, 불의에 눈을 감는 사람, 약자를 괴롭히는 사람이 되어서는 안 되고 현대적 의미의 잘사는 문화인이 되어야 한다. 이리하여 고려대학교는 전문 지식인, 전문 기술자와 더불어 통 큰 인물 등의 인재를 양성하게 될 것이다.

4. 나의 교단 생활과 뉘우침

나는 1946년 경상대학 경제학과 제2회생으로 입학했고 그 후 1955년 문과대학 정경학부 강사를 거쳐 정경대학 교수로 복무하다 1986년 정년 퇴임하고 명예교수가 되었다. 그 당시 모든 학문 분야가 뒤떨어진 상황에서 교수들은 선진 학문을 받아들여 전달하는 것만으로도 힘겨웠다. 나도 그 부류에 속하여 선진 학문을 제대로 소화 전달했는지 의문스럽다. 더욱이 다섯 명의 교수로 여러 과목을 맡게 되어 강의 내용이 불충실했을 것이다. 나의 학문적 관심은 세월의 흐름에 따라 이론에서 정책으로 또 사상으로 바뀌었다. 지금 생각하면 충실치 못한 교단 생활이 부끄럽고 후회스럽다. 노동문제연구소를 이끌면서, 전공이 뚜렷하지 않은 나를 세상은 대표적인 노동경제학자라고 치켜세웠지만 사실과 다르다.

5. 노동문제연구소와 두 소장님의 공적

산업화의 진전에 따라 노동문제가 크게 일어날 것으로 보고 나는 1964년 사설 한국노동경제연구소를 세웠다. 다음 해 하버드대 교환교수로 도미하여 미국 교원노조대회도 참관하고 하버드대 경영대학원 노동교육 과정도 살펴보았다. 1965년 말 경영대 교수인 윤병욱 사무처장과 상의하여 사설 연구소를 해체하고 고려대학교 부설 노동문제연구소를 발족시켰다. 연구소는 위탁연구와 노동운동사 연구, 그리고 아시아재단 등 외부 기관의 재정지원으로 3개월 기간의 무료 노동교육을 시작했다. 이 교육에는 노조 간부, 기업인, 종교인, 대학원생 등이 참가했다. 1967년경에는 김학렬 경제기획원 장관의 도움으로 UNDP의 자금을 얻어 노동대학 설립 자문을 할 ILO 고문을 초빙했으나 노동대학 설립은 아쉽게 수포로 돌아갔다. 이진규 소장 시대에《한국 노동운동사》(전 5권),《노연 30년사》가 간행되고 김호진 소장 시대에 노동대학원이 설립되었다. 두 소장님의 빛나는 업적은 매우 큰 것이고 길이 남을 것이다.

6. 고려대학이여, 영원하라

대학의 기본정신인 뿌리가 좀더 굳건해질 때 이것을 바탕으로 줄기찬 생명력은 용솟음쳐 고려대학교는 좀더 충실한 교수, 연구, 봉사로 우리 민족, 전 인류, 전 세계를 살리는 대학으로 영원할 것이다.

정년 퇴임 후 사반세기

주진순

1921년생 • 의과대학 의학과 1953-1987년 재직

필자는 1953년 10월 1일에 고려대학교 의과대학의 전신인 서울여자의과대학 교수로 부임하여 1987년 2월 말에 만 65세로 정년 퇴임하였다. 학교 이름이 서울여자의대→수도의대→우석대학교 의대로 바뀌는 동안 20년, 그리고 1972년 12월에 우석대와 고려대가 합병함으로써 고려대학교 의과대학 교수로 15년, 도합 햇수로 36년간 고려대학교 의과대학 교수로 근무했다.

1953년 6월에 한국전쟁이 휴전되고 그해 9월에 서울이 수복되어 여러 대학들의 재건·개학이 시작되었다. 그러나 6·25전쟁으로 각 대학의 인적, 물적 자원의 상실, 파손은 막대하여 재건·보충이 난항을 겪었다. 필자는 6·25전쟁 발생 직전 1950년 3월 10일부터 국립부산수산대학교 교원으로 근무하고 있었던바, 1953년 9월 중순에 서울여

자의과대학 교학처장 이명복 교수로부터 서울여자의과대학 생화학 교수로의 권유로 그해 10월 초부터 근무하기 시작했다.

취임하고 보니 학교 건물, 강의실, 연구실들의 문, 창, 벽 등이 전부 파손되고 시설이 전무하여 전부 새로 시작, 재건해야 했다. 대학이나 학교 재단의 재력이 전무한 상태여서 막막하기만 했으나 그럭저럭 긁어모아 무에서 유를 창조, 우선 학생 강의만은 시작하였다. 실험, 실습을 할 수 없는 허공에 뜬 강의였지만 그래도 나도 학생들도 참 열심히 공부했다. 그렇게 무에서 시작하여 티끌 모아 태산이라고 한 걸음 두 걸음 이어졌다.

그러다 행운이 왔다. 미국 차이나 메디컬재단(C.M.B. NY Inc)의 장학생으로 선정되어 1956년부터 1년간 미국 New York 주 Rochester대학교 의·치대 생리학 Nasset 교수 문하에서 연수하였다. 연수 10개월쯤 된 어느 날 지도교수께서 느닷없이 "너 1년 연장하여 계속 연구할 수 없겠느냐?"라고 하시기에 "저는 CMB의 규정에 따라 1년만 허용되니, CMB에서 허가하면 가능합니다" 그랬더니 교수께서 CMB에 연장허가 편지를 보낸바, CMB에서 답장을 받는 대신 Dr. McCoy라는 부이사장이 Nasset 교수를 내방했다(이 두 분은 옛 친구였다). 두 분이 협의한 결과 "1년이 되면 한국으로 돌아가야 한다. 그 대신 네가 1년 연수하는 데 CMB가 약 6천 달러를 지급하는바 그 비용만큼의 연구 기자재를 너에게 사서 줄 터이니 한국에 가서도 연구를 잘할 수 있으리라"라는 뜻하지 않은 큰 선물을 받게 되었다.

이리하여 미국 연수도 하고, 연구 기자재도 기증받았으니 시설이 아무것도 없는 우리 생화학교실은 대한민국 의과대학 생화학교실 중 으뜸가는 시설을 갖추게 되고 그 후 매우 요긴히 오래오래 활용되었다.

서울여자의과대학은 빈약한 재단 자금과 학생 수의 정원 미달 등의 해결책으로서 1957년에 남녀공학으로 전환하기로 하고 수도의과대학으로 개명하였다. 그에 따라 의예과 신입생 모집은 물론이고 예과 2학년, 의학과 1, 2, 3학년에 남학생도 편입·입학시켰다. 한 학년 정원이 80명이었는데 정원을 초과하여 훨씬 많이 편입시켰다. 편입에 적격한 우수한 학생도 많았지만 일부 자격 미달 학생도 적지 않았다. 편입학에 위조 서류, 뒷돈 기부, 거래 등의 비리가 허다하여 재단과 교수 간, 교수 상호 간에 불화, 마찰이 발생하고, 이것이 외부에도 노출되어 사회문제화되었다. 군사정권 시초에 제도가 많이 바뀌고 우리 대학도 그에 따라 학장이 교체되고 학사 전반이 새로워졌다.

미국 연수를 마치고 1967년 9월에 귀국하고 보니 신입 학장 시초에 학내 분위기가 어수선하고 불안정하였다. 새 학장께서는 1968년 초 편입학에 관여되지 않은 필자를 교학처장에 발탁하여 학풍 쇄신을 시도하였다. 학내 사정을 잘 모르는 필자가 뜻밖에 임무를 맡고 보니 일부 교수와 재단과의 불화와 교수 간의 알력이 심화되는 성싶더니 학내 싸움을 외부 기관에 투서질하는 등 물의가 노출되어 드디어 정부 감찰위원회가 사립대학인 수도의과대학 및 재단에 대한 총체적 감사를 감행하였다. 학사 부정, 경리 부정 등 40여 종의 부정·비리가 적발되고 그에 연루된 재단 이사장, 전무이사, 필자를 제외한 학장 이하 보직교수, 그리고 부정 입학에 관여한 교수 6명 등이 해임 조치되었다. 이 일들을 수습하고 그해 9월 초에 신임 학장을 모신 후 필자는 6개월 만에 교학처장직에서 물러났다.

그 얼마 후 수도의과대학은 국학대와 병합하여 우석대학교로 발전하다가, 대학교 총장이 재단이사장의 사기업 운영자금의 빚보증을 서준 탓에 부도로 우석대학재단이 파산의 궁지에 이르고 총장이 해임되고 관선 이사진이 돌봐 주는 신세가 되었다.

이런 궁핍한 우석대학 말기 1971년 3월에 필자는 우석대 의대의 최종 학장에 선임되었다. 당장의 경제적 어려움을 해결하는 것부터 시작하여 대학의 장래 발전을 위한 새 운영재단의 선정·영입에 고심하게 되었다. 허다한 우여곡절 끝에 다행히도 1971년 11월에 우석재단과 고려중앙학원(고려대학교)과의 병합이 이루어졌다. 우석대학 의과대학은 1971년 12월 22일에 고려대학교 의과대학으로 새로 출발하였다.

고려대학이 우석대학과 병합함으로써 한국 최선두의 민족재단 대학으로서 의과대학을 갖게 된 것은 행운이기는 하지만 헐벗은 의과대학의 재건이 쉬운 일이 아님은 주지의 사실이다. 1971년부터 2012년 현재까지 40여 년을 돌이켜보면, 고려대학은 의과대학 발전을 위해 우석대학 시절에는 꿈에도 상상할 수 없는 엄청난 투자를 계속해 왔다. 1972년 초 의대 발전 계획 기금으로 서독 차관 60억 원, 정부대부 70억 원, 재단 자체 조달 50억 원 안을 마련하였고, 1983년 구로병원, 84년 여주병원, 85년 안산병원, 91년 고대안암병원(도합 약 2천 병상)을 그리고, 녹지캠퍼스에 의과대학 건물 신축 이전과 내실화 등 이 예정 안을 훨씬 초과한 투자를 하고 있다.

그리하여 무명 최하류의 우석대학교 의과대학은 지금 한국 최선두의 우수한 명실상부의 고려대학교 의과대학으로 발전하고 있다. 이는 우석대학교와 고려대학교 병합으로 이룰 수 있는 최상의 행운의 선택이었다.

앞으로 더욱더 비약, 발전할 것을 굳게 믿는다.

후학들의 지성과 야성의 극치의 발전과 정진을 기대한다.

고민하는 弟子들과 마음의 벗이 되어

노봉환

1922년생 • 이과대학 물리학과 1956-1987년 재직

지난 8월 31일 얼떨결에 정년 퇴임식을 마치고, 바로 다음 날부터, 과거를 돌이켜볼 겨를도 없이 새 삶을 시작한 지도 어느새 3개월이 가까워 온다. 그러던 터에 請者의 强辯에 못 이겨 펜을 들고, 走馬燈같이 지나간 30여 년의 나날을 回想하니 苫塊餘喘의 感을 새삼 느끼게 된다. 한평생의 젊음을 내걸고 몸 바쳐 온 것이기는 하나 모든 것을 精算할 때 스스로의 자질과 능력과 업적에 있어서 悔過自責을 금할 길 없기 때문이다.

그러나 이제는 敎壇을 지키고 있는 6백여 명의 거개가 解放 後 敎育받은 世代들로 이루어져 있어 우리와 같은 過渡的 人物이 지나온 발자취를 더듬는다는 것이 世代交替의 굳건한 이음을 위할 수도 있다고 보아 自愧를 무릅쓰고 몇 字 적을까 한다.

내가 中學校에 入學할 나이에 다다랐을 때 내 故鄕 仁川에 中學校라고는 仁川商業學校 하나밖에 없었다. 6·10만세사건으로 韓系·日系의 두 公立商業學校 중 韓系를 日系에 병합하였기 때문이다. 韓系 40名 對 日系 60名의 비율의 學年編成에 따르는 教育의 至上目標는 植民地 經營의 尖兵들에 의해 집행되었다. 日人들의 순치된 고용원이 되게 하는 것이었다. 그러기에 3학년까지만 해도 全校珠算大會에서 1등도 하였으나 다감하였기에 곧 民族感情에 눈뜨게 된다. 졸업 학년이 되어서는 불순분자의 딱지가 붙었으니 無期停學의 연속이었고 상급학교 진학은 꿈도 꿀 수 없었다.

이때 한반도는 日人들의 대륙 침략의 兵站基地가 되기 시작하였고, 仁川에는 중기계공장이 들어서게 되었다. 겨우 얻어 낸 졸업장을 움켜쥐고는 남이 가는 은행 취직을 마다하고 東芝仁川工場에 자리를 얻은 것이 나의 갈 길을 정하는 계기가 된 것이다. 美國教育을 받은 공장장의 신임을 얻어 물품 구매로 구석구석을 누비는 가운데 놀라운 사실을 감지하게 된다. 눈을 휘돌게 하는 工場技術의 생산력과 초등학교 졸업 후 1-2년 과정의 직업학교를 거친 우리 겨레 어린이들의 정교한 자질이었다. 그러나 또 한편으로는 식민지 백성의 서러움도 뼈저리게 맛보았다. 싼 임금과 직책의 한계성은 물론이거니와 日人들에 의한 잦은 구타와 처벌에 의분을 느껴 항거한 것이 기화가 되어 갈 길을 다시 찾아야 했다. 스스로 기술자가 되는 꿈을 배양하는 것이었다. 그러나 不逞朝鮮人의 피할 길 없는 각인으로 전문학교 진학의 증명을 얻는 것이 불가능하였다. 그러기에 검정시험을 치른 것이고, 다만 學校는 가장 혹독하게 韓人職工을 다룬 자가 거친 곳을 택하였고 거기서 그보다 특출하게 공부하는 것이었다.

여기서 나의 원색적인 감정을 醇化하는 계기를 얻은 것은 요행한 일이었다. 오늘날 日本의 국력을 움트게 한 教育의 한 면을 볼 수 있었기 때문이다.

학과의 設置 취지 자체가 매혹적이었다. 일본과 같은 자원 없고 인구만 많은 국가가 존립하려면 부가가치가 큰 精密機械를 새롭게 창출할 수밖에 없기에 그에 필요한 인재를 키우겠다는 것이었다. 金屬材料의 강의시간에 들은 학제 한 토막은 이렇다. "히틀러의 정예 탱크부대가 동부전선에서 교착되고 있는 이유를 너희들은 아느냐? 영하 30-40도에서 지탱되는 스프링을 독일은 착상하지도 못하였고, 소련은 개발하였기 때문이란다" 등등. 공중에서는 우박같이 소이탄이 쏟아지는 속에서 학문하는 마음가짐을 절절구구 외쳐 대는 교수들의 어조에서, 전쟁 말기의 궁핍 속에서도 재기할 수 있는 불씨가 온존되어 패전의 쓰라림을 극복한 것이다. 한편, 柳宗悅 못지않게 우리 藝術의 독보성을 지적하는 이의 존재, 나와 같은 경력자에 대한 교감적인 고무를 주위에서 찾고는 다시 한 번 갈 길을 가다듬었다. 그런 와중에서 제2차 세계대전은 종막을 고했으니 더욱 그러하다.

教育者의 길을 天職으로 찾는 것이었다. 日人들이 남기고 간 中等教育의 폐허 속에서 나름대로의 분투로 새싹을 가꾸고, 갈 길을 비추어 주는 동반자가 되었다. 나 자신 학문에의 욕구는 간직한 채였다. 解放後의 혼란은 모든 요건을 바꾸어 놓아 새로운 의욕을 갖게 하였다. 物理學을 공부하기로 한 것이다. 정치의 알력과 혼미 속에서 지켜 온 모교에서의 3년 반의 세월은 후회 없는 나날이었다. 그러나 學問에서 정체일로에 있는 괴로움을 풀기 위해서는 다시금 제대로의 교육을 받는 기회를 누릴 수밖에 없었다. 日本에 다시 간 것이다. 처음 2년간 다닌 곳은 學校의 설립 취지가 독특하였다. 開化期 日本에 있어서 프랑스식 물리교육을 받은 20代 젊은이들이 뜻을 모은 科學知識의 보급을 위한 동지적 교육기관이었다. 學校財團의 뚜렷한 출자자도 없이 100년 넘는 건전한 역사를 이어 오고, 아직도 초기의 건학정신이 고취되고 있는 것은 물론이다. 科學의 순수성과 응용성, 미래에 대한 전망과 과거의 뿌리를 일깨우기도 하는 교육 방침과 전통은 단순한 지식의 흡수만이 아닌 다양한 것을 안겨 주었다. 그러나 미국 점령하의 일본은 대학 실험실의 모모한 장치에 封印을 해 놓았고 사회 전반의 궁핍은 이루 말할 수가 없었다. 그러기에 서구인들까지도 높은 수준을 긍정하는 理論物理學에의 투신이 젊은 학도들의 꿈이었고, 그리하여 프린스턴의 객원교수로 초빙되었던 도모나가 교수의 문전성시의 연구실을 두드린 것이다.

그러나 6·25의 참상은 마음의 허탈을 가져왔다. 기차 연도에서 매일같이 보게 되는 무개화차에 실린 폭탄의 행렬, 더구나 인천 상륙을 위해 경상도 일대에서 징집되어 온 핫바지의 군상을 보았을 때는 더욱 그러하였다. 상심 속에 다시 고향으로 돌아왔다. 마침 8·15 이래로 사숙하였던 仁川中學의 吉英羲 校長의 "이번에는 나하고 같이 지내자"는 간곡한 청으로 모든 것을 버리고 奉仕一念에서 3년의 세월을 보냈다. 그동안 濟物浦高의 터전을 닦는 데 臂力을 보탠 것이다. 그러던 차 어느 날 吉 校長이 이제는 대학에 자리를 찾아보라며 仁村에게 청을 넣고, 蔡富錫 先生님을 통해서 玄民에게 당부해 주셨고, 趙東弼 선배가 거두어 주었다.

이것이 高麗大學校와의 인연을 맺은 계기이다. 그러나 내 모습은 구호물자시장에서 사 입고 온 양복만큼이나 초라하였다. 抱負야 어떻든, 일본에서 가까이하던 소위 教授들과 비교해서 천양지차를 스스로 느꼈기 때문이다. 따라서 學問의 길을 부단하게 정진한다는 것이 첫째 처세훈이었다. 그러나 나의 전공을 통해서 어떤 방식으로 教育救國의 이념을 구축하는가는 막연한 일이었다. 우선은 학교 당국의 의도가 綜合大學의 체모를 위해서 自然系學科를 설치하였다는 것뿐 구체적인 지침이 없었다. 초창기 實驗室은 舊圖書館 2층과 본관의 현 經理課를 전전하였고, 이어서 현 弘報館 자리에 세워진 세 동의 가건물 중에서 한때의 살림을 꾸렸다. 교과 내용은 舊制 일본 대학의 것을 모방한 그대로니 數理 편중이고, 학생들의 질로 보아서 도저히 소화불능이었다.

설상가상으로 동료들의 해외 유학으로 과중한 강의 부담은 이루 말할 수가 없었다. 그런 속에서도 人類의 어떤 발자취가 物理學의 概

念을 쌓아 왔는가를 소재로 한 自然科學槪論의 교재를 꾸민 것은 크나큰 즐거움이었다.

1959년 초에는 국제원자력기구의 장학금 덕분으로 프랑스에 갈 수가 있었다. 동경에서 프랑스어의 초보부터 사르르 바이의 言語學原書 강독까지의 과정을 심심풀이로 밟은 덕분이었다. 1년간 몸담던 샤를레이 原子力硏究所 생활은 꿈만 같았다. 우선은 직속 부장인 非平衡統計力學의 대가인 이봉 교수의 학문 체계를 더듬고, 과장의 권유로 그의 친구인 노벨상 수상자 위그너의 中性子擴散理論을 익숙하게 하였다. 이어서 動力爐 핵심부의 物理 특성을 결정하는 공동 작업에 참여한 것이다.

이때 프랑스 공업계를 주름잡고 있는 에콜 폴리테크니크 출신들과 교류를 가질 수 있는 한편 과학교육이 어떻게 사회에 뿌리를 내리는가의 구체상을 살필 수도 있었다.

그러던 차 에콜 노르말과 소르본의 자연계 일부가 오르세에 플라즈마연구실을 신설하는 데 참여하는 기회를 얻었다.

이때 강좌주임의 샤츠만 교수의 도움으로 장학금을 얻고, 새 과학운동의 거두 프리고진의 이론에 접하는 한편 MHD 이론에 근거한 플라즈마 가두기와 몇몇 친구들의 도움으로 마이크로파에 의한 電子密度計測實驗에 열중할 수도 있었다. 그러나 4·19, 5·16은 나의 유유자적을 용납하지 않았다. 교수가 적다고 학생들이 불평이니 빨리 돌아오라는 것이었다.

몽마르트의 언덕에 마지막 올라 파리의 모든 것에 이별을 고한 나의 심중 누가 이해하랴. 어떻든 이때 친숙했던 에콜 노르말 출신의 벗들이 學界의 정상에 올라 있다는 것은 정말로 흐뭇하고, 느지막이나마 응집물질의 전자기적 특성을 평생의 연구과제로 하겠다는 전망도 얻었다. 방전 현상, 얇은 막, 비정질물질로 이어지는 연구과제는 끊이지 않고 이어졌다. 주변의 학생들의 소화 능력과 손재주로 가능한 작업을 찾은 것이다. 소위 우수한 학생과, 어마어마한 시설이 아니고서도 할 수 있는 일을 하는 데에는 과거의 나의 잡다한 경력이 도움이 되기도 하였다.

1961년에는 현 敎養館으로 이사를 하고 68년에는 理工大學編成으로 애기능에 반영구적으로 자리를 잡았다. 교과과정도 舊帝國大學식의 것에서 넓은 기초 소양을 위한 것으로 바뀌었으나 우리 社會에 있어서의 대학의 위치는 애매모호하였다. 애써 키워 놓은 학생들의 진출이 막연하였기 때문이다. 6·3사태, 3선개헌, 유신헌법으로 이어지는 강압과 학생들의 절규는 마음의 갈등을 부채질하기만 하였다. 낮에는 강의에 열중하랴, 청계천 뒤져서 실험재료 찾으랴, 메모하는 학생들 뒤쫓아 떨어뜨린 신발·가방 주우랴, 밤에는 어느 것 하나 갖추어지지 않은 실험실에서 밤새워 몸부림치랴, 또 한편으로는 먼발치에 움츠리고 있는 가난하고, 8·15 이후의 혼란 속에 연좌되어 신음하고, 人生을 고민하는 학생들의 마음의 벗이 되는 것이었다. 에픽테토스, 스피노자, 루소, 콩트…. 지나간 의로운 이들의 이름을 대는 것이 내가 할 수 있는 고작 궤변이었기에 厚顔無恥하였지만….

그러다 몇 번 총장이 바뀌고 전혀 뜻하지 않게 보직 자리가 돌아왔다. 공화당 정권이 몸부림칠 때 教養部長을 위촉받은 것이다.

이때는 서구·일본 등지에서 1968년에 폭발되었던 소위 學生運動, 즉 사회에서의 知識人의 역할과 大學의 존재를 다시 음미하는 흥분된 분위기가 냉정을 되찾은 때이기도 하였다. 어떻든 時間은 흘러서 우리도 大學의 機能을 재검토할 때가 온 것이었다. 科學技術의 발달이 사회구조를 엄청나게 바꾸어 놓았으니 19세기 때와 같은 舊體制를 유지하기 위한 파수꾼을 양성하는 것이 大學이 할 일은 아닌 것이다. 새로운 知識人의 질이 무엇이어야 하는가를 우리의 다음 世代에 일깨워 줄 내용을 모름지기 모색해 보았다. 日本과 프랑스에서 체감하고, 섭렵했던 것들을 되돌아볼 기회이기도 하였다.

도대체가 교시로 내걸고 있는 自由·正義·眞理가 이 시대에 와서 얼마나 내용이 달라졌는지를 피차 정립하여야 할 것이 아닌가? 그러나 임기도 못 채우고 教養學部는 해체되었으니 공감을 갖던 몇몇 교수들에 대한 고마움을 쓸쓸이 느낄 뿐이다.

學問에는 分野가 있다. 교수는 그 한 모퉁이를 지킨다. 그러나 급변하는 時代變化는 그 내용을 換骨奪胎한다. 이제는 무질서 속에서 自己組織化하고 自己制御하는 社會論理·自然體系를 강구하여야 할 시점에 다다랐다. 이런 상황에서 우리는 어떻게 자기 정립을 하여야 할 것인가, 내가 마지막 가졌던 큰 관심사였다.

자 그러나 이제는 다 끝났다. 雜草같이 살아온 존재였기에 그저 한눈팔지 않고 지내 온 30여 년을 감싸 준 安岩의 훈훈함에 감사할 따름이다. 高大여 太陽과 같이 항상 새롭고 영원하라. 宇宙空間을 떠돌며 흩어져 있는 가벼운 원소를 끊임없이 받아들여 품 안에 안고 온갖 生命의 근원이 되는 에너지를 뿜어 대는 그와 같이 되어라.

—1987년 12월 5일 《고대교우회보》

미리 설계하면 즐거워지는 이모작 인생

문국진

1925년생 • 의과대학 의학과 1970-1990년 재직

대학에 적을 두고 있을 때는 정년 후에 대한 생각은 별로 하지 않았으며, 한다 해도 막연한 것일 뿐이었다. 그러다 막상 정년을 하고 나니 가장 아쉬움을 느끼게 하는 것은 학회에 참석하려 해도 실험을 하지 못했기 때문에 연제가 없는 것이었다.

그래서 실험을 하지 않고 연구생활을 계속할 수 있는 것을 비로소 심각하게 생각하기 시작했다. 그러다가 생각해 낸 것이 정년 후의 인생을 이모작 인생으로 여기고 이를 보람 있게 하기 위해서는 일모작 때와는 다른 분야를 택하되 일모작의 전문지식과 경험이 충분히 활용될 수 있는 분야를 택하는 것이 좋겠다고 생각되었다. 또 이때가 마침 융합과학(consilience science)이 강조되기 시작하는 시기였다.

그래서 구상하게 된 것이 예술과 의학, 특히 법의학을 접목시킬 것

을 택하게 되였다. 사실 처음에 이 과제는 어렵겠다고 생각되었다. 예술은 느낌을 중요시하는 분야이며 과학은 분석을 근거로 삼는 분야인데 느낌이라는 문화적인 요소에 과학적인 잣대를 들이댄다는 것은 어리석은 일이 되지 않겠는가 생각되었다.

그러나 그 각 분야의 출발된 원점을 생각해 보면 의학은 자연의 재해나 병마를 피하게 하고 그 피해를 해소시키기 위한 동기에서 시작되었으며, 예술은 풍부한 인간성을 창출하여 인간이 문화생활을 영유할 수 있는 계기를 부여한다는 욕망에서 출발되었다는, 즉 의학과 예술은 모두가 인간을 중심한 그 인간의 건강과 건전한 정신에서 우러나는 풍부한 인간성, 그리고 그 사회의 문화 창달을 목표로 출발되었다는 공통점이 있다는 것에 주목하게 되였다. 이 공통점의 길을 더듬다 보면 의학과 예술을 연계 접목시킬 수 있는 가능성이 엿보이기도 했다.

그 가능성 하나만을 믿고 의심 반 신념 반으로 시작한 것이 벌써 20여 년이 지났다. 그러는 가운데 전에는 느끼지 못했던 새로운 사실을 비로소 알게 되는 지적 기쁨을 느끼며 연구에 매진하게 되었는데, 우선 과학에서는 어떤 새로운 발상을 인정받기 위해서는 복잡한 여러 단계와 과정을 거쳐야 하기 때문에 엄청난 시간이 요구되는 데 비해 예술가들은 어떤 발상이 떠오르면 이를 그대로 작품으로 승화시킨다는 사실을 알고는 참으로 부러웠고 마치 이때까지의 생을 헛산 것 같은 느낌마저 들어 예술작품을 대하는 태도가 달라져 과학과 예술은 만나야 하고 과학자는 예술을, 그리고 예술가는 과학을 이해하면 새로운 경지가 열린다는 것을 실감하게 되었다.

인간의 두뇌는 쓰면 쓸수록 발달될 수 있는 구조와 기능을 지녔기 때문에 누구를 막론하고 자기의 꿈과 희망을 실현시킬 수 있는 가능성을 지니고 있다. 즉 인간은 누구를 막론하고 위대한 가능성의 놀라운 잠재력을 지니고 있는 것이다. 그렇기 때문에 이를 어떻게 개발하고 활용하는가는 우리 인생에 주어진 과제이며, 두뇌 개발을 어떻게 하는가에 따라 인생의 양상과 의미는 달라지게 마련이라는 것을 실감하고 있다.

그간 예술과 의학 특히 법의학을 접목시키는 과정에서 나름대로 주제로 삼았던 것은 크게 두 가지였다. 하나는 이른바 '저작물 부검(book autopsy)'이라 해서 여러 문헌이나 기록을 토대로 그동안 명확치 않았던 예술가들의 사인을 뚜렷이 밝히고 이를 가능한 한 바로잡는 일을 했다. 다른 하나는 의학적 관점에서 예술작품을 해석하는 일로, 예술계에서 미처 감지하지 못하는 의학적 사항들을 지적하고 이로써 작품에 새로운 의미를 부여하는 일이었다. 그러면서 과학적으로는 어떻게 표현할 수 없는 아름답고, 역사적이면서 예술적인 것들과 만나게 되었다.

정신의학 분야에서는 문호나 장인들의 작품에 대한 정신분석을 실시하고 있는데 그들은 이를 병적학(病跡學, Pathography)이라 칭한다. 즉 정신의학과 문학이나 예술을 접목시킨 일종의 융합과학으로서 각광받는 분야로 등장하고 있다.

따라서 이러한 사람이나 작품에 잘못된 해석으로 침해된 권리나 오해가 있다면 이를 'Book Autopsy'를 통해서 바로잡는 일 또한 앞으로는 법의학이 하여야 할 새로운 과제의 하나라고 확신하게 되였다.

이러한 분야를 공부하면서 알게 된 것은 과학에서 논의되는 형태(形態)는 가시(可視)적이며 객관적인 유형의 형태를 말하기 때문에 훗날 발전된 지식에 의한 새로운 개념에 의해 지금의 형태는 추월 변형되어 퇴화 소멸될 가능성이 있으나, 그러나 예술적 개념의 형태는 주관적인 지혜를 토대로 작가의 혼이 녹아 있는 문화적인 요소의 형태이기 때문에 영원불멸의 형태가 되어 시간이 흐를수록 높이 평가된다는 차가 있다는 것을 필자는 여러 작품의 Book Autopsy를 통해 경험하였다.

따라서 필자는 예술과 의학 또는 법의학을 접목시키는 것을 법의병적학(法醫病跡學, Medicolegal Pathography)이라 칭하고 그간 음악가와 화가의 사인을 바로잡는 일 그리고 미술작품을 통해 작품 속에 가려져 있는 의학적인 부분에 대한 해석을 나름대로 한 저술 12권을 펴낸 바 있다.

앞으로도 개척하여야 할 법의병적 과제가 예술 분야에는 허다히 많다는 것을 알고 이러한 문제들을 하나씩 이해하고 해결해 나가는 데 희열을 느끼며 지내고 있다.

따라서 앞으로 정년을 앞둔 후배 교수님들에게 권하고 싶은 것은 정년 후의 이모작 인생을 미리 준비하고 설계하면 여생은 즐거워질 수 있으며, 이모작 계획에는 지금의 자기 전공과는 다른 분야를 택하되 지금의 전공지식과 경험을 충분히 활용할 수 있는 분야와 접목시킬 수 있다면 이모작이 일모작보다 더 즐거워질 수 있다는 것을 전하고 싶어 이 글을 썼다.

나의 책 나의 사람

구병삭

1926년생 • 법과대학 법학과 1953-1991년 재직

친애하는 재단 임원, 대학 선배, 동료 여러분 저는 오늘 날짜로 정든 우리 고려대학교 교수직을 정년 퇴임하게 되었습니다.

그동안 긴 재직 38년 동안 우선 무사히 맡은바 소임을 다하고 이 대학과 여러분 곁을 떠나게 됨을 무한히 감사하게 생각합니다. 돌이켜 생각건대 저는 본래 서울대 정치학과를 졸업하고 당시 우리 고려대학의 우수성과 건학 이념, 우수한 교수 진용 등에 반하여 당시 법학과 3학년에 편입학 허가를 받아 졸업했습니다. 당시 兪鎭午 선생님을 은사로 모시고자 따라오게 된 욕심이 있습니다. 다 아시는 바와 같이 유진오 선생님은 우리나라 건국 헌법을 기초하시고 제정하는 데 偉大한 역할을 하신 세계적인 헌법 학자이십니다.

따라서 저는 이런 훌륭한 분을 모시고 헌법을 전공하고 인생을 배

우고자 왔습니다. 그러나 지금은 선생님의 기대에 못 미쳐서 죄송합니다. 그럼에도 불구하고 저는 나름대로 최선을 다했습니다. 미약하나마 당시 최선의 일류 학자의 길은 각 교수들의 연구 업적 부족을 보충하기 위한 저서 출간에 있었다고 생각했습니다.

그래서 저는 여생 동안의 일로 저술 생활과 강의에만 전력을 바치도록 굳은 결심을 하고 이후 착실히 연구 생활을 수행했습니다. 그러나 문제는 제가 당시까지 가지고 있는 빈약한 자료와 문헌입니다. 결국 연구 업적의 질은 문헌과 자료에 있다고 해도 과언이 아닌 만큼 결국 가장 기초 문제인 자료 문제에 봉착하고 말았습니다. 그래서 이에 대한 타개책을 강구하지 않으면 안 되게 되었습니다. 결국 문헌의 수집과 연구는 국내에서 해결할 수는 없고 국외에 의존할 수밖에 없게 되었습니다. 미·영·독·불·일 중에서 동경대학 법학부를 선택하게 되었습니다. 이 대학에서 3학기 동안 풍부한 세계적인 귀중한 문헌을 마음껏 열람하고 수집해 왔습니다. 당시 도와주신 동경대 관계자 여러 분과 우리나라 관계자 여러 분께 심심한 감사를 표합니다.

동경대 유학을 하면서 또는 마치고 돌아와서 밤낮없이 집필에 최선을 다했습니다. 이때 저술한 대표적인 저서들은 기본이론서로서,《憲法學 1(總論·人權)》(1983),《憲法學 2(統治構造)》(1983),《新憲法原論》(제3전정판, 1984-1997) 등이며, 이어 속간으로 대학 교재인《新法學原論》(제7보정신판, 1999),《註釋地方自治法》(1991),《議院內閣制의 硏究》(편, 1991),《新憲法概論》(1985),《新韓國

憲法論》(1988),《韓國古代法史》 등이 있습니다. 이 외에 譯書로는, 《日本의 近代化와 制度》(石井良助),《現代日本國憲法論》(伊藤正己),《現代憲法裁判論》(공역, M. Cappellett, *Judicial Review in the Contemporary World*),《現代 日本의 法思想》(小林直樹)이 있고, 수험 준비서 편저술이 30여 권 정도 있습니다.

또한 저에게 잊을 수 없는 분들은 제 정년을 맞이하여 저의《公法理論의 現代的課題》를 주제로 한 停年紀念論文集 출간에 애써 주신 여러 분들입니다. 이 논문집 발간을 위하여 처음부터 주관하여 애써 주신 여러 분을 비롯하여 훌륭한 논문을 기고하여 주신 모든 분들께 새삼 깊은 감사의 말씀을 드립니다.

끝으로 작별 인사말씀을 드리겠습니다.

1) 먼저 재단 여러분께. 김성수 선생님의 유지를 받들어 역사 깊은 우리 고려대학교 재단을 이제까지 주야로 노력하여 이처럼 훌륭하게 세계적으로 육성 발전시켜 놓으신 업적에 깊은 위로와 감사의 말씀을 드립니다. 또한 저에게 일생 동안 직장을 갖게 해 주시고 교수들이 편안하게 소임을 다할 수 있도록 뒷받침을 잘해 주시어 오늘에 이르게 해 주신 위대한 업적에 감사드립니다. 다만 준비 중이신 적정 장소에의 광할한 새로운 교지 확보가 시급하다고 여겨집니다.

2) 학교 당국 여러분께. 저의 마지막 교수 생활까지 섬세하게 돌보아 주신 여러분께 진심으로 감사드립니다. 늘 다사다망한 학사 업무를 능숙하게 잘 처리하시고 대학을 활성화하는 데 공로가 크신 점 자

타가 공인합니다. 다만 욕심을 한마디 드린다면 학과 증설이 지체되고 있습니다. 타 대학에 비하여 없는 학과가 예술학과, 약학과, 치의학과, 수의학과, 한의학과 기타 수산 관계 학과 등입니다. 그리고 번듯한 부속병원 건축이 절실하다고 생각합니다.

3) 학생 여러분에게. 평소 강의 때도 강조한 바 있지만 첫째, 일생을 통하여 달성할 거대한 목표를 설정하고 웅지를 가지고 꾸준히 계획과 실천을 할 것. 둘째, 빈·약자를 도와주고 봉사 활동을 할 것. 셋째, 국제어를 2개 정도 할 것. 그리하여 앞으로 우리 고대 출신이 더욱 활발하게 우리 국가사회뿐만 아니라 세계만방의 요직에서 맹활약하여 국가 민족의 세계화와 번영을 기하도록 합시다.

이제 아쉬움을 남기고 영원히 떠나는 저의 직장 선배 동료 학생 여러분. 내내 건강하시고 무한한 잠재력을 충분히 발휘하시어 무궁한 발전과 다복을 기원합니다. 국민훈장 牡丹章(1991)까지 받게 해 주시어서 감사합니다.

—1991년 8월 퇴임사

안암을 움직이는 힘

김민수

1926년생 • 문과대학 국어국문학과 1955-1991년 재직

고려대학교 교수로 37년간(1955-1991) 근무하고 정년이 되어 퇴임하게 되었습니다.

일제 36년은 극악한 민족 말살의 고통 시기였으나, 이보다 긴 고대 37년은 민족 도약의 세계화에 정성을 다한 발전 시대였습니다. 그 속에서 나 개인도 물론 학자로서 몰라보게 도약했으며, 폐쇄주의처럼 보이는 '안암 언덕의 텃세'가 근저에서 확호한 주체성의 원동력이 되었다고 생각합니다.

서울대학교 출신인 나에게 '춘천 한림대학교로 옮기셨는데 어떻게 지내셨습니까?' 하는 인사를 받은 적이 있었습니다. 그 텃세와 내 고향 강원도를 근거로 나도 모르게 퍼진 헛소문이었습니다. 아닌 게 아니라 텃세가 심하면 옮기고 싶은 충동이 없지도 않았으나, 학생들이

우러르고 따르는데, 박차고 생소한 곳으로 떠나가지 못했을 뿐이라고 해야 할 것입니다.

우리는 운명 공동체

김치규

1926년생 • 문과대학 영어영문학과 1958-1992년 재직

내가 모교인 고려대학교 문과대학 영어영문학과 조교수로 발령받아 부임한 것이 1958년 9월 초였는데 1992년 2월 말일 자로 정년 퇴임하게 되었으니 만 33년 6개월간 모교에서 근무한 것이 된다. 게다가 학부 3년간(나는 1947년 9월 2학년에 편입했었다)과 대학원에 적을 둔 몇 학기까지를 합치면 나는 전후 40년 가까이 학생으로서, 그리고 교원으로서 고려대학교에서 배우고 가르친 셈이다. 그리고 퇴임 후에도 명예교수로서 모교와의 인연은 아마 생을 마감하는 날까지 이어질 것이다.

한 개인의 운명은 어떠한 부모를 만났고 어떠한 처자를 거느리게 되었는가에 달려 있는 만큼이나 어떠한 학교에서 배웠고 어떠한 직장에서 일했는가 하는 것에 의해서도 좌우되는 것이니 고려대학교는 나

의 운명을 결정지은 요인의 거의 절반을 차지한다고 볼 수도 있다. 내가 학부학생이었던 시절에 뵌 인촌 선생이나 총장이었던 현상윤 선생, 문과대학장이었던 이종우 선생, 그리고 영어영문학과의 변영태, 권중휘, 이인수 선생 같은 훌륭한 교수진을 모시고 공부할 수 있었던 것은 내 평생의 행운이었다.

'자유·정의·진리'라는 모토는 고매하긴 하지만 너무 추상적이어서 실감으로 다가오기는 어렵지만 '공선사후(公先私後)'라는 인촌 선생의 붓글씨는 훨씬 더 친근하게 우리에게 다가온다. 나 자신 인촌 선생이 역설하신 이 사자성어를 학부 학생 시절에 읽은 매슈 아널드의 교양론에 나오는 '무사(無私, disinterestedness)'와 결부시켜 가슴 깊이 받아들였는데, 내가 학교에서는 학점 관리에 엄격하기로 소문이 났었고 시단(詩壇)에서는 염결성과 무사함으로 기억되고 있는 모양이지만, 이러한 사실들은 그때 형성된 나의 기질과 직결되어 있다.

이렇듯 나와 고려대학교는 떼려야 뗄 수 없는 운명 공동체를 이루고 있다. 그러므로 내가 살아 있는 동안 나는 고려대학교의 운명의 부침(浮沈)에 무관심할 수가 없다. 고려대학교에 좋은 일이 생기면 나는 내 일처럼 기뻐할 것이고, 고려대학교에 언짢은 일이 생기면 나는 내 일처럼 슬퍼할 것이다. 대학이라는 곳도 사람들이 모인 곳이므로 그것의 좋은 일, 언짢은 일에는 여러 가지가 있을 수 있겠지만, 가장 중요한 것은 학문 연구와 교육이라는 대학의 핵심적인 두 가지 기능에 관련된 일들이다. 따라서, 고려대학교에서 어떤 탁월한 학문적 업적이 나오거나 고려대학교가 배출한 교우들 가운데서 어떤 특출한 인재가 나타난다면 나는 삶의 보람을 느낄 것이다.

끝으로 고려대학교의 운명을 짊어진 구성원 전원의 건투와 사랑하는 모교 고려대학교의 무궁한 발전을 기원하면서 이 퇴임에 즈음한 소회의 일단을 끝맺기로 한다.

—1992년 2월 퇴임사

원자핵 건판에 의탁한 교수 생활

김종오

1927년생 • 이과대학 물리학과 1968-1992년 재직

〈1차 우주선(宇宙線)의 에너지 스펙트럼〉이라는 제목의 논문으로 1956년 3월 28일 서울대학교 대학원에서 이학 석사가 됐다. 그 당시에 새로웠던 입자 검출기인 '원자핵 건판(原子核乾板)'을 수입해서 우주선이나 방사선 검출을 시도해 성공했고 그 처리법도 익혔다. 1948년 C. F. Pouell 등에 의해 개발되었던 원자핵 건판의 연구를 1955년에 한국에서 했으니 한국 물리학계에서 새로운 지평을 연 셈이었다. 결국 원자핵 건판을 이용한 하전(荷電) 입자의 검출 기술을 이용한 연구는 나의 물리학자로서의 기둥이 되어 한평생 지속되었다.

1956년 가을 학기와 1957년 봄 학기 고려대학교의 시간 강사가 되어 나의 고려대학교와의 인연이 열렸다.

시카고 대학교의 박사 과정에서 1957년 여름부터 당시에는 최고

에너지인 450 MeV(=10^6eV)의 양성자 가속기(proton synchrotron)를 연구해 세 편의 논문을 얻었으나 끝내 박사학위 논문은 20L의 원자핵 건판 뭉치 2만 개를 고공에 띄운 기구에 의해 1차 우주선에 쬐인 후 처리하여 현미경 관찰을 통해 이루어졌다. 약 1TeV(=10^9eV)의 우주선이 일으키는 원자핵 반응을 연구했던 것이다. 1963-65년의 2년간은 시카고 대학교의 Post Doc.로, 그 후 1965-67년의 2년간은 루이지애나 주립대학교의 조교수로, 학위 논문을 썼던 연구와 비슷한 연구를 교수와 병행하였다.

1967년 귀국하여 1968년 3월 1일에는 드디어 고려대학교 정교수로 취임하였고 휴강 없이 열심히 학부 학생들의 강의를 수행했다. 강의에서는 핵심적인 내용을 요령 있게 교습하느라 힘썼고 어려운 대목이나 중요한 고비가 나오면 끝까지 이해가 가도록 되풀이 설명하도록 노력하였다. 한편으로 대학원 학생들에게는 미국에서 몸소 10년간 터득한 도제 정신(apprenticeship)에 입각해 특히 물리학의 실험을 연구하는 과정을 체험하고 고생하는 길을 체감하도록 정성을 쏟았다.

초기에는 시카고 대학교와 루이지애나 주립대학교에서 주요 분석과 정밀 측정에 사용했고, 한국까지 수입해 끌고 올 수 있었던, 고가의 Koristka 현미경을 연구실에 설치했고 별도로 한국원자력연구소의 호의로 한국원자력연구소 내의 연구실 하나와 서너 대의 광학 현미경을 이용했다. 특히 미국에서 가져왔던, 1차 우주선에 조사시킨 Texas Steck(20L)라는 원자핵 건판 뭉치 내의 1TeV의 원자핵 반응을 연구했고 여러 기타의 연구는 국제 우주선 물리학 회의에 발표할 수도 있었다.

그러나 우리 고에너지 물리학 연구실의 본격적인 가동은 1975-76년간 프랑스 정부 펠로(Boursier)로 파리 제6대학교에서 페르미 국립연구소(Fermi National Accelerator Laboratory, Batavia, Il., U.S.A., 이후 FNAL라 약칭함)에서 가속한, 당대 최고 에너지인 400GeV(=10^9eV)의 양성자를 (우주선이 아닌) 인공 가속기에서의 선속(線束)에 원자핵 건판을 조사해서, 그 원자핵 건판에서 발생한 고에너지의 원자핵 반응을 연구할 때부터이다. 특히 그 연구 기간 끝에 FNAL의 한 팀으로부터 참가 제의를 받았다. 결국 우리 그룹이 이 제의를 수락해, 처음에는 미국·캐나다 4개국의 공동 연구로 되었다. 이 연구의 핵심도 원자핵 건판을 중성미자(neutrino)의 선속에 조사시켜서, 매혹 입자를 원자핵 건판 내에 발생시켜 그 수명(life time)을 측정하는 것이다. 고에너지 물리학 교실 박사학위 코스에 있는 세 명이 훈련을 받았고 국제적인 또 최신의 실험에서 이학 박사를 취득할 수 있었다. 그 후 후속의 FNAL E 653〔미려(beauty)입자의 수명 측정〕까지 이루어져 1992년 2월 28일 24년간의 근속을 끝내고 명예교수가 됐다.

당일의 일기장을 꺼내어 보니 그날 정년 퇴임식에서 본인이 울먹이면서 식장에서 읽었던 퇴임사 원고가 있었다. 20년이 지난 지금에도 고려대학교의 여러 직원에 대한 배려에 지금도 감사한다. 특히 외국

여행이 잦았던 터인데 이를 허용해 준 것이 지금도 고맙다. 현재는 명예교수에게 주어진 고대 병원의 여러 가지 혜택에 감사할 따름이다.

정년 퇴임 후 20년! 책임 없이 천진무구했던 어린 시절처럼 그냥 매일이 즐겁게 지나간다.

한가하고 질서 있게 매일 규칙적으로 반복되는 일상에서도 1992-2007년에는 고려대학교의 '명예교수'라는 직함 덕으로 일본 쓰쿠바에 있는 일본 고에너지 가속기 연구소(KEK)에서 KEK E 362(소위 K2K라고 약칭, 중성미자의 진동) 실험에, 즉 그 실험의 집행위원회에 한국 대표로 한국 팀을 이끌고 참가한 일이 있었다. 시카고 대학교에서 최초의 전자회로만의 실험처럼 즉 원자핵 건판을 사용하지 않는 실험에 참가한 것이었다.

끝으로 정년 퇴임한 지 20년이 지난 이 시점에 오니, 본인의 고에너지 물리학 교실에서 배출한 여러 제자들이 성장하고 활약한 괄목한 사실을 알게 된다. 몇 가지 예만 들고 이 글을 끝마치려 한다. 물론 본인의 도움 없이도 그렇게 훌륭하게 자랐겠지만 어쨌든 자랑스럽다.

교육자로서의 애초 결심이 '나보다도 나은 제자 10명을 만들자'였다. 오늘에 와서 이제 결과를 보니 그 목표를 초과 달성했던 것 같다.

첫 제자가 박재년 씨(1981년 이학 박사)였는데, 한국에 오자 우리 그룹의 연구에 전자계산기의 사용이 필요불가결해서 독일 함부르크(Hamburg)의 DESY라는 연구소에 가서 Fortran 등 전자계산기와 익숙하도록 당부했었다. 결국 귀국 후 고려대학교 이공대 전산실의 산파역을 했고 9년간 그 총무로 재직하여 고려대학교 행정에까지 많은 도움을 주었다. 전산학과가 생기자 그 교수로 채용해 주지 않아서 본인과 박 씨가 야간열차 침대칸을 타고 광주로 내려가 9시에 전남대학교 총장실에 갔고 10시에 박재년 씨는 전남대학교 전산학과의 교수로 전산학과의 기초를 닦았다. 수년 후 숙명여자대학교 교수로 있다가 박재년 교수는 정년 퇴임했다. 1970년 당시 본인의 전자계산기의 VISION이 고려대학교의 발전에 도움을 조금이나마 주었으니 박 씨를 그 방면에 진출시켰던 것은 즐거운 추억이 됐다. 두 번째 제자는 심광숙 씨(1971년 이학 석사)였다. 하루는 주변에 심광숙 씨가 보이지 않았다. 수소문한즉, 4급 공무원 시험에 합격했다는 것이었다. 급히 불러내어 공무원을 그만두고 대학원 석사 과정을 강제로 수료하게 했다. 본교에서 교수로 300여 편의 논문을 써서 학자로서 대성했을 뿐만 아니라 부총장으로 행정에 분주한 바도 있었다. 송진섭 씨(1986년 이학 박사)는 충남대학교 물리학과를 졸업하고 그 대학교의 오희필 교수가 서울대학교 5회 동창인 김정흠 교수 방에 들여보냈으나 김 선생님이 미국에 2년 나가 계셔서 본인에게 석사·박사를 받게 되었다. 원래 학부 학생일 때부터 충남대학교 물리학 실험실의 '지킴이'라고까지 말 들었던 터였다. 경상대학교 조교수로 취임한 후 FNAL E 531과 E 653의 실험에서 여러 외국 물리학자와 섞여서 그 공헌이 컸을 뿐만 아니라, 경상대학교 물리학과에 원자핵 건판을 실험 기초로 한, 국제적으로도 손색없는 연구실을 이루었다. 정년 퇴임한 지 2, 3년이 됐다. KEK E 362의 실험에는 김재율 씨(1984년 이학 박사)와 임인택 씨(1989년 이학 박사)가 이끄는 전남대학교 물리학과 팀의 공헌이 많았다. 더욱이 지금은 전남 영광 원자력발전소가 내려다보이는 야산 지하 동굴에서 중성미자 검출을 시도하고 있어 한국 고에너지 물리학의 역사상 가장 규모가 크고 예산도 많아(116억 원) '중성미자의 진동'을 잘 관찰할 것으로 기대된다. 해외에 진출한 제자 중 특히 서은숙 씨(1986년 이학 석사)는 현재 미국 메릴랜드 대학교 교수인데, 수년간 남극에서 3천 미터 고도에 띄운 플라스틱 기구에 전자장치를 매달아 '우주선의 1차 에너지 스펙트럼'을 연구해 왔다. 이는 서두에 쓴 본인의 1956년의 이학 석사 논문 제목과 일치해 감개가 새롭다. 특히 금년에는 국제 우주 정거장 안에 우주선의 측정 장치를 설치한다니 가위 국제적이다.

박사학위 논문을 썼던 1960년대에 '원자핵 건판'을 검출 수단으로 이용한 물리학 실험은 하도 공이 들고 힘이 들어 사실 한물갔었다. 매혹(charm)입자와 미려(beauty)입자라는 새로운 종류의 수명은 겨우 10^{-13}초밖에 안 되었다. 탄생부터 입자가 달릴 수 있는 최대 속도인 광속(光速)으로 달려도 1mm 이상 갈 수가 없다. 그래서 이들 신입자를 관찰하는 데는 오직 원자핵 건판이라는 검출 수단이 간절히 필요하게 되었다! 이렇게 원자핵 건판을 사용하고 현미경 관찰을 통한 국제 공동 연구 FNAL E 531이나 E 653의 실험에서 본인의 역할이 있었던 것은 큰 행운이고 감사할 따름이다.

남기고 싶은 이름

박윤성

1927년생 • 공과대학 건축학과 1966-1992년 재직

고려대학교 공과대학은 타 대학보다 늦게 창설이 되어서 우리 건축학과 졸업생 수는 약 2천여 명 정도이며 이 중에서 약 1% 정도만의 졸업생 이름을 알고 있으며 그중에서도 절반 정도의 졸업생하고만 교류를 하고 있는 실정이다.

연하장

연말연시에 연하장을 보내 주는 졸업생의 경우 김창수 군, 이상정 군, 정재욱 군 등이 있으며 연하장에 인쇄된 요식적인 글이 아니라 직접 쓴 몇 마디의 내용은 정말로 기쁘기 한이 없는 것이다. 일회생인 김창수 군이 보내 준 연하장에는 '건강하신 모습에 항상 감사드리고 있습니다'라 말이 담겨 있다. 간단하면서 진심이 어린 내용이 아닐 수 없

다. 이 연하장을 내 서재 책상 위에 세워 놓고 수시로 읽어 보고 또 읽어 보는 것이 일상생활이 되었다.

국가건축정책위원회 위원장인 이상정 군 역시 인쇄된 요식적인 인사말 외에 '새해에 더욱 건강하시길 기원합니다'라고 써서 보내왔다.

1982년도 입학한 정재욱 군 역시 '박윤성 교수님 항상 건강하시고 댁내 평안하실 기원합니다'라고 보내 왔다.

김상대 교수와 세계 2011년 CTBUH 학술 발표 대회

세계초고층도시건축학회 회장인 김장대 교수는 서울 시내 COEX 강당에서 42개국이 참석한 세계 2011 CTBUH 학술 발표 대회를 주관하였으며 'Why tall? Green, Safety and Humanity'로 각국에서 많은 발표를 하며 풍부한 의견과 경험을 공유하는 뜻깊은 자리를 마련하였다. 그리고 발표자들의 기념사진을 찍어 액자를 만들어 오래오래 기억에 남도록 배려하였다.

그리고 캘린더를 보내 준 김창수 군, 조주환 군.

서로 아끼는 내용을 담은 대형 그림 액자를 만들어 준 이민섭 교수, 정진원 교수.

사소한 일, 큰 일, 돕는 일에 회동하고 경우에 따라서는 식사도 같이하는 박상동, 정만준, 변인근.

많은 도움을 주려고 노력하였던 민승렬 군.

연결을 계속 유지하면서 생활을 하는 강경인 교수, 김경훈 교수, 이방화 소장.

대학에서 물러나면서

정규복

1927년생 • 문과대학 국어국문학과 1967-1992년 재직

저희 대학 여학생 회관에 수십 년간 걸려 있던 金基昶 화백의 〈美人圖〉를 여러분께서도 보셨을 것이라 생각됩니다. 그 〈美人圖〉는 20대 전후 다섯 사람의 한국적 미인들의 소박한 그림입니다. 그 다섯 사람의 미인 가운데 나이가 가장 많아 보이는 美人이 저에게는 더욱 인상적이어서 제 짐작으로는 그 나이를 30세 전후로 감상하였습니다. 그 그림이 언제 걸리게 되었는지는 알 수 없습니다만, 현재는 인촌기념관에 걸리게 되었습니다. 그런데 제가 그 〈미인도〉를 처음 본 것은 4·19 전후 강사로 있었을 때입니다. 당시 제 나이 34세. 그 인상적인 미인은 저의 동배, 어떻게 보면 제 누이뻘이 되지 않았나 생각됩니다.

그 후 제 나이 40에 이르러 저희 대학의 전임이 되어 그 〈미인도〉의 미인을 자주 보게 되었는데 그 미인은 이미 저의 동배, 혹은 맏누이

가 아니고 막내누이 동생뻘로 나이차가 벌어지기 시작했습니다. 그럭저럭하는 것 없이 50대가 되었을 때는 그 미인과의 나이 차이는 훨씬 벌어져 그 미인은 어느새 저의 큰 딸로 생각되었고, 이제 정년을 맞이하는 이 마당에는 그 미인은 저의 막내딸이 되고 말았습니다.

제가 근 30년간을 고려대학교 캠퍼스에서 지내는 동안 그 〈美人圖〉의 미인은 저의 누이뻘로부터 저의 막내딸에 해당되는 동안, 저는 네 자식을 키워 거의 성가시켰고, 저도 그런대로 강의와 연구를 하면서 다섯 권의 연구 저서와 두 권의 잡문을 쓰고 이제 정든 고려대학교를 떠나게 되니, 그저 '大過 없이 지냈다'고 감히 말할 수 있겠습니다. 그동안 저를 키워 준 고려대학교 당국과 선배·동년배·후배들에게 뜨거운 감사의 말씀을 드립니다.

이제 이 교정을 떠나면서 선배·동년배·후배들과 연구하고 강의하면서 지내는 동안 저희 고려대학교에 대하여 느낀 소감의 일단을 잠시 말씀드리고자 합니다.

4·19 직후라 기억됩니다. 본교에서 영문학을 강의하다 떠나게 된 卞榮泰 선생은 정년 퇴임사에서 본교의 생활을 회고하면서 '무엇보다도 자유를 누렸고 배웠다'고 말씀한 적이 있습니다. 저도 떠나는 마당에 卞榮泰 선생과 동감인 것을 말씀드릴 수 있겠습니다. 고려대학교가 한국의 뛰어난 대학인 것은 무엇보다도 교수들에게 학문의 자유와 행위의 자유가 보장되어 있기 때문이라 생각됩니다. 이것은 대학의 좋은 본보기로서 다른 대학에도 전수되어야 하려니와 학문과 지성

의 고양을 위해 계속 유지되어야 할 것이라 생각됩니다.

또 1975년 전후라 생각됩니다. 鄭在覺 선생이 정년 퇴임사에서 본교의 생활을 회고하면서 군대 행진에 있어서 '향도의 역할'을 강조하신 것이 회상됩니다. 제가 당시 느낀 '향도의 역할'은 대학 교육에 있어서 현실의 부조리로 인하여 상실되어 가는 '이상'과 '비전'을 지적한 것이라 생각됩니다. 저는 본교를 떠나는 마당에 한국교육계의 교육정신이 근자부터 혼미해 가는 것을 감안하여 卞榮泰 선생의 '自由의 배움'과 鄭在覺 선생의 '향도의 역할'을 아울러서 학교 당국에게 말씀드리고 싶습니다.

다음은 본교 돈독한 사제간의 정에 대하여 말씀드리겠습니다. 오늘날 산업사회로 돌입한 후, 제자의 정도 가부장적 전통 관념이 많이 사라짐에 따라 변질되고 희석화된 것만은 사실입니다. 그렇지만 산업사회에서도 산업사회와 걸맞은 師弟의 倫理가 엄연히 있어야 한다고 생각됩니다. 더구나 인간교육이 강조되는 이때, 교육에 있어서의 인간화의 회복은 무엇보다도 師弟의 윤리가 회복되지 않고는 불가능하다고 봅니다. 고려대학교는 師弟의 윤리에 있어서 남다르다는 것은 주지의 사실입니다. 저도 30년간 본교 캠퍼스에서 지내는 동안 제자들과 불쾌한 충돌은 한 번도 없었음을 자부하고 싶고, 오히려 떠나는 이 마당에 제자들에게서 뜨거운 고마움을 느끼게 되고, 건강이 허락하는 한, 사랑하는 제자들과 계속 연구 활동을 하고자 합니다. 그러나 근래 자유화되는 과정에서 본교에도 불미로운 사제간의 충돌이 있어

유감이었지만, 본교의 전통적 저력으로 이것이 잘 극복되리라 생각합니다.

이제 우리나라 교육은 동양의 家父長的 전통사회로부터 산업사회로 돌입하는 과정에서 경제 물질생활은 눈부시게 발전되었지만, 계승되어야 할 전통도 희석되어 가는 것이 국학도로서 안타깝게 생각됩니다. 즉 교육의 사항과 양상은 역사의 시간적·공간적 물결에 따라 다양하게 변하지만, 학문과 교육 정신은 영속적이고 항구적이라 생각됩니다. 제 생각으로는 대학의 목적은 학문 정신을 통한 교육적 역할에 있다고 봅니다. 오늘날 한국의 고등교육이 학문과 교육정신을 망각하고 경쟁적으로 대형화, 기업화되어 가고 있다는 것은 교육을 책임진 분들이 한번 숙고하고 고민해 볼 만한 일이라고 봅니다.

특히 고려대학교는 열강국의 와중에서 민족의 이익을 구심점으로 창립되었고, 민족의 대학이라 자부해 왔고, 오늘도 자부하고 있습니다. 머지않아 21세기를 맞이하게 되는 이 마당에, 국제화·세계화를 지향하고 있는 것은 당연한 시대적·역사적 추세라 생각합니다. 그러나 민족적인 것이 확립되지 않는 세계화 내지 국제화는 자칫하면 본질이 제외된 虛像으로 끝날 우려가 있다고 생각됩니다. 세계주의와 민족주의는 분리 개념이 아니라, 상승·동위 개념이기 때문입니다.

이제 본교를 떠나면서 학교 측과 재단 측에 부탁의 말씀을 드리는 것은 저희 고려대학교의 민족대학과 걸맞은 한국학 대학과 한국학 대학원의 창설을 제언합니다.

그간 저를 키워 준 고려대학교에 뜨거운 감사를 드립니다. 다만, 빚만 잔뜩 지고 떠나는 심정입니다. 앞으로 건강이 허락하는 한, 연구 생활을 지속하여 제가 고려대학교에 감사하는 것이 아니라, 고려대학교가 저에게 감사할 수 있는 제가 되고자 합니다.

감사합니다.

—1992년 8월 퇴임사

時間의 奴隷에서 時間의 主人으로

김영철

1928년생 • 문과대학 철학과 1970-1994년 재직

저는 1994년도에 정년 퇴임을 하였습니다. 아스라이 사라져 가는 먼 기억을 더듬어 그때의 퇴임사를 대충 적어 봅니다.

퇴임사

40년 동안의 저의 교직생활은 한마디로 말해서 시간 속에서, 시간에 의한 삶이었다고 할 수 있습니다.

항상 시간에 쫓기는 바쁜 생활을 해 왔습니다. 말하자면 시간에 의한 수동적(受動的)인 생활이 전부였다고 해도 과언이 아닐 것입니다.

일정한 시간에 잠자리에서 일어나고, 식사하고, 출근하고, 정시(定時)에 맞추어서 강의실에 들어가고, 강의가 끝나는 시간에는 어김없이 강의실을 나오고, 약속 시간은 정확히 지키고, 그리고 일정한 시간

에 귀가하니, 저의 하루 24시간은 시간표에 따르는 일상(日常)이었다고 해도 좋을 것 같습니다.

한마디로 말해서 저의 교직생활은 시간의 꼭두각시요, 시간에 얽매인, 시간의 노예나 다름없는 생활이었다고 해도 과언이 아닐 것입니다.

저의 이러한 규칙동사(規則動詞)나 다름없는 생활이 남의 눈에는 단조(單調)롭고, 무미건조(無味乾燥)한 것처럼 보였을지 모르겠지만 제 딴에는 성실하게 살아왔으며, 인생의 삼락(三樂) 가운데 하나를 누려 왔다고 생각합니다.

이제 정년을 맞이하게 되었습니다. 정년(停年)이란 저에게는 문자 그대로 시간이 멎는다는 뜻이 아니라, 65세 정해진 나이에 교직생활에서 물러난다는 뜻의 정년(定年)이라고 하겠습니다.

이제부터는 시간으로부터 해방이 되어 시간의 주인으로서 능동적(能動的)인 생활을 할 수 있게 되었다는 뜻이라고 하겠습니다.

이제 하루 24시간을 저의 마음대로 쓸 수 있는 자유로운 몸이 되었다고 할 수 있겠습니다.

보고 싶은 책도 읽고, 산책도 하고, 친구들과 자주 만나 담소(談笑)도 나누고, 자라나는 손주놈들의 재롱을 보는 것도 노경(老境)의 한 가지 재미라고 생각합니다.

저는 본래 영혼불멸(靈魂不滅)이니, 내세(來世)니 하는 따위를 믿는 사람이 아니기 때문에, 인생이란 단 한 번밖에 없는 것으로 믿는 까닭에, 어떻게 하면 노추(老醜) 없이 즐거운 여생(餘生)을 보낼 것인가에 힘써 살아갈 작정입니다.

유유자적(悠悠自適), 시간의 노예에서 시간의 주인으로의 신분상승(身分上昇), 이는 저에게는 하나의 행운이자, 커다란 축복이라고 생각합니다.

그동안 저를 아끼고 보살펴 주신 학교 당국, 그리고 주변의 여러 친지들에게 감사의 인사를 드리는 바입니다.

多略少疇의 다락방

김정환

1930년생 • 사범대학 교육학과 1970-1995년 재직

이 자리에 서니 새삼 감회가 새로워집니다.

먼저 이 자리에 있기까지 저를 도와주시고, 부추겨 주신 모든 분들에게 감사드립니다. 이왕에 섰으니, 그냥 고개만 숙이고 물러나는 것도 과공비례라고 예가 아니어서 딱 두 가지만 말씀드리겠습니다.

하나는, 교수라는 가르치는 자리에 있으면서도 실은 배운 것이 더 많았다는 감사의 말씀입니다. 한 치 한 오리의 어김도 없이 일을 처리하시지만 인정도 남다르신, 이제 고인이 되신 김 아무개 교수님에게 저는 인간적 성실성을 배웠습니다. 또 한평생을 한 주제와 씨름하신, 역시 고인이 되신 이 아무개 교수님에게는 학문적 성실성을 배웠습니다. 그리고 민주화를 위해 애쓰다가 고초를 당한 많은 교수님과 학생들, '참교육'을 위해 싸우다가 역설적으로 사랑하는 제자 곁과 교실을

떠난, 아니 쫓겨난 전교조 제자 교사들을 통해 저는 역사 앞에서의 성실성을 배웠습니다.

덕택으로 저는 서대문형무소 구경도 했습니다. 형무소살이 하러 간 게 아니고 제자 면회하러 간 것입니다. 활짝 웃으며 대하는 제자의 얼굴에서 저는 역사와 미래를 보았습니다. 이러한 교수와 학생을 많이 길러 낸 고려대학교에 봉직했다는 것이 저는 정말 자랑스럽습니다.

또 하나, 저의 앞으로의 생활 설계에 대해서입니다. 저의 유일한 취미는, 일요일에 들로 산으로 홀로 거닐며, 이름 없는 들풀들과 노닐면서 같이 하나님을 찬양하며, 여러 식물도감을 보면서 그 이름 없는 들풀들의 이름을 외는 일입니다. 덕택으로 저는 갈대와 물대와 억새를 한눈으로 구별할 줄 압니다. '아, 으악새 슬피우니 가을인가 봐'의 '으악새'는, 실은 새의 이름이 아니고 바람에 나부끼는 이 억새풀의 이름입니다.

퇴직이라니까 동료 교수이신 김충렬 님이 '다략소주(多略少疇)'라는 글귀의 휘호를 주셨습니다. '다략'은 많이 버리고 생략하라, '소주'는 조금만 갈라는 뜻이랍니다. '소주'의 '주'자는 카테고리라는 범주의 '주'자인데 밭이랑이라는 뜻이랍니다. 정말 제 눈을 번쩍 뜨이게 했습니다. 그래서 그 자리에서 실천했습니다. 연구실 책의 1/3은 가난한 고향 대학에, 1/3은 또 제자들에게 나누어 주고, 나머지 1/3만 가지고, 이제 건강을 위해서도 앞으로 매일 출퇴근하라며 가족들이 신촌에 전세로 마련해 준 8평짜리 원룸 서재로 보름 전에 물러났습니다. 이 서재를 '다락방'이라 부르기로 했습니다. 휘호의 '다략'(많이 버려라)을 연상시키게 했습니다. 평일에는 이 다락방에서 서너 이랑만 가꾸면서 인생의 가을과 겨울을 즐기겠습니다. 노욕이라 해서 노인네들이 스타일을 구기는 일이 더러 있는데, 저는 그러지 않겠습니다. 더구나 명예교수 칭호까지 주신다니, 노년을 아름답게 정말 명예롭게 지키겠습니다.

끝으로 고려대학교의 무궁한 발전을 빌며, 이로써 하직 인사에 대신합니다. 여러분! 정말 감사했습니다.

—1995년 2월 퇴임사

신경외과 외길 인생

주정화

1930년생 • 의과대학 의학과 1972-1995년 재직

우리 민족이 5천 년의 긴 歷史 속에서 안팎으로 수없이 많은 試鍊을 겪어 오면서도 건재해 온 것처럼 우리 世代 또한 격동과 격난의 세월을 숨 가쁘게 살아왔다고 하겠다. 日帝가 기승을 더해 가던 1930년 한반도의 북단에서 태어나 우리 세대가 모두 겪었던 것처럼 몇 차례의 민족적 쓰라린 고통의 세월을 용케도 잘도 견디어 왔다. 그런데 세월은 流水하여 인생의 晩秋가 다가오는지 머리는 반백이 되어 停年을 맞게 되었나 보다.

靑雲의 뜻을 품고 의학에 入門하여 대학에서 지낸 지만도 어언 40여 성상이 되며 高大 가족이 된 지도 벌써 23성상이 된다. 그러니까 서울의대를 졸업하고 대학원에 들어가 神經外科에서 無給助敎 생활을 하던 중 1959년 교환교수 계획에 따라 美國 미네소타 大學에

파견되어 그곳에서 신경외과학을 연구하게 된 것이 계기가 되어 한평생 신경외과의사로 教職의 외길을 걷게 되었다.

우리나라 神經外科學은 8·15 해방을 전후하여 불과 몇 사람에 의해 開拓되어 1950년대 후반까지만 해도 一般外科에 소속돼 있었다. 6·25를 계기로 꽤 많은 의사들이 戰場에서 신경외과 환자를 경험하고 임상을 공부할 기회가 있었고 또 미국 유학에서 속속 돌아와 본격적으로 학문적 개발이 움트기 시작했다. 그러면서 1961년 專門科目으로 독립되었고 그해 3월 '大韓神經外科學會 創立總會'가 열리는 등 이때부터 발전의 기틀이 마련되었다. 그리고 1963년 제1회 '神經外科 專門醫資格 試驗'이 치러졌었다. 학술활동의 매체인《大韓神經外科學會誌》는 1972년 10월에 創刊되었으며, 1989년에 우리말로 쓰여진 教科書《神經外科學》이 처음으로 나왔다. 이제 신경외과는 正會員만도 9백여 명에 이르며 뇌정위기능연구회를 비롯하여 뇌종양, 뇌혈관질환, 소아신경외과, 척추신경외과, 신경손상 등의 연구회로 세분화되어 독자적인 연구 활동을 하는 등 크게 진전되었다. 학회의 總務와 學會長을 역임하면서 우리 학회의 창립 당시부터 그간의 발자취를 하나하나 지켜보아 온 나로서는 기쁨과 아울러 감회가 깊다.

서울의대에서 부교수로 재직 중 나는 1972년 10월 고려대 의대의 出帆과 더불어 고대 신경외과의 과장 및 주임교수로 보임된 후 나름대로 학문과 진료 기능을 높이기 위해 노력해 왔다. 교실에는 學德을 겸비한 李基燦 교수, 李勳甲 교수를 위시하여 각 분야를 전공하는 훌륭한 교수들이 포진하고 있어 마음 든든하고 자랑스럽다. 그간 교실의 발전을 위해 헌신적으로 노력하고 협조해 준 교수들, 교실원들, 그리고 동문회원 여러분께 깊은 감사와 아울러 경의를 표한다. 번번이 잊을 수 없는 은혜를 입어 왔다.

大學敎育은 이 나라의 미래를 이끌어 갈 役軍을 길러내는 것이며 특별히 의과대학은 국민의 생명과 사회복지의 근간을 담당할 人材를 양성하는 殿堂이다. 미래학자들의 견해가 아니더라도 21世紀는 과학기술이 지배하리라는 것이 定說이다. 尖端技術을 산업에 응용하고 올바로 활용해야 국가의 장래가 보장받게 될 것이다. 지금 우리의 주변과 우리의 세계는 시시각각으로 변화하면서 국경 없는 開放과 無限競爭으로 치닫고 있다. 이 시점에서 우리 모두 力量을 총집결하여 대비해야 하겠다. 자기성찰과 혁신 그리고 제도의 개혁과 의식의 개혁이 긴요하다.

그간 수많은 역경 속에서도 꾸준히 발전하면서 高大醫大는 학문과 교육을 통하여 국가와 사회에 크게 기여하고 있다고 자부한다. 더욱이 私學의 名門으로서 한국 의학의 발전을 주도하고 있으며 진료를 통하여 지역사회에도 봉사하고 있다.

정년을 기념하는 論文集을 2卷으로 마련하게 된 것은 이 교실의 첫 정년 퇴임자로서 교실의 학술논문을 이 기회에 集大成해 놓아야 하겠다는 뜻에서였다. 따라서 1960-72년도의 서울大에서의 논문은

抄錄만으로 실었고, 1973년도 이후의 高大에서의 논문은 全文을 수록하고 索引을 끼웠다. 나의 소박한 뜻이 잘 전달되지 못한 것이 있다면 이해를 바란다. 고려대학교 신경외과 同門會의 큰 도움으로 교실원들과 함께 이 책을 엮게 된 것을 여러분과 함께 큰 榮光으로 생각한다. 그러나 한편 퍽 송구스러운 마음이 있음을 감출 수가 없다. 이 책이 後學들에게 자그마한 도움이 되어 주었으면 하는 바람이다.

항상 저의 부족한 점을 채워 주고 아낌없이 협조해 준 의과대학과 의료원의 동료 교수들과 직원 여러분께 깊은 감사를 드린다. 惠化洞 시절을 회상하며 유서 깊은 石塔殿堂과 虎像을 뒤로 하고 安岩의 언덕을 떠나면서 이제 惜別의 情을 나누려 한다. 다시 한 번 고려대학교 의과대학과 의료원의 무궁한 발전을 충심으로 기원한다. 여러분의 건강과 행운을 축복하고 기원하면서 인사를 갈음한다.

—1995년 3월《朱正和 教授 停年紀念 論文集》

튼튼한 몸가짐과 마음가짐

유세환

1930년생 • 경영대학 경영학과 1958-1996년 재직

지난번(2011년 12월 12일) 고려대학교 교무처장으로부터 후학들에게 남기고 싶은 말을 글로 써 달라는 부탁을 받았다. 정년 퇴임한 지 벌써 오래된 나로서는 정말 가슴이 울렁거리는 순간이었다. 어떤 말을 글로 남길까 이리저리 생각하다가 내가 요즈음 한자(漢字)로 만든 글을 한글로 옮겨 놓은 것에 제목을 아주 쉽게 붙여 보았다. 마침내 내가 정한 글의 제목은 '튼튼한 몸가짐과 마음가짐'이었다.

몸이 튼튼해야 마음도 튼튼하다. 튼튼한 몸에 튼튼한 마음이 깃들 수 있고, 튼튼한 마음은 튼튼한 몸에 도움을 줄 수 있다. 한자는 뜻을 나타내는 글이지만, 한글은 소리를 나타내는 글자이다. 따라서 한자는 적은 글자로 매우 함축성이 있도록 뜻을 간추릴 수 있으나, 한글로는 우리의 생각을 쉽게 나타낼 수 있다. 그러므로 나는 좀 별다르게 후

학들에게 남기고 싶은 말을 먼저 한자로 엮은 다음에 그것을 한글로 아래와 같이 쉽게 옮겨 보았다.

緩嚼不過量(완작불과량) 느리게 씹어 지나치지 않도록 먹어라
快適萬步行(쾌적만보행) 대단히 즐겁고 알맞게 만보를 걸어라
豁然亨平靜(활연형평정) 거리낌 없이 평안과 고요를 이루어라
虛心常容壽(허심상용수) 마음 비우고 떳떳이 삶을 받아들이자

위 글의 처음 두 줄은 튼튼한 몸가짐을 위한 것이고, 나머지 두 줄은 튼튼한 마음가짐을 위한 것이다.

음식을 허겁지겁 빠르게 많이 먹는 것보다는 느리게 잘 씹어 적게 먹는 것이 매우 바람직하다. 또한 대단히 즐겁고 알맞게 만보를 걸음으로써 몸에 좋다는 것이다. 이른바 가공식품과 같이 빨리 먹을 수 있는 fast food보다는 slow food가 훨씬 좋으며, 되도록 많이 움직이라는 것이다. 그리고 나머지 세 번째의 뜻은 마음을 확 트이게 열어 아무런 거리낌 없이 평안과 고요를 이루라는 것이다. 또한 끝으로 마음을 비우고 떳떳이 삶을 받아들이라는 것이다. 이것을 달리 풀이해 보면, 우리에게 주어진 삶을 멋있고 뜻있게 또한 값지게 즐기라는 것이다. 우리는 튼튼한 몸가짐과 마음가짐을 통하여 우리의 삶을 기쁨으로 받아들여 몸과 마음을 튼튼하게 탈바꿈시킴으로써 우리의 앞날을 크게 바꿀 수 있다고 본다. 거듭 말하거니와 우리의 몸과 마음은 하나로 묶어

서 보아야 되며, 따로따로 다루는 것은 좋지 않다.

우리의 인생은 나그넷길이며 그 길에는 갈림길이 너무나 많다. 여러 갈림길 중에서 어느 길을 선택하는가에 따라 우리의 길은 여러 길로 나누어진다. 이렇듯 갈림길이란 매우 중요한 시점 또는 획기적인 사건을 뜻한다. 따라서 정년이나 고희는 새로운 인생의 출발점이며 전환점이라 할 수 있다.

특히 고령화 시대에 있어서 무엇보다도 귀중한 것은 우리에게 고루 주어진 시간의 값진 활용인 것 같다. 열심히 그리고 성실하게 살아온 나의 정년 후의 생활은 모처럼 얻은 귀중한 자유시간이라 할 수 있다. 이렇듯 주어진 시간을 귀하고 값진 것으로 만들려면 뚜렷한 목표를 필요로 한다. 덮어놓고 허송세월하는 것은 너무나 따분하고 보잘것없는 인생의 후반임에 틀림이 없다.

알차고 멋지며 늘 새롭고 자유로운 인생을 보내려면 몇 가지의 조건이 필요하다. 첫째가 건강이고, 둘째가 돈이며, 셋째는 삶의 보람인 것이다. 그러나 세 가지 중 가장 중요한 것은 삶의 보람이어야 한다. 물론 건강과 돈이 중요한 것임에는 틀림이 없다. 그러나 아무리 오래 산다 할지라도 삶의 보람이 없는 인생은 아무런 뜻이 없으며 따분하고 멋이 없는 삶인 것이다.

흔히 인생의 후반인 노후에 맛볼 수 있는 어떤 깊은 뜻이 있는 느낌이라든가 삶의 보람 따위는 적극적으로 배우거나 의욕적으로 찾도록 힘써야 한다. 늙어서도 무엇인가에 관심을 갖는다는 것은 자기실현의 지름길이라 본다. 바꾸어 말하면, 육체적 건강과 물질적 돈보다는 정신적인 충실감이 중요하다는 함축적 표현이 곧 삶의 보람이요 생활의 목표가 되어야 한다.

사람은 늙어도 이상을 지녀야 한다. 이상을 잃으면 우리는 곧 늙는다. 이상은 완전히 실현시킬 수 없을지라도, 그것의 실현에 가깝도록 꾸준히 노력함으로써 우리는 자유로운 인생의 보람을 찾을 수 있을 것이다. 이러한 뜻에서 우리에게 주어진 노후의 자유시간은 매우 값진 것이므로 알뜰히 활용할 필요가 있다. 시간은 돈이라는 표현이 있지만, 오히려 나는 시간은 살아 있는 목숨 즉 생명이라고 본다. 어쨌든, 건강과 돈 그리고 삶의 보람은 노후의 자유로운 인생을 즐기기 위한 조건임에는 틀림이 없다.

거듭 말하지만, 우리의 몸과 마음은 하나로 묶어서 보아야 되며, 따로따로 다루는 것은 좋지 않다. 여러 말 할 것 없이, 튼튼한 몸가짐과 마음가짐을 통하여 우리의 삶을 좀더 알차고 멋있는 것으로 만들 수 있다고 본다.

살며 생각하며

신영철

1932년생 • 의과대학 의학과 1969-1998년 재직

오늘 정년 퇴임을 축하하기 위해 마련된 이 자리에서 여러분을 모시고 고별인사를 드리게 된 것을 감사하게 생각합니다.

이제 정년의 문턱에 서고 보니 두 가지 생각이 떠오릅니다.

그중 하나는 오랜 세월 몸담아 온 우리 고려대학교에 대한 고마움이며 다른 하나는 우리 고려대학교가 더욱 훌륭하게 발전해 주었으면 하는 바람입니다.

고려대학교는 우리의 뿌리이며 그 가지가 튼튼한 울타리를 만들어 우리 모두를 지탱해 주고 있습니다.

그렇기 때문에 저 같은 사람도 그 속에서 오랜 세월 불편 없이 일에 열중할 수 있었습니다.

이제 세월이 흘러 떠나야 할 시간이 되었습니다.

그러나 비록 몸은 떠난다 하더라도 마음은 늘 여러분 곁에 있으면서 우리 고려대학교와 더불어 기쁨과 고통을 함께할 것입니다.

여러분 아무쪼록 건강하시면서 우리 고려대학교를 위해 많은 일들을 하여 주시기 바랍니다.

오랜 세월 감사했습니다.

안녕히 계십시오.

—1998년 2월 퇴임사, 《살며 생각하며》

안암 언덕에서 인생의 황금기를 보내고

이순요

1933년생 • 공과대학 산업경영공학부 1970-1998년 재직

저의 停年退職을 기리기 위해 參席하신 法人 理事長님과 金貞培 總長님을 비롯한 여러 同僚敎職員과 그리고 親知親族 여러분에게 먼저 깊은 感謝의 말씀을 드립니다.

저는 1933년생으로 33年間 敎職에 몸담아 오는 가운데 1年間의 講師生活을 包含하여 29年間을 本校에 奉職해 왔습니다.

돌이켜보건대 李鐘雨 總長님을 비롯하여 金貞培 總長님에 이르기까지 9代에 걸친 總長님을 모시고 奉職해 온 셈이 됩니다. 1970年代의 激動期와 80年代의 發展期, 그리고 90年代의 跳躍期를 거치면서 人生의 黃金期를 高大의 터전에서 불사르며 大過 없이 停年을 맞이하여 退任하게 됨을 感謝드립니다.

제가 奉職하기 시작할 때에는 理科大學과 工科大學이 합쳐진 理

工大學이었으며, 그 밑에 理學部와 工學部가 있었고, 저는 工學部 工業經營學科에서 講義를 해 왔습니다. 當時 工業經營學科의 학생은 2學年이 最高學年이었으며, 定員은 40名이었습니다. 그 후, 1972年에 產業工學科로 學科名稱이 文教部令으로 改稱되어 오늘에 이르고 있습니다.

그간 28回에 걸쳐 2,000余名의 卒業生을 輩出하였으며, 碩士 64名과 博士 8명을 이 나라의 동량으로서 社會에 輩出하였습니다. 이들이 오늘날 우리나라의 많은 大學의 講壇에 서서 後學들을 教育하고 있으며, 우리나라 5大 그룹에 30% 以上이 進出하여 猛活躍 중에 있는 것으로 本人은 알고 있습니다.

오늘 停年退任의 자리를 맞이하여 지난날을 다시 한 번 回顧해 볼 때, 후회 없는 30年 가까운 黃金期를 安岩의 언덕에서 보낼 수 있었음을 무척 多幸스럽게 생각하며, 또한 榮光으로 생각합니다.

비록 몸은 教壇을 떠나지만, 마음은 永遠히 高大의 요람에 머물러 있을 것입니다. 21世紀를 여는 象徵性 있는 金貞培 總長님을 모시고 '創造的 知性', '열린 知性', '實踐하는 知性'으로 高大人에게 부여된 時代的 使命을 完遂해 나가시기를 부탁드리며 頭序 없는 몇 말씀의 回顧談으로 退職辭의 代言으로 갈음합니다.

大端히 감사합니다.

—1998년 8월 퇴임사

대학교수가 명심해야 할 일

이정덕

1933년생 • 공과대학 건축학과 1965-1999년 재직

대학에 갓 부임한 신임 교수에게 첫 조언으로 다음과 같이 강조하곤 하였다.

"학생을 神이라 생각하고 대하시오. 왜냐하면 비록 아는 것이 적지만 그들의 反應은 곧 당신의 능력과 행동을 100% 그대로 반영하는 것으로서, 마치 신이 당신에게 말해 주는 것과 똑같다고 볼 수 있다"라고.

비단 강의 내용만이 아니라 강의나 日常의 접촉에서 보여 주고, 알려 준 모든 것들이 학생 한 사람 한 사람이 졸업 후 수십 년이 지난 먼 훗날까지도 기억하게 되는 아주 중요한 일인 것이기 때문이다. 나이 50이 넘은 졸업생이 수십 년 전의 것까지 기억하며 그대로 말할 때 이 사실을 참으로 감동 깊게 다시 느끼는 경우가 종종 있다. 더군다나 이

졸업생은 이미 그 직장의 높은 자리에 있으며, 그동안 자기 부하 직원에게 또는 대학의 학생들을 가르칠 때 자기가 옛날 대학 시절에 교수로부터 배운 技法이나 話題나 要領들을 일러 준다는 말을 들을 때, 다시금 그때그때 학생들에게 일러 주고 보여 주는 교수들의 人格的·學術的·技術的 '본보기'가 강의 내용과 더불어 얼마나 소중한가를 깨닫게 된다.

대학교수가 해야 할 일 가운데 가장 중요한 것은 두말할 필요 없이 名講義를 하는 것이다. 학생들에게 진리와 교양을 일러 주는 데 있어 학생들이 졸지 않고, 재미있게, 그리고 정확하게 알아듣도록 강의를 해야 한다.

말의 내용과 발음이 정확하다 하여 그대로 말만 하면 전달이 제대로 되었다고 생각할 수 없다. 학생은 아직 공부하는 방법도 잘 모르고, 왜 공부하는지는 알아도 의욕은 적거나 없다. 공부하기보다는 놀고 싶으며, 선생보다는 친구가 그립다. 듣기보다는 떠들고 싶으며, 교실에 갇히는 것보다 운동장이나 잔디밭에서 편히 재미있는 시간을 보내고 싶은 때이다.

이러한 아직 本能을 억제하기 어려운 젊은이들에게 어떠한 專攻의 어떠한 科目의 어떠한 主題를 강의할 때에도 항상 잠이 달아날 정도의 매력 있는 강의를 해야 한다. 그러기 위해서는 每 강의시간마다 그 강의 내용에 관련된 '강의 시나리오'를 每番 미리미리 創出해 준비하여야 하는 것이다.

한 번 썼던 시나리오는 그 학기에 再版하면 안 된다. 자극적이고 교육적이며 감동과 흥분까지 일으키는, 그리고 때때로 폭소와 감탄의 눈물도 나오는 그러한 강의를 해야 궁극적 목표인 '진리의 전달'이 이루어지는 것이다.

이렇게 하려면 그 어느 시나리오 作家에 못지않은 構想을 하기 위한 많은 시간을 가져야 한다. 그래서 교수는 時間消耗性 생활을 해서는 안 되는 것이다.

건강이나 사회적 인간관계 등을 위해 갖는 消耗性의 생활 시간은 최소한으로 줄여야 한다.

결론적으로 교수는 좋은 교육자가 되려면 건강한 육체와 더불어 시간을 최대한 아껴야 한다는 것이다. 積金하듯 積時하면 金利와 같은 時利가 생긴다는 사실도 명심해야 할 것이다.

돌다리 두들겨 보고 안 건너는 고려대학교

김덕진

1933년생 • 공과대학 전기전자전파공학부 1971-1999년 재직

저는 1971년부터 1999년까지 28년간 고려대학교에서 근무하였습니다. 대학원을 졸업한 후 저의 직장 생활의 대부분의 세월을 고려대학교에서 보냈다고 해도 과언이 아닙니다. 고려대학교는 제가 젊음을 바쳐 살아온 마음의 고향이라고 할 수 있습니다. 사학의 명문 고려대학교는 우리나라의 어려운 시절에도 굴하지 않고 굳세게 민족의 나아갈 길을 밝혀 주는 명실상부한 민족의 대학교로서 버티어 온 것도 사실입니다. 그러나 고려대학교의 발전을 가로막는 그 무엇인가가 항상 있었었습니다. 저는 퇴임하는 이 자리에서 그것을 만천하에 밝히고 고려대학교가 세계 일류 대학으로 도약하는 데에 한 계기로 삼기를 바랍니다.

고려대학교를 운영해 온 주체는 최고 정점에 총장이 있고 그 밑에

총장을 보필하는 처장들이 몇 명 있습니다. 모든 중대한 결정은 총장과 처장들 그리고 각 대학을 대표하는 학장들로 구성되는 교무위원회에서 이루어집니다. 문제는 각 전문 분야에서 강의하고 연구하는 교수 한 사람 한 사람의 의견들이 최고 결정권자인 총장에게 도달되는 과정에서 왜곡되고 차단되는 일이 많으며 보좌진들의 이러한 편견들 때문에 우리 대학교의 발전이 저지되거나 늦어지는 일이 허다하다는 사실입니다. 그 실례를 두 가지만 들겠습니다.

저는 전공 분야가 컴퓨터 분야인지라 고려대학교에 와서 교과과정을 고쳐 '컴퓨터 프로그래밍'을 각 대학의 코어과목으로 넣도록 하고 강의를 시작하였습니다. 컴퓨터 프로그래밍 과목은 그 특성상 실습을 필요로 하는 과목인데 제가 부임할 당시에는 아직 전자계산소가 설치되지 않은지라 부득이 서울 시내에 있는 타 대학교에 가서 실습을 의뢰하는 실정이었습니다. 타 대학에 가서 실습을 계속하는 것도 문제이지만 세계 일류 대학으로의 도약을 꿈꾸고 있는 고려대학교에 연구와 사무행정을 뒷받침하는 전자계산소의 설치가 반드시 필요하다는 것이 저의 생각이었습니다.

그리하여 그 당시의 총장을 보좌하는 처장직을 맡고 계시는 교수님을 찾아뵙고 컴퓨터의 도입을 건의하였습니다. 그랬더니 그분 하시는 말씀이 "주판으로도 다 해결될 수 있는 문제를 공연히 타 대학에서 컴퓨터를 도입했다고 우리도 하자는 것은 동의할 수 없습니다"라고 하시면서 거절하는 것이었습니다.

이공대학(이과대와 공과대 분리 전) 교수휴게실에 돌아와서 사실대로 얘기를 하였더니 지금은 작고하시고 안 계신 모 교수께서 하시는 말씀이 "고려대학교라는 동네는 돌다리도 두들겨 보고 안 건너는 동네라는 사실을 왜 모르고 있느냐?"라고 하셨습니다.

저는 기가 막혀서 "정말 돌다리도 두들겨 보고 안 건너는 동네가 바로 고려대학교"라면 이런 대학교에 내가 잘못 들어왔구나 하는 비통한 마음에 빠져 있었습니다. 저는 한동안 침울한 심정에 빠진 채 고민하고 있었습니다. 내가 이런 대학교에 왜 들어왔을까? 하고 회의를 느끼기도 했습니다.

그러나 저도 고집이 있다면 있는 사람인지라 단 한 번 도전하고 물러설 수는 없었습니다.

그러던 어느 날 그 당시의 총장님과 우연한 기회에 한자리에 앉게 되었습니다. 저는 다시 한 번 용기를 내어 컴퓨터의 도입을 구두로 건의하였습니다. "컴퓨터 임대료는 우리가 벌어서 충당할 테니까 설치만 허락해 주십시오"라고 강력하게 건의를 하였더니 그 총장께서 "그럼 도입할 컴퓨터와 같은 컴퓨터를 한번 보여 주시오"라고 하셔서 총장님을 모시고 서울공대 전자계산소에 가서 컴퓨터를 보여 드렸으며, 그 후 얼마 안 되어 컴퓨터 도입을 허락하셨습니다. 이것이 고려대학교에 전자계산소가 설치된 과정이었습니다.

이때부터 저의 생각은 달라졌습니다. "고려대학교는 돌다리를 두들겨 보고 건너가는 동네"라고 고쳐 생각하게 되었습니다.

이와 비슷한 두 번째 사례를 말씀 드리겠습니다. 그 후 몇 년이 지난 후의 일이었습니다. 우리나라 최대의 모 전자회사에서 근거리통신망(LAN, Local Area Network)을 개발하고 약 10억 원 상당의 시설을 실제로 대학교 3곳을 선정하여 무료로 기증하겠다고 제안을 했습니다.

다행히 우리 대학교도 선정되었습니다. 서울에 있는 다른 2개 대학교에서는 대학교 측에 유익한 일임을 즉시 깨닫고 받기로 동의하였습니다. 그러나 고려대학교에서는 담당 처장의 왜곡된 의견, 즉 "그 LAN을 기증하는 것은 틀림없이 자기네 컴퓨터를 팔기 위한 전략일 뿐"이라며 결정을 내리지 못하고 있었습니다. 그 기업체 대표로부터 기증을 받을 것인지 아닌지 대답을 재촉하는 전화를 제가 받았습니다. 저는 컴퓨터를 도입할 때와 똑같은 사정임을 느끼게 되었습니다.

이번에도 우연한 기회에 총장(먼저와 다른 총장)과 자리를 같이하게 되어 "LAN의 기증을 받아 주십시오. 앞으로 이것이 꼭 필요하게 될 것입니다"라고 건의하였더니 흔쾌히 허락하셔서 고려대학교에도 LAN이 공짜로 들어올 수 있게 되었습니다. 그 후 몇 년이 지났지만 그 회사 컴퓨터 사 달라는 요청은 없었습니다.

고려대학교가 세계 일류 대학교로 비약하기 위해서는 각 분야의 전문가(교수)들의 의견을 폭넓게 수렴하여 무엇이 진정 우리 대학교를 위하여 필요한 것인지 냉철하게 그리고 바르게 결정하는 일이 대단히 중요하다고 생각합니다.

뒤늦게 다시 쓰는 퇴임사

김형배

1934년생 • 법과대학 법학과 1969-1999년 재직

저는 1999년 8월 말에 고려대학교 법과대학 교수직에서 퇴임했습니다. 제가 퇴직할 때 저를 포함하여 열 분의 교수님들이 함께 퇴임했기 때문에, 저의 퇴임사가 길어지지 않도록 미리 준비해 두었던 퇴임사 원고를 읽었습니다. 지금 그 원고를 다시 찾을 수가 없고 그 당시의 퇴임사를 기억해서 완전히 복원하는 것도 불가능하기 때문에, 그 큰 줄기만을 더듬어 다시 적습니다.

퇴임사

저는 오늘 30년간 봉직했던 고려대학교 법과대학 교수직에서 정년 퇴임합니다. 제가 근무하는 동안 저에게 많은 격려와 지원을 해 주신 여러분들과 고려대학교에 감사합니다. 저는 고려대학교의 교수로서

자존심을 가지고 만족스러운 그리고 행복한 인생을 살았습니다. 저는 대학 재학 중에 교수가 되기로 마음먹었고, 고려대학교에서 교수가 되는 영예를 가지게 되었습니다. 은사님들의 권유와 지도로 민법과 노동법을 전공하게 되었으며, 법학방법론에도 관심을 갖게 되어 이 분야의 학자로서 그동안 열심히 연구하면서 성의를 다해서 강의를 했습니다. 저는 교수가 되는 것이 좋아서 교수가 되었고, 제가 전공하는 분야가 저의 적성에 맞는 차분한 학문이어서, 결국 저는 제가 하고 싶은 일을 하며 살아온 인생의 행운아라고 생각하고 있습니다. 저는 재직 중에 제 은사님이신 Ernst Wolf 교수님의 말씀처럼 '교수가 해야 할 세 가지 소임'을 다하려고 노력했습니다.

첫째, 교직을 성직으로 알고 구도자(求道者)처럼 바깥세상에 한눈을 팔지 않고 연구 생활을 하는 일입니다.

둘째, 자기가 전공하는 분야에서 수준 있는 논문들을 꾸준히 쓰면서 자신의 학문적 견해와 입장을 정리하여 교재를 저술하는 일입니다.

셋째, 자기 자신보다 훌륭한 후배 교수를 양성하는 일입니다.

제가 교수직에 있는 동안 이러한 일들을 꾸준히 계속할 수 있도록 지원해 준 많은 분들께 감사드립니다. 그리고 같은 학문의 길을 동행했던 동료 및 후학들에게도 고맙다는 말씀을 드립니다. 저에게 주어졌던 30년의 시간이 없었다면 저는 제 소명을 다할 수 없었을 것입니다. 저는 지난 30년의 시간을 신(神)의 은총이라고 믿고 있습니다. 그러나 시간은 늘 그 자리에 머무르지 않으며, 이어지며 흘러갑니다. 지금까지 제가 누렸던 은총을 모두 후배 동료 여러분들에게 나누어 드리고 싶습니다.

저는 앞으로 5년 동안은 현직에 있었을 때와 같이 살아가겠습니다. 이미 작은 연구실도 마련해 두었고, 책들도 모두 옮겨 놓았습니다. 다행스럽게도 아직 할 일이 남아 있으며 관성(慣性)의 여력도 가지고 있습니다. 아무 일도 하지 않으면 무료할 뿐 아니라, 빨리 늙는다고 합니다. 5년이 지난 후 어떻게 살 것인지는 그때 가서 다시 결정하겠습니다.

그동안 시간을 같이했던 모든 분들과 고려대학교에 감사합니다. 고려대학교의 무궁한 발전을 기원합니다.

저는 지금 13년 전의 퇴임사를 다시 썼습니다. 퇴임 후 5년이 두 번이나 지났지만, 아직 연구실에 나오는 생활을 하고 있습니다. 퇴직 후에 몇 권의 책을 저술했으며, 기존의 책들을 개정하는 작업도 계속하고 있습니다. 상당한 편수의 논문들을 쓰기도 했습니다. 퇴직하던 해에 독일·오스트리아·스위스 민사법 학회(오스트리아 잘츠부르크)에 가서 독일민법과 한국민법에 관해 강연을 한 것은 즐거운 기억으로 간직하고 있습니다. 며칠 후에는 전면 개정된 또 한 권의 책이 출간될 것입니다. 그러나 멀지 않은 장래에 퇴임식이 없는 제2의 퇴임을 하게 되겠지요. 마무리를 잘 하겠습니다.

오랜 기간 동안 홀로 집을 지키며, 외로운 생활을 해 온 아내와 함께 시간을 보내는 것이 이제 제가 해야 할 도리라고 생각하고 있습니다.

프로메테우스를 위한 注文

김종건

1934년생 • 사범대학 영어교육과 1981-1999년 재직

때는 1999년 8월 말, 장소는 고려대 인촌기념관 강당, 등장인물은 만장하신 내외 귀빈들과 학생들, 나는 정년 퇴임 기념사를 위해 불빛 찬란한 무대 위에 섰다. 눈앞에 유령처럼 어른거리는 얼굴과 얼굴들, 나는 지금 당시의 짧은 고별사를 도드라지게 기억한다.

고별사

옛 그리스 신화에서, 정의의 화신이라 할 프로메테우스 신이 있었습니다. 그는 하늘에서 불(빛)을 훔쳐 인류에게 전했기 때문에 제우스신의 분노를 사서 코카서스 산의 험준한 바위 절벽에 묶인 채 세월을 보내야 했습니다. 설상가상으로 독수리가 날아와 그의 간을 쪼아 먹었습니다. 그렇습니다. 지난 20여 성상 동안 나는 고려대의 정든 교정에

서 제자들에게 불을 나르는 정의의 프로테우스 신이 되고자 무척 노력해 왔습니다. 나는 그들에게 희생의 능력을 아끼려 하지 않았습니다. 사랑하는 제자들이여, 인류에게 부디 영원토록 불을 나르는 프로테우스가 되십시오!

고별사를 행한 지 어언 13년이 흘렀다. 이제 더해 가는 것은 백발과 흔들리는 치아뿐! 회고하건대, 나는 고려대를 그때나 지금이나 필생의 구애인 양 구성지게 사랑하고 있다. 늙어 가는 사람에게 시간만큼 값진 것은 없을진대, 회고는 늙은이가 향유하는 최고의 선물인가!

재직 시 나는 통근 거리가 멀었기에 이른 아침 7시면 어김없이 문패 없는 교문을 들어서야 했다. 인촌 기념상 앞에 엎드려 아침의 기도를 거르지 않았으니, "나를 건강하게 하사, 당신의 정기로, 민족의 창조되지 않은 양심을 절차탁마 벼리게 하소서! 프로메테우스 신이 되게 하소서!"

동트는 아침의 찬란한 태양을 가슴에 안고 중앙도서관 4층으로 올랐다. 그곳에 나의 연구실이 있었으니, 나는 하루 10시간 이상을 서책에 묻혀 지냈다. 덕분에 나는 20세기 최대의 소설이라는 제임스 조이스의 《율리시스》를 무려 3차례나 번역했고, 그곳은 그의 전집을 완역할 수 있었던 남모를 홍역의 산실이기도 했다. 그 신산(辛酸)의 저작물에 고려대는 내게 '학술상'의 영광을 안겨 주었고, 작품의 배경인 아일랜드 국립대학에서 유학의 길도 열어 주었다. 강의와 연구로 심신이 지치면, 장익비상(長翼飛翔)할 듯 학교 뒤의 작은 에덴동산에 올랐으니, 내게는 최고의 양의(良醫)였다.

최근에 학교의 괄목할 발전상을 뉴스로 접하고, 내심 확인해 볼 요량이었는데, 얼마 전 한층 느긋한 기회가 찾아왔다. 아는 이의 건강진단을 위해 부속병원에서 대기 중, 몇 시간을 기다리는 여유가 생겼다. 옳다, 그동안 캠퍼스를 순례하자!

시계 방향으로, 의과대학을 빠져나와 운동장으로 가는 길은 옛날과는 많이 변모해 있었다. 이내 돈암동 고갯길이 나왔고, 그토록 자주 오르던 뒷동산이 무아경 속 나를 반겼다. 당시 애송이 소나무들은 이제 장송(長松)으로 자라, 숲속에는 새들이 지져 대고, 잎새에 이는 들바람은 시원하고 각별했다. 산비탈을 내려오는 자갈길은 미끄럽지가 않았으니, 시(市)에서 나무 발판을 깔아 주었기 때문이다.

후문에 도착하자, 법대의 눈부신 대리석 건물, 저쪽에 송죽으로 무성한 작은 인공 동산, 그곳은 1990년대 나의 재임 시에 조성된 탈속의 성지였으니, 당시 나는 연구실을 나와 여기서 심오한 아리스토텔레스를 사색했다. "저 가시적(可視的)인 것의… 저 가청적(可聽的)인 것의 불가피한 양상들." 이제, 다시 왼쪽으로 시선을 돌리니 위용의 또 다른 대리석 건물, 그곳은 중앙도서관이다. 지금은 두 대의 엘리베이터가 4층까지 학생들을 미끄러지듯 실어 나른다. 그러나 옛날에는 그렇지가 않았다. 4층까지 계단을 오르내리기는 고역이었다. 시성(詩聖) 단테의 천국의 계단을 오르는 기분이었으니, 비유컨대, 바깥세상은 지옥, 건물 중간층은 연옥, 나의 연구실은 천국이었다. 학교 당국은 나를 위해 '아치형' 창문의 연구실을 마련해 주었는지라, 나는 무아경에 빠진 행운아였다. 수도가 고장이 나거나 샹들리에 불빛이 가물거리면, 10분이 무섭게 직원이 달려와 고쳐 주었다. 언젠가 당국은 남달리 근사한 나의 방을 '명예 총장실'로 삼겠다는 것이었다. 청천벽력 같은 소리, 나는 당장 창밖으로 뛰어내리겠다고 했다. 다행히 그런 일은 일어나지 않았다.

어느 날 주한 아일랜드 대사가, 세단 차에 아일랜드 국기를 바람에 휘날리며 나의 연구실을 찾았다. 머나먼 동방의, 한 학자의 연구가 자신의 조국을 빛내 준 공로에 대한 예방이라 했다. 그는 아일랜드 대통령의 감사장을 대동하고 있었다(지금도 나는 서랍에 고이 간직하고 있거니와). 사실, 나의 연구실은 작은 조탁(彫琢)된 아일랜드였다. 사방 벽을 장식하고 있는 아일랜드 지도와 사진들, 책장에 꽂힌 수많은 조이스의 관련 서적들이 이를 증언하고 있었다. 감히 말하거니와, 고려대의 중앙도서관은 국내에서 아일랜드 및 조이스의 관련 소장 도서들이 최다로 넘친다. 나의 욕심 때문이었다. 많은 연구자들이 자료를 탐(貪)하고, 탐(探)하여 멀리서 찾아들곤 했다.

도서관을 앞쪽으로 경영관 건물의 위용이 프랑스의 엘리제궁을 상기시켰다. 우리의 대통령의 산실(産室)은 과연 저런 것이구나! 오른쪽으로 보이는 성곽 같은 100주년기념관의 또 다른 용자, 점심때가 아닌데도, 나는 건물 지하의 레스토랑에서 학생들과 켄터키 치킨을 사먹었다. 공복이었기보다 건물의 쾌연함과 학생들의 의례(儀禮)에 보답하는 일말의 석명(釋明) 때문이었다.

대학원 도서관으로 오르는 숲속의 길은 퍽이나 낭만적이었다. 애인이 아쉬운 순간! 학문의 냄새가 짙게 배어 있는 고풍스러운 요람, 고딕 건물은 나의 지적 자만을 최고로 북돋우었으니, 건물 꼭대기 층에서 뚝심 열정 수업하던 나의 값진 경험이, 나도 명실상부한 고려대인임을 자임하게 했는지라, 지워지지 않는 영원한 방점을 나의 마음에 찍었다. 호메로스의 망탑(望塔)인 양 거기 오르자, 멀리 안개 속에 남산타워가 희뿌옇다. 비탈길을 내려서니 바로 대학 본부 건물, 앞쪽으로 잔디 마당에 서 있는 늠름한 인촌 기념상, 그의 용안을 경배하기 위해서는 우회로를 택해야 했다. 찬연한 햇살이 야망의 미간을 비추니, 그 광휘가 민족의 태양임을 과시했는지라, 나의 탐닉은 개인숭배의 차원을 넘어서고 있었다.

이어 서관을 지나고, 인촌기념관으로 향했다. 과거 나는 그곳에서 출판기념회를 가졌고, 수많은 학회를 주관했다. 발표된 논문들도 중후한 건물의 위용만큼이나 학술적 무게를 지녔기에, 나는 이후 많은 강연과 학회를 이곳으로 유치했다. 나는 퇴임 후 지난 수년간 작업해온 조이스 최후의 걸작이요, 난삽 무비한 《피네간의 경야》의 연구본이 지금 고려대학교출판부에서 상재되기를 기다리고 있다. 머지않아 이곳 휘황찬란한 대리석 홀에서 출판기념회를 가지리라. 총장님, 동료 교수들은 나의 노고를 치하하리라. 나는 포도주로 건배하리라.

이어 방향을 돌려, 국제관, 정경관, 비탈 아래 교양관, 그 뒤편에 신축된 12층 규모의 매머드급 미디어관이, 엄청난 호기심으로, 하나같이 내 심장을 박동하게 했나니, 가히 구름을 가르는 누각의 구조물들이라!

그리하여 오늘 어줍게 시작한 3시간 동안의 나의 작은 오디세이 같은 신비 속의 순례, 살아 있는 전설마냥, 그동안 별러 왔던 '천로 역정'은 마감됐다. 30도 경사의 병원 길을 오르니 숨이 찼다. 마음속으로 되뇌는지라, 다음의 세 마디 기도였다.

"산디야스(Sandhyas, 永聖和)! 산디야스! 산디야스!"

이제 노령의 몸, 이 주술과도 같은 기도문을 당신에게 바치나니, 이 말은 산스크리트어의 사마디(saṃdhi, 평화), 라틴어의 상투스(sanctus, 신성), 그리고 그리스도교의 산디(sandhi, 영각)의 편리한 함축어, 소(牛)가 여물을 씹듯 너를 되새김질하며, 외곬 평생, 언제나, 어디서나, 죽는 날까지, 프로메테우스를 주문하며, 그대를 휴대하리라.

자랑스러운 자취 남기기

김순자

1934년생 • 간호대학 간호학과 1969-1999년 재직

1999년 8월 31일, 정년으로 퇴임하기까지 고려대학교 간호대학과 함께하였던 32년 반의 나의 모습을 되돌아보며 한 순간 한 순간을 떠올려 봅니다.

새 학년이 시작되는 3월이면 새로운 학생들을, 새 학기가 시작되는 9월이면 여름방학을 즐기고 학업으로 돌아오는 낯익은 학생들을 맞을 기대로 설레었습니다.

지금도 잊히지 않는 기억 하나가 있습니다. 민주화 시위로 학내외가 심히 시끄럽던 80년대 초, 오후 수업 첫 시간의 경험이었습니다. 동료 교수들은 물론이고 조교조차도 수업을 위해 교실에 들어가려는 나를 간곡히 만류하였습니다. 그분들의 만류에도 불구하고 나는 교실에 들어갔고 학생들은 심히 흥분한 상황이었습니다.

한 사람 한 사람 출석을 확인하자 조용해졌습니다. 나는 낮고 부드러운 목소리로 "사람에게 꼭 필요한 세 가지 금, 즉 의식주를 위해 필수적인 황금, 생명을 유지하는 데 필수적인 소금의 중요성"을 재확인하였습니다. 그리고 "이 두 가지 금보다 더 귀한 것이 지금, 바로 이 순간이라고, 다시는 돌이킬 수 없고, 자신에게만 주어진 아주 귀한 '금'"임을 강조했습니다. "'지금' 이 순간 자신이 왜, 어디서, 무엇을, 어떻게 해야 하는지가 각 사람에게 귀중하기 때문"이라고…. "국가와 민족에게 봉사하는 능력 있는 전문직의 한 사람으로 자신을 준비하기 위해 지금 이 강의를 들어야 한다, 아니 지금 뛰쳐나가 외치는 무리와 합세하여야 한다를 선택하는 것은 자신의 몫입니다. 외치는 일에 합류하는 것이 지금 내가 해야 할 일이라 확신하는 학생은 서슴없이 나가라"고 했습니다.

그리고 나는 칠판을 향해 돌아서서 수업 내용을 적었습니다. 학생들은 교실을 떠나지 않고 그대로 앉아 있었습니다. 나는 강의를 계속했고 계획된 내용을 다 끝마쳤습니다. 한 사람 한 사람을 나열하지는 못하겠지만 그 학생들 모두 어엿한 전문인으로서 자신의 역할을 수행하고 있어 생각만 해도 뿌듯하고 자랑스럽습니다.

매년 2월 말이면 학위 과정을 끝내고 국가고시에 합격해 면허증을 소지하게 된 새내기 전문직 동료들이 다양한 현장을 향해 나아가는 모습을 보며 가슴 벅찼던 기억들이 더욱 새롭습니다.

힘든 현장 업무에도 불구하고 모교를 비롯하여 국내외 우수 대학원에서 석·박사 과정의 학업에 정진하던 모습과 학위를 수여받던 모습들은 나에게 벅찬 감회를 안겨 주었고, 전문직 실무 현장에서, 교육과 연구에서 나날이 발전하는 모습을 지켜보는 즐거움으로 세월이 가는 줄 몰랐는데 어느덧 떠나야 할 시간이 다가왔습니다.

돌이켜보면 강산이 세 번 변하고도 남을 긴 기간이었지만 단숨에 지난 것 같습니다. 동료들과 미래 동료(potential colleague)들이 나에게 보여 주던 사랑과 믿음 때문에 내게 주어졌던 크고 작은 학내외 역할들이 힘든 '일'로서가 아니라 큰 '즐거움과 보람'으로 내게 다가왔었습니다. 고려대학교와 함께하였던 나의 모습은 동료들에게 베풀고 나누었기보다는 그분들의 지지와 격려에 힘입어 스스로 즐기기만 한 시간이었던 것 같아 송구한 마음이 듭니다.

새가 나뭇가지에 잠시 앉았다가 날아간 다음에는 그 나뭇가지는 한동안 흔들리며 날아간 새를 기억하는 것같이 보입니다. 이와 같이 저마다 지나간 자리에는 흔적들이 남게 됩니다. 세월이 지나간 자리에는 제행무상(諸行無常)을 남기고, 봄이 지나간 자리에는 새로 맺히기 시작하는 어린 열매가, 가을이 지나간 자리에는 알차고 풍성한 열매가 남게 됩니다. 모든 자취의 흔적들은 정직하고 진실한 기록으로 우리의 마음속에 남아서 때로는 자랑스러운 모습으로 때로는 지우고 싶은 모습으로 남게 됩니다.

역사가 지나간 자리에는 인물과 유적이 남게 되듯이 인간이 지나간 자리에도 분명한 자취가 남게 마련입니다. 나는 고려대학교 간호대학에서 어떤 모습으로 어떤 흔적을 남기고 그 자리를 떠나는가? 나 자신에게 묻곤 합니다.

한자 문화권에서 퇴임(退任)은 직임(職任)에서 물러남을 의미하고 우리나라에서 정년 퇴임은 법이 정한 일정한 나이에 직장을 떠나는 것을 의미합니다. 그런데, 퇴임을 의미하는 영어 단어 'RETIRE'를 '바퀴를 다시 갈아 끼운다'로 해석하는 분이 있었습니다.

나의 인생의 반을 함께하였던 고려대학교 간호대학에서 이제 떠나 있게 되지만 새로운 바퀴를 갈아 끼우고 난 지금부터 고려대학교 간호대학 모든 가족에게 기쁨과 보람을 안겨 주기 위하여 힘차게 다시 더 달리고 싶습니다.

모든 동료 여러분께 깊이 감사드리며 함께 달리는 우리 되기를 기원하겠습니다.

감사합니다.

—1999년 8월 퇴임사

고려대학교 학생들에게 주고 싶은 말

이학용

1935년생 • 정경대학 경제학과 1978-2000년 재직

나는 미국에서 강의를 하다가 1973년에 한국개발연구원(KDI, Korea Development Institute)의 수석연구원으로 귀국했다. 그해 가을부터 고대에서 시간강사로 강의를 했고 1978년에는 정경대학 경제학과 정교수로 임명되어 정년 할 때까지 '고대 교수'로 있으며 많은 은덕을 받았다.

돌아보면 70년대 후반에는 많은 학생들이 행정고시나 사법고시에 매달리는 것을 보고 안타까운 생각이 들어 너무 한곳으로 쏠리는 것은 좋지 않다고 말한 기억이 난다. 정부기관에도 가야 하지만 산업계나 금융계 그리고 학계에도 관심을 갖고 준비해야 한다고 수차 얘기한 기억이 난다. 그것은 지금도 변함이 없다고 생각한다. 학생들은 자기의 소질을 잘 파악하여 앞으로 성공할 가능성이 높은 직업을 택해

가야 하고, 또 졸업생들이 여러 분야에 흩어져 있어야 졸업 후에 인맥이 형성되어 서로 바람막이가 될 수 있고 또 도움을 주고받을 수 있다고 생각했다. 지금은 내가 이런 말을 하지 않아도 자연히 그렇게 되는 것 같다. 분명한 것은 졸업생들이 정부, 기업, 금융계, 학계 등 각 분야에 널리 퍼져서 우리 사회를 이끄는 중추적 역할을 해야 한다는 것이다.

요사이는 세계화에 대비하라는 말을 많이 하는 편이다. 이제 세계는 무역은 물론 국제정치적으로 긴밀하게 연계되어 가고 있고, 그래서 하나의 세계로 통합되는 경향을 보이고 있다. EU가 요사이 재정적자 문제로 어려움을 겪고는 있지만 수백 년 동안이나 앙숙으로 지내던 독일과 프랑스가 그들의 고유 통화를 버리고 동일한 통화를 쓴다는 사실을 우리는 보고 있지 않는가. 또한 지금은 영어가 세계 언어의 역할을 하고 있는 것도 부인할 수 없다. 그러면 우리 고대 학생들은 재학 시절 무엇을 중요하게 해야 하겠는가? 대답은 간단하다. 세계적인 인재가 되어야 하겠다. 그러기 위해선 우선 세계적인 언어인 영어로 소통할 능력을 갖추어야 하겠다. 세계 어디에 가든 또는 세계 어느 나라 사람과 만나든 그들과 소통이 가능하도록 영어를 사용할 능력을 갖추어야 한다는 말이다. 영어가 좋든 싫든 영어로 소통할 능력이 없으면 아무 일도 할 수 없게 되어 있다는 사실을 빨리 알고 준비해야 한다는 것이 필자의 소견이다.

우리나라는 구라파에 있는 네덜란드와 여러 가지로 비슷한 점이 많다. 사방이 강대국으로 둘러싸여 있어서 그 강대국들과 교역을 해야만 살아갈 수 있다는 것이 가장 중요한 공통점이다. 그래서 네덜란드는 주위의 강대국들과 전쟁을 하는 대신 교역을 확대하여 풍요로운 국가를 유지하고 있다. 그런 이유로 네덜란드 사람들은 주위에 있는 나라들과 교역을 하기 위해 그들의 언어를 어릴 적부터 배워서 그들은 보통 3-4개국 언어를 한다고 한다. 자국의 언어 외에 영어, 독일어, 프랑스어를 한다고 한다. 우리도 네덜란드와 같이 미국, 중국, 일본, 러시아 그리고 동남아시아 국가들에 둘러싸여 있다. 국토는 좁고 인구는 많고 자원은 부족하고 역사적으로 계속 침략을 당했으니 어떻게 해야 평화롭고 물질적으로 풍요로운 나라를 유지할 수 있겠는가. 우리를 둘러싸고 있는 그들과 교역을 하는 수밖에 없다고 생각된다. 네덜란드와 같이 말이다. 그러기 위해선 우리를 둘러싸고 있는 나라들의 언어를 배워서 그들과 소통할 능력이 있어야 하지 않겠는가.

그래서 나는 우리 고대 학생들에게 전공과목 외에 적어도 두 개의 외국어를 재학 시절에 닦아 놓으라고 강력히 권하고 싶다. 학부 시절 1-2학년 때는 영어를, 그리고 3-4학년 때는 제2외국어를 의사소통이 될 수 있을 정도로 마스터해 놓으라고 하고 싶다. 취직이 어렵다고 해도 영어와 중국어, 또는 영어와 러시아어, 또는 영어와 일본어나 동남아 국가의 언어로 소통이 가능하다고 하면 훨씬 취직이 쉬우리라 확신한다. 취직뿐만이 아니고 그런 나라에 가서 기업을 일으킬 수도 있다. 우리나라 국민 중 베트남이나 인도네시아에 가서 기업을 일으켜 성공한 기업인들이 많다는 사실도 널리 알려져 있다.

마지막으로 위에서 말한 일을 하려면 주어진 시간을 최대한 효율적으로 활용해야 한다. 친구들을 많이 사귀는 것도 중요하다. 그러나 자기의 목표를 달성하는 것이 더 중요하기 때문에 가리지 않고 시도 때도 없이 몰려다니는 것은 위험하다. 물론 대학 시절에 알게 된 친구들은 일생 동안 같이 살게 되어 있다. 그러나 자기가 하는 일에서 성공하는 것이 더 중요하다. 자기가 하는 일에서 자리를 잡으면 자연히 재학 시절 몰랐던 친구들도 가까워지게 되어 있다. 그러니 자기의 목표를 달성하는 것에 우선권을 두어야 한다.

고대생들의 영원한 발전과 대한민국의 무궁한 승천을 빌며 이 글을 마친다.

가르치고 연구하고 대화하고

문탁진

1934년생 • 공과대학 신소재공학부 1972-2000년 재직

금년 壬辰年은 내가 정년 퇴임한 지 12년이 되는 해이고 내가 가는 길은 八旬이 앞에 놓인 내리막길이다.

명순구 교무처장의 부탁은 퇴임 당시의 인사말을 기록으로 남기겠다는 好意였고 이에 부응하려고 이 펜을 들었으나 10여 년 전의 인사말을 기억할 수 없고 해서 생각나는 몇 가지만 전하겠고, 후학들에게 참고가 되어 고려대학교 발전에 조금이라도 도움이 되었으면 고맙겠다.

고려대학교는 나의 모교인 연세대학교와는 소위 RIVAL 학교이며 내가 이 학교에 오게 된 데에는 몇 가지 이유가 있었다. 그 첫째 이유는 훌륭한 교수님들의 권유였고 특히 金容駿 교수님과 金昌煥 교수님의 환대였다. 둘째는 상대되는 학교에서 교편을 잡고 모교 출신만

의 텃세바람을 없애고 상호 교류할 수 있는 새바람을 일으켜 새로운, 제대로 된 교육을 실천하려는 도전 정신이 있었기 때문이다. 또한 '材料工學'의 새 분야를 고대에서 개척할 수 있었기 때문이다. 셋째 이유는 고려대학교의 기품이었다. 知性과 野性에 德性을 접목시킬 수 있기 때문이다.

'材料'라는 개념이 부족했던 때라 우선 교과목 선정에서부터 애로가 많았고 설상가상으로 첫 졸업생들의 就業이 쉽지가 않았다. 발 닿는 대로 企業人을 찾아가 취업을 부탁해야만 했던 고통을 잊을 수가 없다. 지금은 각 분야에서 명성을 날리며 훌륭하게 일하는 제자들을 볼 때 큰 보람을 느끼며 자랑스럽게 생각하는 것이다.

교수의 직책이 교수, 연구, 학생 지도의 세 가지였던 시절, 나는 나름대로 명강의 소리를 듣고 싶어 열심히 강의 준비를 하였고 학생들의 질문에 대비하여 참고문헌을 많이 보기도 하였다. 교단에서는 GLOBALIZATION을 의식해서 전공 분야 외의 英語를 공부하라고 강조했다. 공과대학에서 영어로 강의를 시작한 것이 내가 처음이었던 것 같았다. 대학원에서의 SEMINAR는 영어가 거의 필수였던 것이다.

연구를 하려면 연구비가 있어야 하는데 당시 연구비 출처가 거의 없었다. 과기처의 요직 공무원을 찾아가 소액이나마 연구비를 얻어냈고 산학합동 연구로 기업체의 손을 잡을 수 있었던 것도 큰 수확이었다. 덕분에 대학원생들의 논문 지도에 큰 도움이 되었던 것도 사실이다.

학생 지도 제도는 새로 생긴 제도였고 교수는 누구나 학생 지도에 임하여야 했다. 순리대로, 상식에서 벗어나지 않는 범위에서 성실하게 학생들과 대화하면서 지도(?)하였다. 가슴 아팠던 일은 군부통치하의 계엄령과 위수령 등의 조치로 휴교가 되어 학생들이 등교를 못하고 공부를 못 했던 일이다. 교문 앞에 서서 등교하는 학생들을 되돌려 보내야 했던 고충은 잊을 수가 없다.

高延戰-延高戰에 관계없이 시합 때 운동장을 찾아간 것이 2, 3번 있었고 어정쩡하게 관람하는 도중에 동료 교수들이 나에게 제자리를 찾아가라고 농을 걸어오기도 하였다. 씁쓸한 관람이었고 재미있는 추억이었던 것도 사실이다.

自由, 正義, 眞理의 전당인 고려대학교에서 무사히 나의 직책을 다하고 물러난 오늘, 학교 당국에 감사함을 전하고 싶고 역대 총장님들, 선배 교수, 동료 교수, 후배 교수들의 激勵와 보살핌에 깊이 감사하는 바이다.

여가 활동과 인간애

박원임

1935년생 • 사범대학 체육교육과 1976-2000년 재직

정년 퇴임 만 11년, 언제 이렇게 많은 시간과 세월이 흘러 이 자리에 왔는지 믿어지지 않는다. 주마등처럼 지나간 세월과 벅찬 아쉬움이 꽉 찬 퇴임식 날 그 자리에 서게 된 나는 "언젠가는 여러분이 바로 이 자리에 서게 되실 그날이 오면 지금 나의 심정을 이해해 주실 것으로 믿습니다"라고 인사했었다.

생각하면 나의 삶의 과정에서 가장 보람차고 행복했던 때의 고려대학에서의 생활은 잊을 수 없고, 특히 대학과 학과를 초월한 고려대학의 유달리 하나로 뭉치는 전통은 단순한 뭉침이 아닌 올바른 진리의 뜻이 어울려 뭉친 것으로 국내에서는 물론 해외에서도 그 전통을 느낄 수 있었다. 이는 학생은 물론 고려대학에 몸담고 있는 모든 여러분의 지도력과 노력이 한데 뭉친 결과라고 믿는다.

재직 당시 'Recreation' 강의를 맡았다 보니 우리 생활에 'Recreation'의 깊은 뜻을 조금이나마 기술해 보고 싶다.

'Recreation'은 'Leisure', 즉 주어진 자유 시간에 행해지는 활동으로서 사람에 따라 그 활동은 천차만별이다. 이루 헤아릴 수 없는 각자의 건전하고 바람직한 여가활동 속에서 '기쁨', '즐거움', '만족감', '행복감' 등 얻어지는 감정 그것은 그곳에서만 머무르지 않고, 각자의 일상생활에 전이(轉移)되는 것이며 가족은 물론 이웃을 '사랑하고 배려하는 마음', '감사의 마음', '봉사하는 마음' 등 밝은 마음의 인간애를 발휘하는 근본을 뜻하는 것이라고 본다. 그러므로 자유 시간에 행해지는 많은 활동 자체는 'Recreation'을 위한 일차적 수단이며 방법임을 인식해야 하며 살아가기 위한 존엄성과 보람 있게 살아가기 위한 기능성을 추구해 내는 것이라고 믿고 싶다.

최근 빈번히 일어나는 어린이, 청소년 폭행 사건 등의 심각한 현실은 그들의 가정에서나 학교에서 좀더 바람직하고 건전한 여가 교육(Recreation)이 적극적으로 이루어져야 함을 보여 주는 것으로 생각된다.

현대 사회에 있어서 자유 시간 영역은 주도적 생활양식이자 문화영역으로 그 가치가 한층 더해 가고 있다. 'Recreation'의 건전한 활용은 무엇에 비길 바 없는 바람직한 미래를 약속해 줄 것이다. 끝으로 여가(주어진 자유 시간) 활동 시에 명심해야 할 주안점을 든다면 ① 머리 쓰는 Recreation(독서, 무엇이나 만들어 보는 일 등). ② 신체 건강을 위한 Recreation(걷기 운동, 몸풀기 체조, 각종 스포츠 활동 등), ③ 식사와 Recreation(적절한 영양 섭취, 편식하지 않는 것 등), ④ 봉사 활동과 Recreation(어려운 이웃을 돕는 일 등) 등이 있으며, 이들 모두는 지속적인 실천이 중요하다.

인생의 맛

신동균

1936년생 • 의과대학 의학과 1971-2002년 재직

저희들의 정년 퇴임을 이렇게 성대히 축하해 주셔서 우선 감사드립니다.

저에게 주어진 시간이라 지난 일들을 돌아보면서 간략하게 몇 말씀 올리겠습니다.

지금은 타계하신 이병윤 선생님께서 미국 월터리드 육군 병원 연수 중에 그곳에서 임상심리학자들이 활발하게 그들이 역할을 수행하는 것을 보고 오신 후인 1963년 2월에 서울대학교 문리과대학 심리학과 졸업을 앞두고 있는 저에게 우리나라에서는 처음인 임상심리학 분야의 중책을 맡을 것을 권하셨습니다. 당시만 하더라도 읽고 싶어도 읽을 책이 없던 시기가 아닙니까. 더욱이 의료 분야의 비의료인 임상심리학의 도입은 당시 많은 분들을 의아하게 하였습니다. 왜 안 그렇겠

습니까? 우리나라에서는 없었던 일이니까요. 그러나 주위의 여러분들이 저를 아껴 주시고 격려하여 오늘 저를 이 자리에 서게끔 해 주셨습니다. 마음대로 저의 학문 분야 연구에 몰두할 수 있게 도와주신 분들께 이 자리를 빌려 다시 감사드립니다.

카운트다운 하는 심정 생각해 보셨습니까? 100에서 내려갈 때는 긴장되지 않지요. 그러나 10에서부터는 긴장되지 않습니까? 작년 초만 하더라도 '빨리 끝나고 푹 쉬었으면 좋겠다'라고 생각하였으나 금년 들어 방의 책들을 정리하고 텅 비어 가는 책장을 바라보면서 '공연히 방정맞은 생각을 했구나'라고 뇌까리기도 하였습니다.

지난 39년간 몸담았던 이곳에 대한 만감이 서린 주마등 같은 영상이 요사이 저의 뇌리를 떠나 본 일이 없습니다. 누구와의 대화 중에도 정신 나간 사람같이 딴생각을 하고 있다가 엉뚱한 말을 하여 빈축을 사기도 했습니다. 다 으레 그러려니 하고 남의 일같이 대수롭지 않게 생각하였으나 막상 제가 겪으니까 그게 아닙니다. 대리학습이나 대리만족으로 행동 지침을 말하고 있으나 역시 삶의 경험은 직접 피부로 느껴 봐야 하는 것 같습니다. 그래서 인생의 삶의 맛이 나는가 봅니다. 누구나 똑같다면 살맛이 날 리 있겠습니까?

비록 몸은 떠나지만 저의 젊음을 다 바친 우리 고대의료원을 어찌 잊겠습니까. 더구나 애틋한 정을 느끼고 있는 많은 친구들, 나를 아껴 주시고 사랑해 주신 친구들을 어찌 잊겠습니까? 좋은 분들과의 만남에서 느낀 정은 앞으로의 저의 삶에 밑거름이 될 것입니다.

오늘 저의 마음을 조금이나마 털어놓을 수 있는 자리를 만들어 주신 여러분들에게 감사드리고, 잊을 수 없는 여러분들 부디 건강하십시오. 감사합니다.

—2002년 2월 퇴임사

고려대학교에 남기고 싶은 말들

미래와 세계를 향한 끊임없는 자기 혁신을 기대하며

임희섭

1937년생 • 문과대학 사회학과 1972-2002년 재직

제가 고려대학교 사회학과의 부교수로 부임한 날이 1972년 2월 28일이었고 정년을 맞아 퇴임한 날이 2002년 2월 28일이었으니까, 저는 정확히 만 30년 동안 고려대학교에서 봉직한 셈입니다. 사실 30년이라는 세월은 결코 짧은 세월이 아니었고, 어떻게 보면 제 인생의 황금기를 거의 다 고려대학교에서 보낸 것과 다름없었습니다.

저의 정년 퇴임을 기념해서 제자들이 마련해 준 기념논문집 봉정식에서 저는 이렇게 말한 것으로 기억합니다. "농부가 한 해 동안 열심히 일하고 가을에 풍성한 곡식을 수확할 때 가장 큰 보람을 느끼듯이, 나는 고려대학교에서 많은 제자들을 가르쳤고, 그 제자들이 훌륭한 사회인이 되어 한국 사회의 발전을 위해 일하고 있는 모습을 보면서 퇴임하게 되어 무척 큰 보람과 행복을 느낍니다"라고.

돌이켜보면, 저의 지도를 받아 박사학위와 석사학위를 받은 졸업생이 100여 명이고, 저의 강의를 들은 학부 학생이 1년에 약 300명이었다고 치면 30년 동안에 거의 1만 명의 학생들이 저의 강의를 통해 제게서 무엇인가를 조금씩이라도 배운 셈인데, 그들이 사회에 진출해서 활동하고 있다고 생각할 때 큰 보람을 느끼지 않을 수 없었습니다.

저는 또한 고려대학교에 봉직하는 동안 교무처장, 문과대학장, 대학원장 등과 같은 중요한 보직을 맡아 학교를 위해 일할 수 있었던 것도 커다란 보람으로 느끼고 있습니다. 물론 그와 같은 보직 활동이 한편으로는 제가 학교를 위해 봉사한 것이라고 말할 수도 있겠지만, 다른 한편으로는 그와 같은 활동을 통해 제가 학교를 위해 일할 수 있는 기회를 준 고려대학교로부터 더 큰 혜택과 은혜를 받은 것이라고 저는 생각하고 있습니다.

사실 제가 한 사람의 교육자로서 많은 제자들을 가르칠 수 있었고, 또 한 사람의 사회학자로서 나름대로 활발한 연구 활동을 펼칠 수 있었으며, 더 나아가 교내의 여러 보직 활동과 교외의 여러 자문 활동을 통해 학교와 사회에 봉사할 수 있었던 것들이 모두 고려대학교라고 하는 훌륭한 둥지 안에 몸담고 있었기 때문에 가능한 일이었다고 저는 믿고 있습니다. 제가 몸담고 있었던 고려대학교에서 제가 경험한 것은 "후배 교수들을 따뜻하게 감싸 주면서 격려를 아끼지 않는 선배 교수들, 선의의 경쟁을 벌이면서도 협력을 아끼지 않는 동료 교수들, 그리고 선배 교수들을 존경하면서 배움을 구하는 마음을 지닌 후배 교수들이 모인 우정이 넘치는 학문공동체"였습니다.

이와 같은 고려대학교의 품 안에서 많은 은혜를 입고 행복하게 활동할 수 있었던 저로서는 앞으로도 영원히 고려대학교를 사랑하면서 고려대학교가 한국에서는 물론 세계에서도 손꼽히는 대학으로 발전할 수 있기를 항상 기원하고 있습니다. 그와 같은 저의 간절한 기원을 담아 후배 교직원님들과 학생들에게 다음과 같은 몇 가지 부탁의 말씀을 남기고자 합니다.

첫째로 저는 여러분들이 고려대학교가 지닌 '좋은 전통'들은 잘 보존해 나아갔으면 합니다. 앞에서도 말했지만 고려대학교의 교수 사회는 다른 대학들에 비해서 "선후배와 동료 교수들이 서로 존중하고 배려하는 따뜻하고 생산적인 학문공동체"로서의 전통을 지니고 있다고 생각합니다. 그리고 그와 같은 전통은 고려대학교가 설립될 때부터 "학문적으로는 물론 인격적으로도 한국에서 가장 훌륭한 일급 교수진을 구성하려고 힘써 온" 선배들의 노력들이 쌓이면서 자연스럽게 형성된 공동체적 전통이라고 생각합니다. 그와 같은 전통은 또한 자연스럽게 재학생들과 동문들이 형성하는 '공동체적 전통'으로 확산되고 계승되어 왔다고 저는 생각합니다. 저는 여러분들이 그와 같은 전통을 앞으로도 영원히 계승해 나아가기를 기원합니다.

둘째로 저는 여러분들이 고려대학교의 전통을 이어가는 한편으로 '미래와 세계'를 향한 진취적인 기상을 더욱더 키워 나갔으면 합니다. 공동체적 전통이 고려대학교라는 교육과 학문적 공동체의 바탕을 튼튼하게 해 주는 초석이라고 한다면, 그 바탕 위에서 미래와 세계를 향해 크게 비상할 수 있는 실력을 끊임없이 키워 나아가야 할 것입니다. 저는 고려대학교가 최근에 세계적인 대학으로 발전해 나아가기 위한 많은 노력을 기울여 왔고 또 적지 않은 성과를 거두어 온 것으로 알고 있습니다. 그러나 오늘날의 대학은 날이 갈수록 더욱더 '세계 속의 대학', 즉 'globalized university'로 거듭나지 않고서는 세계의 정상급 대학으로 발전해 나아가기 어려운 환경에 처해 있습니다. 따라서 이제는 세계의 모든 나라의 젊은이들이 고려대학교에 와서 공부하고 고려대학교의 졸업생이 되고 싶어 할 만큼 고려대학교의 위상을 세계적인 수준으로 높여 나가야 할 때인 것입니다.

마지막으로 저는 고려대학교가 한국 사회가 발전 목표로 삼고 있는 중요한 발전 가치들을 구현해 나가는 데 있어 앞으로도 계속해서 중요한 역할을 수행해 나아가기를 기대합니다. 고려대학교는 해방 후 오늘에 이르기까지 '민주화'와 '산업화'라는 한국 사회의 발전 목표를 구현하는 데 큰 기여를 해 왔습니다. 고려대학교의 교훈이 자유, 정의, 진리인 것처럼 민주주의의 이념과 가치(자유), 사회적 평등과 공정의 가치(정의), 그리고 창조적, 과학적 지식의 가치(진리) 등을 생산하고 교육하고 구현해 나가는 가장 선구적인 대학으로 자리매김해 가야 할 것이라고 생각합니다.

저는 현재 고려대학교에 몸담고 있는 모든 구성원들이 '서로 존중하고 협동하는 공동체적 전통'을 이어 가면서도, 끊임없이 '미래와 세계를 향한 자기 혁신'을 거듭함으로써 고려대학교를 '세계 속의 정상급 대학'으로 발전시켜 나아갈 비전과 능력을 충분히 지니고 있다고 믿고 있습니다. 여러분의 건투를 빕니다.

은퇴, 새로운 시작

이기용

1937년생 • 문과대학 언어학과 1982-2002년 재직

2012년 8월이면, 고려대학교의 교수직에서 은퇴한 지도 꼭 10년이 된다. 1963년 1월 초, 5년 4개월 동안의 미국 유학 생활을 마치고 귀국했다. 그 이후 줄곧 대학 강단에서 일을 했는데 대학에서 강의를 시작했던 것도 그새 반세기가 가까워 온다. 그리고 금년 12월이면 희수(稀壽)를 맞게 된다. 22년 전에 암으로 죽음의 문턱에 섰던 것을 생각하면 나는 장수를 누린 셈이다.

오늘 새벽 미국 대학에서 교수로 있는 제자와 화상통화를 하였다. 제자의 질문 중 하나가 65세에 정년 퇴임하는 것이 너무 이르지 않느냐는 것이었다. 말하자면 내가 퇴임하지 않고 대학에 더 머무를 수 있었지 않느냐고 추켜세우는 말인 셈이었다. 미국은 퇴임하는 나이가 정해져 있지 않다. 인종이나 성별, 종교 때문에 취업에 차별을 받아서

는 안 된다는 평등원칙하에 나이도 취업이나 직업에 불평등을 초래해서는 안 된다는 것이다. 그래서 미국에는 나이 여든이 되어도 대학뿐 아니라 각종 직업 전선에서 정식 고용인으로 활발히 일하는 분들이 많다. 정년이 없는 미국의 시스템에 좋은 점도 많다. 그러나 분명 단점도 있다. 예를 들면, 정년이 없기 때문에 암암리에 받는 조기 은퇴의 스트레스다.

주변에 조기 은퇴한 분들이 있다. 텍사스 대학의 나의 지도교수님은 65세 전에 은퇴하실 것을 나에게 말씀하셨는데 그대로 실천하셨다. 그 이유는 당신의 봉급이면 젊은 교수 세 사람을 쓸 수 있다는 것이었다. 그런가 하면 내가 아는 조지타운 대학의 유명한 교수는 50대 초반에 교수직을 사퇴하고 태국 치앙마이로 떠났다. 돈보다 자유시간이 더 귀중하다는 것이었다. 지도교수님은 하루에 일고여덟 시간을 피아노 치는 일로 소일하며 여생을 즐기고 계시고, 몇 달 전에 치앙마이에서 만난 은퇴한 그 젊은 교수는 소박한 원시적 환경 속에서 방해받지 않고 조용히 연구하며 전공 분야의 책과 논문을 쓰고 소설도 가끔 인터넷을 통해 발표한다. 그리고 그분이 매일 빼놓지 않고 규칙적으로 하는 일은 치앙마이의 사찰을 방문하고 강변을 따라 거닐며 행선을 하는 것이다.

은퇴해야만 할 수 있는 새로운 일들이 많다. '백수 과로사'란 말을 실감할 때가 있다. 나는 별일이 없으면 은퇴 직전에 지어 놓은 시골집에서 주말을 보낸다. 거기서 채소밭과 잔디밭의 잡초도 뽑고 우거진 나뭇가지를 다듬어 주면서 농부 아닌 농부의 즐거움을 누리고 있다. 시골 이웃집의 동료들과 와인이나 매실주를 마시는 것도 커다란 낙이다. 그뿐 아니라 국제표준기구(ISO)의 국제의장(convenor)이라는 직책 때문에 한 해에 네다섯 차례 국제회의를 조직하고, 해외로 출장을 가야 한다. 나의 이러한 활동을 지속적으로 지원해 주고 있는 지식경제부 산하의 기술표준원과 한국표준협회에 감사할 따름이다. 그리고 일주일에 서너 번 서울의 아파트 이웃들이나 은퇴한 동료들과 테니스를 즐기고 있다. 이런 일들은 은퇴한 사람이 아니면 누릴 수 없는 특전이며, 일을 하는 데에는 은퇴가 제약이 안 된다는 증거다.

정년 퇴임과 함께 나는 고려대학교 명예교수가 되었다. 퇴임 후 3년 동안 특별수당도 받고 2년 동안 대학원 강의도 맡았다. 그 후, 다른 대학에서 또 1년 동안 대학원 강의를 맡았다. 홍콩시립대(City University of Hong Kong)에도 교환교수(visiting professor)로 세 번이나 초대되어, 강의 부담 없이 연구만을 하면서 정식 교수로서의 대우를 받았다. 따라서 고려대학교 명예교수의 자리를 부러워하는 친구들이 많고, 내 자신도 매우 자랑스럽게 생각할 뿐 아니라, 이런 특전을 누리게 하여 준 고려대학교 당국에 대하여도 매우 고맙게 생각한다. 은퇴하는 교수들이 모두들 고맙다는 말로 퇴임 인사를 끝맺는 것을 들을 때마다 나도 전적으로 이에 동의했었지만, 10년이 지난 지금 돌이켜 생각하니 고려대학교가 나에게는 참으로 고마운 마지막 직장이었다.

고려대학교에 부임한 것은 1982년 3월이었다. 문과대학 영어영문학과 정교수로 임용되었다. 그동안 서강대학교, 국민여자초급대학, 광주대건신학대학, 전북대학교 등에서 시간강사, 전임강사, 조교수, 부교수로 재직하며 정들었던 곳을 떠나 고려대학교에 부임하면서 정교수가 된 것이다. 20여 년 사이에 봉급도 거의 100배로 뛰었고 몇 년 후의 일이지만, 한때는 대학원에서 지도하는 학생도 30여 명이 되었다. 그때 내 나이 만 44세였다. 인생의 정점이었다.

영어영문학과에서 언어학과로 자리를 옮긴 것은 언어학과 창설이 인가된 1988년 말의 일이다. 고려대학교 언어학과 창설에 대한 발의는 문과대학 소장 교수들에 의해 이루어졌다. 내가 부재중인 1987년의 일이었는데 귀국 후 그 일을 맡게 되었다. 나는 문교부에서 언어학과 신설 인가가 나오자 대인기를 누리는 영어영문학과에서 불모지의 신설 언어학과로 자청하여 자리를 옮겼다. 신설 학과마다 겪는 어려움, 특히 신임 교수 채용과 언어학과의 정체성 문제로 복된 고생을 하였지만, 훌륭한 교수들을 언어학과에 모시고 나서 퇴임한 것을 매우 자랑스럽게 생각한다. 내가 가르쳤던 많은 제자들이 고려대학교를 비롯하여 여러 대학에서 교수로 채용된 것, 그리고 IT계 회사나 언론계 등 사회 여러 계층에서 활동하고 있는 것을 은근히 자랑스러워하고 있다.

나에게도 꿈이 있었다. 가톨릭 사제, 예수회 수도자로서 동시에 물리학자가 되는 것이었다. 그러나 그 꿈은 이루어지지 않았다. 오히려 꿈에도 생각지 못했던 새로운 삶을 시작했다. 아름다운 여인을 만나 가정을 이루고, 든든한 아들과 자기 일을 잘 하는 딸들을 낳고 예쁜 손녀들을 두게 되었다. 학자의 삶을 일생의 주어진 사명으로 알고, 일상 속에서 구도하는 마음으로 청렴한 삶을 살려는 의지가 지켜지기를 염원하면서, 또한 잘못했던 순간순간들을 후회하면서 겸허한 삶을 되뇌고 있다. 나에게 분에 넘치는 아량과 사랑을 베풀어 준 모든 분들께 감사하며, 알게 모르게 상처를 주었던 모든 분들께 용서를 빌면서 죽음을 맞이하려는 것이 나의 마지막 소원이다.

사랑받는 '명품 고려대 의료'

곽동일

1937년생 · 의과대학 의학과 1971-2002년 재직

세월은 흘러 정년 퇴임한 지 10년이 되었는데, 학교로부터 후학들에게 남기고 싶은 글을 달라는 원고 청탁을 받았다.

회고해 보면, 1971년 의과대학 정신과학교실의 전임강사로 교직을 받고, 만 31년간 고려대학교에서 지적 여행을 하는 동안 많은 것을 체험하고 많은 것을 배웠다. 모든 것을 좋은 기억으로 가슴에 안고 2002년 8월에 정든 학교를 떠났다. 그러나 마음은 늘 학교 가까이 있다.

정년 퇴임을 할 수 있었던 것은 학교 당국의 깊은 배려와 여러 선배 교수님들을 비롯하여 동료, 후배 교수님들 그리고 사랑하는 학생들, 전공의들, 또 나를 찾아 준 많은 환자들과 진료에 함께한 간호사들과 직원 여러분의 관심과 사랑의 후원이 있었기 때문이라고 생각한다.

교직에 있는 동안 스스로 좋은 선생님으로서 훌륭한 교육, 훌륭한 연구 그리고 훌륭한 진료를 하려고 노력했으나 부족한 점이 많았다. 특히 학생들이 스스로 학습하는 방법을 가르치지 못하고 의학 지식의 주입에 힘을 기울인 끝에 학생과 전공의들에게 의료 윤리와 철학이 들어 있는 '의학·의료'를 가르치지 못한 것 같아 아쉬움으로 남는다. 혹시 의학 지식과 전문성만을 강조하여 창의성, 사회성 그리고 직업성이 결여된 비인간화된 의사를 양성한 것은 아닌지 회한이 되는 점이 있다.

우리나라는 급변하는 사회와 국가 통제 체제로 인한 척박한 의료 환경하에서도 항상, 의사들에게 도덕성과 인간애를 겸비한 의료를 베풀어 달라고 하는데, 한국의 의료는 인술(仁術)이 아니라 '의료 비즈니스'가 된 지 오래됐다. 우리나라에 서양의학이 들어온 지 130년이 넘었다. 한국 의학은 지난 한 세기 동안 수많은 고난과 역경을 극복하고 사회 변천과 함께 현대의학으로 눈부신 발전을 거듭해 왔다.

현재 우리나라의 의학 지식과 치료 기술은 세계적 수준에 도달했다. 그러나 인간을 위한 '의학·의료'가 기업화되는 경향 때문에 기술 지상주의, 실용주의, 기능주의, 질보다는 양 그리고 능률과 이윤 등에 급급한 나머지, 그 역기능으로 많은 의사들이 인성이 없는 '로봇 같은 의사'가 되어 가는 것이 아닌가 우려되는 바 크다.

우리 사회는 지금 세계화·지식정보화 시대 물결 속에서 생존을 향한 변화를 모색하느라 처절한 경쟁을 치르고 있다. 의료기관들도 앞다투어 '고품격 의료 서비스'를 위해 혼신의 힘을 다하고 있는 것이다.

우리 의과대학을 졸업한 제자들이 사회에 나아가 차갑고 로봇 같은 기계적인 의사가 아니라, 최신 의학 지식과 도덕성을 겸비하고 마음 따듯하게 정성껏 진료하는 의사, 과학적인 의사, 그리고 의업(醫業)에 대한 사명감이 투철한 의사가 되어 국내외 어디서건 신뢰, 존경받는 의사는 역시 고려대학교 출신이라는 말을 들었으면 하는 소망이다. 현재 전국의 41개 의과대학에서 매년 3,300여 명의 의사가 배출된다. 의사는 모두 똑같은 의사 같지만 차별화되기 마련이다. 혼신의 힘을 다해 정성껏 병을 잘 치료해 주는 의사가 명의가 아닌가? 환자를 감동시키는 의사가 으뜸이다. '의료는 하나의 예술'이라는 말도 있지만, 의료는 그 진료 현장에서 의료진의 수준 높은 의학 지식, 정성 그리고 팀워크 정신이 근간이 되어야 한다.

앞으로 어디서나 사랑받는 '명품 고려대 의료'의 자리를 확고히 하고 경쟁력을 확보하기 위해서 의과대학과 의료원은 고려대학교의 건학 이념을 바탕으로 해서 세계화·지식정보화 시대에 걸맞도록 의과대학 교과 과정과 임상과별 전공의 수련 교육 과정을 과감히 개편하고 교수법의 변화를 도모해야 한다. 이 모든 것은 의과대학 교수들의 의식구조의 변화와 결단이 앞서야 가능한 일들이다. 이와 더불어, 현재 한국 의료계의 변화와 여러 정황으로 보아 의과대학과 의료원에 대하여 학교 당국의 과감한 재정 투입이 절실히 요구된다.

어느 名譽教授의 獨白

주남철

1939년생 • 공과대학 건축학과 1981-2004년 재직

나는 福있게도 '韓國建築史'를 전공하여, 일찍부터 '記錄'의 무서움을 알고 교수직을 정년하였었다. 그러나 내가 알게 된 기록들과 오늘의 기록들은 다른 바 있다. 앞의 것들은 기록자와 그것을 찾아낸 자의 것이지만, 오늘의 기록들은 이 세상 모든 사람의 것들이 되어 세상에 전해지고 있다. 심지어 나의 身上 기록은 물론, 나의 '愼獨'하고자 애쓰고 있는 모습마저도 기록이 되어 떠돌고 있는 세상이 되었다.

나는 요즈음 감히 '제자'라는 말을 쓰지 못하고 있다. 옛 '書院'에는 '스승'이 있었고, 그 분하생임을 자랑스럽게 생각하던 '제자'들이 있었다. 그러나 지금의 '대학'이나 '대학원'에는 '스승'도, '제자'도 없다. 오직 직장인인 '교수'와 자신의 형편에 따라 강의를 수강하여 학위를 취득하는 '학위취득자'만이 있을 뿐이다. 때문에 나의 강의를

수강하였던 사람 스스로가 '선생님 제자 아무개입니다' 하기 전에는 그저 '내가 재직하였던 대학의 졸업생이야'라고 말할 수밖에 없게 되었다.

그러나 이 말마저도 잊어야 한다. 만약 나의 강의를 수강하였던 사람이, 어느 날 인터넷 매체나 국가기록문서에서, 나에 관한 추한 기록이나, 온당치 못한 기록을 읽게 된다면 얼마나 곤혹스러워 하겠는가? 더욱이 나를 지도교수로 하여 석·박사학위를 취득하였던 사람이라면 나와의 인연이 얼마나 저주스럽겠는가? 나아가 명예교수의 직함을 준 고려대학교는 어떠하겠는가?

우리의 '마음은 본래 清淨한 것'이고, 그리고 '모든 대상을 있는 그대로 보라'고 하지만, 나는 그 경지에 이르지 못하고 있다. 아니 이르기를 접은 지 이미 오래되었다. 지금의 나는 오로지 봄이면 움트고, 여름이면 잎 무성하고, 가을이면 단풍 들고, 그리고 겨울이면, 힘찬 가지와 순리대로 자라 온 세월의 모습을 드러내고 있는 나무의 모습만을 바라보고 기쁨을 느낄 뿐이다.

이제 2004년 2월 고려대학교 정년 퇴임식에서 읽었던 '퇴임사'를 다시 되새기면서 이글을 마감한다.

퇴임사 — 정든 고려대학교 교정을 떠나며

1981년 3월 고려대학교의 부름을 받고, 17년간 몸담아 왔던 정든 이화여자대학교 교정을 떠나 이곳 고려대학교 교수로 임용되면서, 《고대신문》에 〈我的幸福〉이란 제목의 글을 올린 지 벌써 23년이라는 세월이 지났습니다.

50여 년 전, 수많은 대학생들이 열심히 강의를 듣고 있는 넓은 강의실, 그리고 그 강의실 강단에서 열강하고 있는 교수의 모습이 바로 미래의 자신일 것이라고 꿈꾸어 오던 어린 소년이 있었습니다. 바로 그 어린 소년이 자라서, 40년간의 대학 강단 생활을 마감하는 오늘 이 정년 퇴임식에서, 또 한 번 '我的幸福'을 피력하게 된 것이야말로 이 사람의 더없이 크나큰 기쁨인 것입니다.

일찍이 仁村 金性洙 선생과 幾堂 玄相允 선생께서, "앞으로 고려대학을 이 세상에 우뚝 서게 발전시키는 일은 전적으로 仁村의 몫이요, 학풍 진작과 학문 터전을 다지는 소임은 幾堂의 몫이다"라고, 당신들 서로 간에 다짐을 하시었다는 사실을 恩師 痴翁 선생으로부터 들어 잘 알고 있었던 이 사람으로서, 이러한 전통이 힘차게 오늘날까지 이어 오고 있는 이 고려대학교에서 교수 생활을 마감하게 된 것을 그 어느 누가 福되지 않은 것이라 할 수 있겠습니까?

저는 잘 알고 있습니다. 바로 이런 福은 저 자신만으로부터 이루어진 것이 아니라, 부족한 저의 강의를 수강하여 오늘의 제가 있게끔 해 준 수많은 제자들과, 저를 아껴 주신 선배 동료 교수 여러분들, 또한 저의 교수 생활을 도와주신 직원 여러분과, 그리고 즐겁고 자유롭게 연구에만 전념할 수 있도록 해 주신 고려대학교 당국이 만들어 주신 것임을 잘 알고 있습니다.

그러나 이렇게 福된 교수 생활을 마감하고, 이 교정을 떠나는 이 사람으로서 한두 가지 걱정이 있다고 하는 것을 말씀드리지 않을 수 없습니다. 바로 그 걱정들은 저를 아껴 주셨던 여러분들이 행여 저와 함께하였던 시간들이 헛된 시간들이었다고 하지나 않을까 하는 것이요, 다른 하나는 앞으로 고려대학교의 영원한 정년 퇴임 교수인 제가, 추한 모습으로 늙어 감으로써 저와 좋은 인연을 맺었던 여러분들과 고려대학교에 누를 끼치게나 되지 않을까 하는 것이 또 다른 하나입니다. 이런 사적인 걱정의 말씀을, 정년 퇴임식의 공적인 자리에서 드리는 것은, 교정을 떠난 보잘것없는 저에게, 여러분들의 지속적인 관심과 질책이 있으시기를 부탁드리는 마음에서이고, 다른 한편 저 자신에게 다짐하고자 하기 때문입니다.

이제 정든 교정을 떠나는 이 사람으로서, 고려대학교와 여러분들께, 어떻게 그간의 고마움과 석별의 정을 몇 마디 말씀으로써 표현할 수 있겠습니까? 그러하기에 저는 老子《道德經》의 '道可道 非常道, 名可名 非常名'이라는 구절로 저의 부족한 퇴임사를 끝내려 합니다.

守常以應變 返本以開新

조수용

1938년생 • 의과대학 의학과 1983-2004년 재직

안녕하십니까?

참으로 빠른 것이 세월인 것 같습니다.

1963년 본교 의과대학을 졸업하고 세브란스병원에서 인턴을 끝내고 군의관 복무를 마친 다음 당시 세계적으로 유명한 산부인과 영역의 내분비 학자인 도조 신페이 교수가 계시는 일본 고베 대학으로 유학을 하였습니다.

그곳에서 태반단백호르몬의 抽出부터 시작하여 태반, 난소, 그리고 자궁으로의 연구를 기초와 임상 그리고 임상과 기초의 feed back으로의 연계 연구를 하였습니다.

귀국 후에는 처음 조선대학의 교직을 시작으로 하여 한양대학을 거쳐 1983년 고려대학 구로병원이 개원되는 같은 시기에 고려대학교

의과대학 산부인과학교실로 옮겨와 근무한 지 벌써 많은 시간이 흘렀습니다.

지난 시간 수많은 우여곡절과 어려움, 즐거움이 함께 있었습니다만 지금 지난 시간을 돌이켜 뒤돌아보고 생각해 보면 저에게는 다시는 오지 못할 즐거운 시간들이었고 행복한 나날들이었습니다.

그동안 대학에서 공부하고 생활하여 오면서 훌륭한 스승님에게 지도받고, 좋은 동료들과 또한 자랑스러운 제자들과 더불어 환자 진료를 하고 학문 연구를 하면서 서로 고민하고 격려하면서 지나온 나날들은 저의 일생을 통하여 가장 보람된 시간들이었다고 생각됩니다.

더불어 그동안 아무런 대가 없이 학생들을 가르치고, 환자 진료와 연구를 하면서 열심히 살도록 하게 하여 주신 하나님께 더 없는 감사를 드리고 싶습니다.

실로 지금은 교육계나 의료계가 대단히 어려운 시련기를 맞고 있습니다.

이런 때일수록 우리는 이 시기를 지혜롭게 대처하여야 될 것으로 생각됩니다.

저는 30余年 醫科大學 敎授로 在職하면서 제자들에게 恒常 이야기 한 것이 있습니다.

"어떤 것에든 目標를 세우고 열심히 노력하며"

"언제나 떳떳하며 당당함을 지킴으로써 변화에 대응할 수 있고,

근본으로 되돌아갔을 때 새로운 것을 열수 있다"(守常以應變 返本以開新)

근본은 비단 학문뿐 아니라 사람의 도리에도 인간관계에 있어서도 발전의 기본이 되는 것입니다.

이것을 바탕으로 百年의 高麗大學校 歷史와 훌륭한 전통을 가진 高麗大學校 産婦人科學敎室이 大韓民國 산부인과학 발전에 큰 역할을 하여 주기를 당부드립니다.

다시 한 번 고려대학교와 산부인과학교실의 무궁한 발전을 기원합니다.

한고비 되돌아서

김형묵

1939년생 • 의과대학 의학과 1971-2004년 재직

2004년 2월 말에 서른세 해를 지켜 오던 고려의대 교수직을 물러나면서 어물쩍 인사말을 간단히 했던 게 벌써 일곱 해가 지났는데 새삼 남길 말이 있느냐고 글 자리를 베풀어 주시니 감격스러울 따름이라 삼가 몇 자 적습니다.

운 좋게 서울의대에 들어가서 4·19 난리를 거치면서 졸업하던 1963년에는 졸업생 반수 넘게 살기 좋은 미국으로 숨어드는 바람에 졸업생들을 서로 챙겨 가는 형편이었습니다. 그래도 지원자 부족으로 3년간 비어 있던 흉부외과 수련의로 지원서를 챙겨 넣었습니다. 곰탕 대접도 받았지만 학생 때부터 존경과 흠모의 대상이었던 최병무 교수의 권유에 황급히 감동되어 의국원이 되는 영광을 누리게 되었습니다. 서울대학병원 흉부외과는 이찬범, 이영균 교수님 모두 미국, 스웨덴

등에서 연수 수련 및 병환에 시달리고, 최병무 교수 홀로 힘든 환경에 지쳐서 힘들게 이끌어 나가다가 불행한 결과로 끝났으나, 그래도 계속 흉부외과 수련의들이 잇달아 줄을 이어서 빛나는 앞날이 이어졌습니다.

김신조가 박정희 대통령을 암살하러 내려온 해에 군의관으로 징집되어 모진 훈련에 험한 군의관 생활을 끝내고 운 좋게 우석의대 혜화병원 서순규 원장의 주선으로 1971년 외과학교실에서 흉부외과를 시작하게 되었습니다. 이왕 흉부외과를 시작하게 되었으니 하려면 제대로, 외국에서처럼 멋지게 하고 싶어서 골머리를 짜내던 끝에 1973년에 흉부외과가 독립되고 인재들도 모여들고, 수련의들도 해마다 줄을 잇게 되었습니다. 이즈음 흉부외과는 새로운 외과 분야로 발전하여 훌륭한 성과를 얻을 수 있도록 해야 될 나날이 전개되고 있었습니다. 그래서 올바르게 배우고 자신감을 갖추려고 일본 제일의 동경여자의과대학 부속 일본심장혈압연구소 외과에서 한 해 동안 수련을 받은 다음 해인 1976년부터 개심수술을 시작했습니다. 첫 수술에 합병증으로 크게 고생하면서 스스로 험한 길을 반성도 하면서 제대로 일을 하게 된 것도 도와주신 여러분들의 피땀 어린 노력과 경제 여건의 개선 등에 따른 결과라고 생각됩니다. 그러면서 마음속으로 새긴 결심은 모든 수술 환자는 나의 가족이라 생각하고 판단하고 처치를 해야 한다는 것입니다. 치료 결과가 좋고 나쁜 것은 나의 판단과 결정에 따른 결과라고 명심해야 합니다.

남을 가르치려면 쉴 사이 없이 연구를 해야 합니다. 의학부 학생을 위한 교과서를 만들고, 임상실습을 위한 흉부외과학을 비롯한 외국책을 편집하고 번역한 것이 1973년 이래 쉴 사이 없이 반복되어서 고려의학서적의 최병진 사장 도움으로 정년 퇴임까지 낸 책이 40권에 이릅니다. 쉴 사이 없이 공부하고 연구하며 남을 가르치기 전에 내가 부족한 걸 더 많이 깨달아야 할 것입니다.

연구 활동은 우리나라의 경제력 개선과 함께 연구비를 구할 수 있었던 1979년도 아산재단 연구를 비롯하여 기업체, 대학연구소, 정부과제 연구 등 2003년까지 이어졌고, 본인의 퇴임 후에도 선경 선생의 한국인공장기센터로 연구 활동이 이어지고 있습니다. 깊이 연구에 골몰하고 한 길로 힘든 공부를 계속하면서 다른 길로 잡다한 생각에 마음이 흔들리지 않으면 좋은 결과를 얻을 것이며, 그런 걸 보고 배우는 동료, 후학들도 모두가 합심하여 다함께 같은 방향으로 나아가서 훌륭한 마무리를 할 수 있습니다.

남을 도우려는 마음을 가져야 합니다. 안으로는 교실원들의 활동과 진로를 보조하고, 관련 학회의 활동에도 적극 참여하여 다른 대학 연구소의 동료, 선후배들과도 원활하게 본받을 만한 관계를 유지하고, 외국과의 연구도 함께 연계해서 훌륭한 결과를 얻어야 할 것입니다.

끝으로 후학 여러분들께 부탁드립니다. 함께 교육과 진료 활동을 지켜보면서 어떤 점이 고쳐야 할 것이며, 한편 본받아서 크게 이룩해야 되는지를 판단하고 길을 올바른 방향으로 잡고 계속하면 틀림없이 좋은 목표에 도달할 것입니다. 그러면서 그 자리에 가족이 늘 함께하고, 한곳으로 나아가는 우리들의 앞날에 영광이 있을 것입니다.

정성을 다하면 모든 게 하나가 되는 길이 열릴 것입니다.

성공적인 교수상을 위한 몇 가지 수칙

김동규

1939년생 • 인문대학 북한학과 1981-2004년 재직

이미 은퇴를 하고 10년이 다 되어 가는 나이와 1980년대의 오래된 가치기준에서 미래의 이야기를 한다는 것은, 한 달 차이로도 세대 차를 느낀다는 신세대의 감각에는 영 어필되지 않는 영양 부족의 멘트일지는 모르나, 세계 명작과 명곡은 몇 백 년이 지나도 생명력이 여전하듯이, 그렇다고 이 글이 그러한 명작이나 명곡은 아니지만, 한번 참고할 만한 가치가 있을 듯하여 30여 년간 강단 생활의 경험을 바탕으로 하여 성공적인 교수 생활을 위한 기본 수칙을 서너 가지 살펴보겠다. 물론 필자도 그렇게 실천하지 못했기에 아쉬움과 후회의 상념으로 후학들에게 전하는 이야기라는 점과 반드시 이것이 보편적인 성공 모델이 아니라는 점도 전제하는 바이다.

수칙 1 : 정년을 몇 년 앞둔 60세까지는 학문 연구와 관련되는 교

내의 연구소장이나 학회장과 같은 일 이외는 일체의 행정 보직을 회피하라.

그 이유는 보직 수락과 동시에 당신의 책상 위에는 연구 자료물 대신에 결재 서류가 올려질 것이기 때문이다. 당장은 보직에 따른 강의 시수도 줄어들고 보직 수당도 생기면서 적당한 권한도 주어지는 부산물도 있겠으나 공무상 빼앗기는 연구 시간과 업무상 접촉해야만 하는 교직원들과의 심리적인 갈등으로 연구 생활에 아무 도움이 안 되는 스트레스가 비례적으로 생겨나기 때문이다. 다행히도 이러한 지위 지향적인 성격의 동료들도 많이 있으므로 그들에게 맡기면 된다. 옛날 내가 아는 교수 중에는 학교 보직을 요청받고 거절을 못 하고 고민하다가 자료 수집하러 간다는 구실을 대고 미국으로 도망가서 한 학기 동안 오지 않았던 친구도 있었다. 결국 뒤에 하고는 말았지만…. 그리고 조기 보직에 따르는 손실의 하나로는 정년 퇴직까지의 오랜 기간에 걸쳐 퇴직연금의 높아진 공제액이 정년까지 부과된다는 점이다.

교수 생활 초기부터 한번 보직 생활에 빠져 버리면 점점 책과 학생들과의 거리가 멀어지면서 학자라기보다는 정치인이나 행정가의 모습으로 변하게 된다. 이것이 이른바 폴리페스화의 초기 단계인 것이다. 중국 고사에서의 許由와 巢父의 경지까지는 못 되더라도 일생을 학자로서 살고 싶으면 현실 정치와는 멀리해야 한다. 젖 먹이는 어머니의 모습, 농부의 땀방울, 책 읽는 학생의 모습이 아름답게 보이는 이유는 그들이 바로 자신의 본분에 가장 충실하기 때문일 것이다. 공자의 '君君臣臣父父子子'라는 말과도 같은 뜻이다. 교수의 본분은 오로지 연구와 교수이므로 밤늦게까지 교수연구실에 불빛이 꺼지지 않고 강의실에 들어가면 신들린 사람처럼 강의에 열중하는 것이 본모습인 것이다.

실제로 학문 세계란 현실적 타협을 추구하는 정치행정적인 생리와는 달리 현실을 끊임없이 비판하면서 이상적인 미래를 도모하며 또한 다중접촉을 갈구하는 대신에 혼자만의 연구 공간과 사색의 시간을 가지려는 게 본질이므로 서로는 극히 이질적인 가치관을 갖고 있다. 그래서 중세의 스콜라 철학자가 아닌 한국 현대사에서의 함석헌 선생이나 김준엽 총장의 모습을 그리게 된다.

수칙 2 : 적어도 50대 이전에 전공학회에서 인정하는 대표 저서를 출판해야 한다.

1960년대 미국의 대학 사회에서는 'Publish or Perish'라는 말이 유행했다. 학자라면 결국 논문이나 저서로 이야기하라는 말이다. 전공 분야에 따라 다르겠으나 몇 편의 논문보다는 한 권의 전공 서적을 출간한다는 것은 매우 힘든 일임에도 불구하고 한국의 대학 사회에서 단기간에 생산해 내는 양적인 연구 논문만을 평가하는 가운데서는 장기적인 학문 발전을 기대하기 힘들 것이다. 세계적인 역작과 노벨상 수상의 이론 창출은 단기간의 연구 논문으로 이루어진 것은 하나도 없다.

그리고 전공 관련 학술연구 활동 단체에 열심히 관계하면서 동시에 다양한 여타 학문 분야의 세미나에도 참여함으로써 학제적인 관심을 통한 사고의 지평을 넓히는 것이 매우 중요하다고 본다. 강의의 질과 폭이 달라질 것이다.

수칙 3 : 방학이나 틈을 이용하여 해외여행을 많이 다녀야 한다.

학술적인 국제 세미나 참가와 함께 적어도 일 년에 2번 정도는 개인적인 자유여행을 갖는 것이 학문 연구에도 커다란 효과를 나타낸다. 그런데 자유여행은 가능한 아프리카나 남미 대륙과 같은 오지 여행으로부터 시작하여 점점 문명국 여행으로 바꾸는 것이 좋다. 여행은 사고의 공간을 넓혀 주고 삶의 지혜를 쌓아 지성과 야성의 자양분이 될 것이다.

수칙 4 : 제자의 학업 지도와 생활 지도 과정에서 공과 사를 분명히 지켜야 한다.

고려대학의 전통적인 분위기는 어떻게 보면 정보화 개인주의 시대의 특성과는 안 맞는 농경사회의 이른바 Gemeinschaft적인 특성이 있어 교수와 교직원 그리고 학생들이 마치 한집안의 식구들처럼 정서적인 유대감이 형성되어 있다. 이것은 강점이고 단점이기도 하다. 높은 단결력과 협동심은 매우 긍정적이지만 차가운 이성적 판단을 요구되는 자리에 따스한 감성적인 온정이 쉽게 스며들어 생겨나는 심리적인 갈등은 부정적인 요인으로 작용하게 된다.

학생과의 높은 유대감에 비하여 학생의 낮은 학업 성적으로, 교수가 평가의 의무를 수행할 때 겪게 되는 심리적인 갈등은 그 단적인 예이다. 요즘 학생들은 학점에 매우 민감하다. 결국 관용성과 엄격성, 先公後私의 선택이 학자적인 태도일 것이다. 이것은 고려대학교의 창립자 인촌 선생의 삶의 좌우명이기도 하였다.

우리들은 세계사에 빛나는 대사상가나 학자가 아니고는 영국의 유명한 극작가 버나드 쇼의 비문처럼 '내 우물쭈물하다 이렇게 될 줄 알았다'의 삶으로 일생을 마무리하기 마련이지만, 오로지 밤늦게까지 연구실 불을 밝히고 한 구멍만 파 내려가다 보면 적어도 '우물쭈물'의 문장만은 쓰지 않을 수 있을 것이다.

1960년대의 오래된 이야기이지만 서울대 P교수는 심지어 설날에도 연구실에 나가다 보니 제자들이 세배하려면 연구실로 찾아가야 했고 일상을 연구실에서 먹고 자면서 집안일을 외면하자 결국 부인이 이혼소송을 제기하여 승소한 경우도 있었다. 너무 특수한 사례이지만 학자로서의 범상한 경지의 어떤 모습을 엿보게 한다.

정든 학교를 떠나면서

김순겸

1939년생 • 의과대학 의학과 1977-2004년 재직

그 무덥던 여름이 며칠 사이 가을 날씨로 접어들었습니다.

그간 안녕하셨는지요. 저는 금년 8월 말로 정년 퇴임 하는 소아과 김순겸입니다. 먼저, 큰 대과 없이 정년을 마치게 된 것, 여러 선후배 교수님들의 덕분으로 사료되어 진심으로 감사의 말씀 드립니다.

제가 1977년 소아과에 들어온 지 햇수로 28년 만에 정년을 맞이하게 되어 정들었던 학교를 떠나게 되었습니다.

어떤 명작영화에서 채플린이 자살을 꾀하려는 소녀에게 '세상에는 피할 수 없는 두 가지가 있는데 그것은 생(生)과 사(死)이다'라고 말했다고 하는데 그때 정년 퇴임이라는 것이 있었는지는 모르겠으나 정년 퇴임은 저에게는 피할 수 없는 세 번째 것이 되었습니다.

러시아 작가 고골이 말한 대로 '청년은 미래가 있다는 것만으로도

행복하다'고 할 정도로 무한한 가능성을 의미하던 젊음이 나에게도 있었는지 모를 정도로 시간이 빨리 흘러 어느덧 추억의 환상을 가지고 살게 되는 인생의 후반기에 막 접어들었습니다.

그동안 살아오면서 다른 인간들과 같이 거쳐야 되는 희로애락의 인생의 수레바퀴에 매달려 어지럽게 돌아가다 보니 권력도 금력도 심오한 지식도 얻는 것이 없이, 남부럽지 않은 순탄한 인생을 보낸 기억도 별로 없이, 남모르는 허다한 고초도 많이 겪으면서 오늘까지 오게 되었습니다. 28년 전 학교에 처음 들어온 초창기에는 구로병원 건축을 계획하고 완공하여 개원하는 일과 여기에 필요한 재정 차관을 서독에 가서 들여오는 일에 많은 노력을 기울였던 일이 기억에 남기도 합니다.

정년 퇴임 할 때가 되어 지하철 승차권을 공짜로 얻다 보니 벌써 나이가 많이 들었구나 하고 생각하다가도 아직도 젊음이 많이 남아 있는 것 같은 엉뚱한 착각을 하기도 합니다.

영국 시인 오스카 와일드는 '노인의 비극은 그가 늙었기 때문이 아니라 아직도 젊다고 생각하는 데 있다'고 하였으며 스위스의 철학자 아미엘은 〈일기〉라는 글에서 '어떤 식으로 늙어야 하는지 아는 것은 지혜다. 그러나 그것은 생활의 위대한 기술 중 가장 어려운 것이다'라고 하였고 석가모니의 말씀이 수록된 〈법구경〉에도 '백발이 나이를 말하는 것이 아니라 지혜가 나이를 말하는 것이다'라고 하여 노인을 나름대로 정의하기도 하였습니다. 저도 이제는 영국의 의학자 토머스

브라운이 '노인은 오래 사는 것보다 인생을 어떻게 마무리 지을 것인지를 생각해야 한다'라고 말한 대로 어떤 것이 노인의 올바른 처세인지를 한마디로 요약한 글월을 음미해 볼 때가 되었다고 생각합니다.

9월 1일부터는 정식 백수가 되는데 나머지 인생을 어떻게 마무리 지을 것인가 고민을 하면서도 아직 결정하지 못했습니다. '너무 많은 휴식은 너무 적은 휴식과 마찬가지로 사람을 피로하게 만든다'라고 말한 스위스 철학자 힐티의 말을 따르려고 합니다. '생자필멸 회자정리'라고 하여 '태어난 자는 반드시 죽게 되고 만나면 헤어지게 되어 있다'는 뜻의 유명한 말이 있듯이 저도 이제는 오늘을 마지막으로 여러분 곁을 떠나지 않으면 안 되는 순간이 도래하였습니다.

여러 선생님들 그동안 너무 고마웠습니다. 앞으로 학교를 떠나더라도 전과 같은 배려와 격려를 부탁드립니다. 나머지 생을 살아가는 동안 제가 풀지 못하는 어려움이 있을 때 봉직하던 학교, 병원을 찾아뵙는 것이 해법이라 생각되기 때문입니다.

고려대학교 의과대학의 무궁한 발전을 기원하며, 여러 선생님들 내내 건강하시고 안녕히 계십시오.

—2004년 8월 퇴임사

사회에 기여하는 삶

임수길

1940년생 • 생명과학대학 환경생태공학부 1980-2005년 재직

나는 일찍이 어려서부터 성격상으로 심은 만큼 거둔다는 것을 믿어 이를 모토(motto)로 삼고 살아왔기에 대학 진학 시기에는 내 스스로 자연계 중의 어느 분야를 택하겠다는 결정을 내려 놓고 있었으며, 때마침 고등학교 담임 선생님의 진학상담을 받을 때 친절히 선생님이 친한 친구분의 구체적인 성공담을 들려주시며, 당시, 고려대학교 농화학과 진학을 추천해 주셨다. 그리고, 나는 이학과를 난생 들어 보지도 못했으나, 이를 따랐던 것이 고려대학교와의 인연, 그리고, 나의 지금까지의 한생을 결정지은 시발점이 되었다.

이를 계기로 나의 모교, 고려대학교와의 인연은 1959년부터 시작되어, 고려대학교에서 수학한 6년, 이후 1980년도에 교수로 강단에 돌아와 2005년 정년 퇴임 때까지 25년간 나름대로 후학들을 위한 강

의와 연구, 사회봉사 활동을 게으름 없이 해 왔으며, 지금은 명예교수로, 작은 봉사를 그치지 않으며, 모교와의 연을 이어 가고 있다.

되돌아보건대, 나는 지금까지 한생을 살아오는 동안 남달리 커다란 꿈(목표)을 가지고 그를 향해 가는 삶을 살아가지는 않았으며 오히려 매 순간을 소중히 여기며 이룬 일에 만족하지 않고 도전을 그치지 않는 삶을 살아왔으며, 나름대로 게으르지 않은 부지런한 성격으로 이를 실천하는 것은 지금도 변함없다.

농촌진흥청의 연구원으로 당시 내가 택한 나의 전공인 토양학(Soil Science)은, 내가 수학하던 시기(1960-70년대)에는 농업의 기초학문 분야로 국한된 특이한 분야여서, 일반인에게는 많이 생소한 학문이었다. 그러나 세월이 흘러 우리나라에서는 1980년대를 맞으며 인류를 비롯한 자연환경 보존의 중요성이 최고 이슈로 대두되면서 지구상의 대기, 수질과 함께 토양 보존의 중요성이 인지되었다. 토양학이, 농업에 국한되었던 영역을 뛰어넘어, 환경보존의 중요한 중심 위치를 차지하며 광대한 새로운 학문적 활동 영역 속으로 접어들게 되어, 광범위한 기여와 보람 속에 성장하고 있다. 또한, 이러한 학문적 성장은 최근의 천문학(Astronomy), 우주과학(Space Science), 우주공학(Space Engineering) 등의 발전으로, 놀라운 속도로 벗겨지는 우주의 신비를 따라, 수많은 지구환경 관련 연구 과제들을 해결할 수 있는 발판이 되었다. 이제 토양학은 지구 지킴이 범주를 벗어나, 지구 밖 가까운 태양계에서부터 은하수(Galaxy), 그리고 전체 우주(Universe)를 비롯한 토양 환경을 규명하는 일에 참여해야 하는, 광대한 또 다른 차원의 연구 활동을 피할 수 없게 되었다. 따라서 앞으로 이에 대비해야 하는, 많은 새로운 차원의 연구와 후학들이 요구되는 시점에 이르렀다.

현재 지구촌 70억 인류가 공감하고 있는 중요한 이슈가 생명과 함께 우리의 삶의 터전인 지구환경의 보존임에 이의를 제기하기 어렵다. 모교 고려대학교에서 이를 직시해 이 두 분야를 함께 아울러 학문적 연구의 중심에 두어 전 인류의 장래를 위한 비전을 제시하고 이의 실천을 위해 새로운 패러다음을 구축하고 선도한다면, 한국을 넘어 전 인류에 크게 기여할 수 있는 매우 보람되고, 모교 발전의 새로운 모티프가 될 것으로 믿어 의심치 않는다. 이의 실천은 전연 어려운 일이 아니며, 대단히 간단한 일로 사료된다. 현 생명과학대학의 명칭을 환원하여 생명 분야와 함께 환경 분야의 학문적 활동 영역을 행정적으로 넓혀 지원하는 것으로 충분할 것으로 사료된다. 이로써 대학에서는 '생명과 환경'의 양 날개를 갖춤으로써 상호협력(inter-discipline)을 통해 대학의 한 차원 높은 발전과 인류에의 기여를 동시에 이룰 수 있을 것으로 확신한다.

인간 수명의 연장과 함께 정년 퇴임의 의미도 크게 바뀌었음이 확실한 듯하다. 과거 인간의 나이를 환갑(60세), 희수(70세) 등으로 일컬으며 여생을 길게 보지 않던 시대의 정년 퇴임은 일반적으로 공적 생활은 접고 여생을 좀더 개인생활에의 충실한 삶으로 변환하는 전환점으로 인식되었으나, 근래에는 여러 가지 사회 여건상 사회에 기여하는 삶의 연장으로 정년 퇴임에 대한 인식이 전환되었다는 데 공감하고 있는 듯하다. 이에 따라, 나도 개인생활에의 충실한 삶에 더하여, 자문, 강연, 봉사와 헌신 등의 사회활동을 게을리하지 않고 있다.

돌이켜보면, 나의 한평생의 반 이상을 같이해 온 자유, 정의, 진리를 교훈으로 한 지성과 야성의 전당, 고려대학교를 위해 열심을 다했으나, 그래도 모자랐음의 아쉬움 속에, 늘 감사하고 고마운 마음이 남는 것을 숨길 수 없다. 정년 퇴임과 함께 다소는 멀어지고 잊힐 것만 같던 모교 고려대학교를 향한 관심과 그리움, 성원의 마음이 오히려 세월이 흐를수록 더 가까이 다가오고 짙어지는 것은 나도 이해하기 어렵다.

고려대학교의 무궁한 발전을 항상 기원한다.

養虎遺患

전병훈

1940년생 • 경상대학 경영학부 1983-2005년 재직

2005년 봄, 나는 모교와의 질긴 47년의 대단원을 마감했다. 모교와는 학생으로도 교수로도 내 뜻과는 상관없는 유별난 기연(奇緣)으로 얽혀 있다. 굳이 그 인연의 처음을 찾자면 "동지섣달 긴긴밤 사랑방에서 이슥하도록 얘기꽃 피우다가 한밤중 집으로 돌아오는 고샅길 맞은편에서 질주해 오던 고양이 한 마리가 바짓가랑이 속으로 뛰어들어 갑자기 호랑이로 변하여 포효하는 소리에 놀라 깼다"는 아버지의 태몽뿐이다.

우선 몇 가지 진기(珍奇)한 기록을 본다. 뒷문으로 들어왔다 뒷문으로 나온 친구, 대학을 가장 오래 다닌 학생, 교수의 짙은 사랑을 가장 오랫동안 받은 학생, 낮에는 단하 밤에는 단상, 도망쳐 봐야 제자리로 돌아온 부메랑, 인생을 거꾸로 사는 친구…. 학부(10% 무시험특

별전형)나 석사 과정(국가고시 합격자 시험면제)은 시험 없이 들어와서 반백(半白)이 되어 겨우 처음으로 시험 보고 박사 과정에 진입하나 원체 만학인지라 가급적 아는 사람을 피하고자 후문으로 주로 출입한다. 학부 입학 25년 만에 최종학위 받으며 학생 신분을 면하고, 한 분의 지도교수를 25년간 모신다. 낮에는 학생으로 공부한 교실에서, 밤에는 선생으로 가르치는 1인 2역(생업까지 합치면 실은 1인 3역)을 하며, 학부 졸업 때 교수님들의 애정 어린 대학원 진학 권유를 헌신짝처럼 외면했다가 뒤늦게 다시 찾아오는 속없는 녀석이다. 뿐인가. 강요에 못 이겨 2년 약속으로 붙들려 왔다가 25년이나 모교에 발목 잡히는 우직한 놈, 10년이나 15년의 공든 탑을 버리고 밑바닥부터 다시 기는 미련한 놈…. 다 나를 사랑하고 아끼는 분들이 붙여 준 명예로운 별명이요 애칭이다.

호랑이 사육 길에 본격적으로 뛰어든 것은 1981년 봄이다. 13년 넘는 금융기관 생활을 거친 후 개업 5년째를 맞으며 공인회계사와 세무사로 한창 기반을 다져 갈 무렵 모교로부터 전임으로 와 달라는 의외의 요청을 받았다. 차분히 진지하게 갈 수 없음을 설명했다. 그로부터 밀고 당기기 6개월, 2년 조건으로 수락할 수밖에 없었다. 약속한 2년의 의무방어를 마친 후 다시 자유의 몸(FA, Free Agent)이 되고자 정식으로 사표를 제출했으나 끝내 관철되지 못하고 세월은 훌쩍 흘러 25년을 넘긴다. 인간의 운명은 과연 누가 통제하는 것인가. 운명통제의 소재(locus of control)는 내부에 있는가, 외부에 있는가. 나의 탓인가, 남의 탓인가. 아니면 노력인가, 행운인가.

아무리 노련한 사육사나 조련사라 하더라도 맹수를 다루다 보면 때로는 예기치 않은 사고를 당하거나 피해를 입는 일이 있게 마련이다. 부덕의 소치인지 능력 탓인지 양호(養虎) 동산에서 크고 작은 육체적, 정신적 상처를 많이 받았다. 때로는 길들지 않은 어린 호랑이에게 할퀴여 팔다리에 피멍이 들고, 때로는 동료 조련사에게 치어 가슴에 응어리가 지곤 했다. 허나 화근(禍根)이 내게 있는 것을 누구를 원망하랴. 비록 제 뜻으로 온 것이 아니라 할지라도 맡은 이상 자기의 책임인 것을. 오직 참회의 의미에서라도 몇 가지를 마음에 새기고 싶을 뿐이다.

민주화 투쟁이라는 시대적 상황과 신설 캠퍼스라는 열악한 교육환경을 헤쳐 오며 학생, 교직원, 학교 당국 모든 구성원들은 많은 고통과 갈등을 함께했다. 이제는 30세 청년이 된 캠퍼스로 우뚝 선 모습이 대견스럽기만 하다. 하나, 그 뒤에 흐른 눈물도 잊어서는 안 된다. 창업의 어려움을 겪지 않은 사람들은 이해 못한다. 무에서 유를 만드는 과정이니 그 고초와 진통을 헤아릴 수 있겠는가. 책임자와 보직자만이 애가 탈 뿐이다. 앞에서는 진두지휘하며 쓰다듬고, 뒤에서는 악랄한 황폐화 작전으로 치달을 때의 허탈감이나, 교수 집단 내에서조차 한쪽에서는 진화에 아등바등 대고 다른 쪽에서는 기름 붓는 학생데모 현장에서의 상반된 배신감과 불신의 골이 얼마나 깊었던가. “당신 때문에 이 캠퍼스가 없어지지 못했다. 이 캠퍼스가 없어져야 서울로 갈

텐데…. 너는 우리의 역적이다"라며 신임 교원으로 모셔 온 죄밖에 없는 내게 적반하장으로 주먹이라도 날릴 듯 면전에 대고 삿대질하며 책임 추궁하듯 덤벼드는 후배 교수의 살기 띤 폭언과 힐책은 정말 난감하고 감내하기 힘들었다. 9명의 창설 멤버의 일원이요 어려운 시절 오랜 보직을 맡아 왔고, 캠퍼스의 책임자로 일했던 한 사람으로서 떠나는 감회에 만감이 교차한다.

또한 학내 민주화라는 이름으로 휘몰아친 총장이나 부총장 직선제라는 태풍은 구성원의 화합을 갈가리 찢으며 반목과 질식을 증폭시키지 않았던가. 자기의 지지 세력이 아니라는 이유로 생사람 잡는 음모와 음해로 몰아치던 양두구육의 파렴치한들은 스스로 밝힌 진실이 백일하에 드러난 후에도 침묵으로 일관한다. 서슬 퍼런 점령군의 총칼 아래 어제의 총알받이와 소방수는 또 한 번 표적 감사와 타도의 대상으로 전락한다. 정녕, 자유와 정의는 피를 먹고 자라는가 보다. 악은 악을 잉태하는 것인가. 도무지 악순환이 멎을 기미가 보이지 않는다. 동일한 규정이나 관행의 해석과 적용이 특정인에게는 급선회하며 변질된다. 지성인의 세계에 어울리지 않는 너무도 치졸하고 추태스러운 행위이다. 언제쯤이면 진정한 진과 위, 허와 실, 선과 악이 제자리를 잡을지 암울하기만 하다. 진리를 탐구하는 상아탑에 진실이 함께 숨쉬지 못함을 안타까워할 뿐이다.

학교든 국가든 구성원의 민주의식 없는 민주화의 외침은 공염불이다. 내가 하면 민주요, 남이 하면 독재라는 전천후 철벽 무장한 이기주의 팽배의 사고(思考)의 틀이 깨지지 않는 한 그것은 한낱 구두선(口頭禪)일 뿐이다. 개인의 명예욕이나 이익이 조직발전의 기여라는 명제보다 앞서거나 자기의 이해가 가치판단의 기준이 되는 수준에서 자리를 넘보는 만용이나 과욕은 없어야 한다. 더욱이 최고경영자의 자리를 학습의 기회나 인턴 과정쯤으로 생각하는 권위형 지도자의 몫에서 그 자리가 떠난 지는 이미 오래다.

모름지기 공직자나 최고경영자는 명심할 일이다. 그 자리가 노력과 땀의 대가라 할지라도 당신의 성공을 알리는 일간신문의 인사란을 보고 남몰래 눈물 흘리는 무수한 사람이 있다는 사실을. 어찌 자기 노력만의 결과이겠는가. 한 사람의 성공은 많은 악역과 조연자가 있었기에 가능한 것이다. 굳이 시체를 밟고 넘지 않아도, 전임자를 감옥으로 몰지 않아도 자기가 뿌린 만큼은 걷는 것이다. 천하의 아부파도 진실은 안다. 다만 말하지 않을 뿐이다. 30년이 지난 캠퍼스나 개교 한 세기를 넘긴 학교의 경영을 맡은 책임자가 가는 곳마다 자기가 하는 일마다 처음으로 했다고 내세울 때, 그 속내를 이해하지 못할 만큼 독자나 청중은 어리석지 않다. 후손을 잘 낳아야 가문이 흥하듯, 좀더 훌륭한 후임자로 이어지는 조직이 건전하게 발전한다. 제 아무리 걸출한 인물이라도 자리는 미완으로 물러나는 법, 그 완성이나 후속 조치는 후임자의 과제요 책임이다. 전임자의 부족한 점은 결코 비난의 대상이 아니라, 후임자의 축복의 근원이다. 적어도 후임자가 전임자를 죄인으로 매도하는 풍토가 사라지지 않는 한 조직 발전의 미래는 어둡기만 하다. 진정, 남을 짓밟지 않고도 조직 발전에 공헌하는 길은 없단 말인가. '다른 사람을 못살게 하지 않으면서 누군가를 잘살게 하는 변화는 좋은 것'이라는 파레토의 혜안이 지도자를 꿈꾸는 자들의 뇌리를 섬광처럼 한 번만이라도 스쳐 지나갔으면 싶다.

세상은 선한 자만의 것도 아니고 그렇다고 악한 자만의 것도 아니다. 언제나 선과 악은 함께한다. 단지, '선이 다가오면 악이 물러나고, 악이 다가서면 선이 움츠릴 뿐이다'. 악이 무섭기도 하지만 선과 악을 구분하지 못할 만큼 타락한 인간성 상실이 더욱 소름끼친다. 진리 탐구의 현장에서조차 선악의 분별이 서지 않고, 진리의 땅에 진실이 공존하지 못하는 현실이 개탄스럽다. 진리라는 이름으로 포장된 사육사의 잔꾀에 물든 우리 안에 갇힌 나약한 호랑이보다 진실을 먹고 광야를 힘차게 달리는 순박한 야성의 호랑이가 더 그리운 시절이다.

모교와 기연으로 얽히고설킨 정신적, 육체적 골곡이 많았던 만큼 켜켜이 서린 애정 또한 두텁고 깊다. 특히, S캠퍼스의 발전은 언제나 어깨를 짓누르는 삶의 명제요, 어느덧 내 영혼에 종교처럼 굳게 자리한 신념이다. 능력의 한계로 크게 기여하지는 못하였으나 주춧돌 맞잡고 놓은 기억만은 간직하고 싶다. 많은 사람들에게 심려만 끼친 채 성원의 큰 빚 안고 떠나는 발걸음이 무겁다. 호랑이 기르는 언덕에 언제나 따스한 햇살 넘쳐나고, 호랑이의 포효와 사육사의 함성 어우러진 화합의 합창소리 멀리멀리 만방으로 퍼져 나가기를 빈다.

꿈의 주인공이 되어라

황의각

1940년생 • 정경대학 경제학과 1981-2005년 재직

대학 시절은 생애에서 이상과 풋풋한 꿈으로 채워진 아름다운 시절이다. 거기에는 순수함이 있고 진리에 대한 열정과 정의와 공의의 외침이 있고, 이성을 향한 두근거리는 가슴과 친구와 대화를 나누며 잠 못 이루는 밤을 보내는 시간이 있다.

나는 1959년에 고려대학교 정경대학 경제학과에 입학했다. 이 해는 우리나라 종합대학교로서는 고려대학교가 처음으로 '정경대학'이라는 단과대학을 만들어 첫 입학생을 모집하기 시작한 해이다. 그때까지 법정대학(지금의 법과대학)에 속해 있던 정치외교학과와 상과대학(지금의 경영대학)에 소속되어 있던 경제학과를 각각 떼어 내어 정경대학을 새로 만들고 입학생을 새로 모집했다. 그래서 나는 고려대학교 정경대학 1회 입학생이자 1회 졸업생이 되었다. 이 때문에

1963년 졸업과 동시에 학군단(ROTC) 1기 통역장교 임관 직전 신원 조회 나온 형사가 자기 손에 있는 서류철에서 나에 관한 자료를 보면서 '정경대학'이라는 학교가 어디 있느냐고 나를 집중적으로 추궁하던 에피소드가 기억난다.

내가 대학에 다니던 시절, 나처럼 시골에서 서울로 유학 온 학생들은 대부분 매우 가난했다. 본관 앞 라일락 나뭇가지를 꺾어 젓가락을 만들어 점심 도시락을 같이 나누어 먹으며 어울려 다니던 친구들과 평생토록 교우하게 된 것은 소중한 인생의 자산이라고 할 수 있다. 당시 교정 잔디밭에서, 또는 당시 우리가 '세느 강변'이라고 부르던 학교 앞 개천을 끼고 줄서 있던 판자촌 막걸리 집에서 우리는 불공정한 정치사회에 대해 비판하며 대선, 총선 등에서의 부정선거에 핏대를 올리며 친구들과 토론하며 시간들을 보내곤 했다. 그 당시, 강의는 주로 90분 단위로 짜여 있었는데 교수님들은 보통 15분 지나서 강의실에 나오시고 20분 전에 강의를 마치는 것이 관례였다. 공부하기보다 놀기를 좋아했던 우리 학생들은 그런 분위기를 오히려 좋아했다.

1960년 3·15 부정선거에 대한 부산, 마산 등지에서 시작된 젊은이들의 의거는 결국 우리 고려대학교에 4·18 학생의거를 촉발시켰고, 이를 주축으로 삼은 4·19 학생의거는 한국의 민주화를 위한 정치 지형을 바꾸는 초석이 되었다. 나는 대학 2학년으로서 당시 모든 안암골의 분노한 호랑이들과 함께 데모에 연일 참가했고, 그 이후 자유당 이승만 대통령의 하야에 뒤이어 집권한 민주당 장면 내각하에서 부정부패 척결과 남북통일 문제에 이르기까지 서울대, 고대, 연대의 동년배 학생들과 의견을 나누면서 언론사 좌담 등에 참여하고 다니기도 했다. 돌이켜보면 그러느라고 대학 시절 학문 연구를 제대로 하지 못했다. 그 대가로 32세의 늦은 나이에 공부하러 미국에 유학 가서 다른 학생들을 따라가느라고 무척 힘든 세월을 보내야 했다. 미국 학생들이 주말이면 여행이나 스키 등 야외 레크리에이션을 하러 놀러들 갈 때, 나는 책가방 들고 별을 보며 숙소를 떠나 저녁에 별을 보며 돌아오기까지 도서관에 가서 책에 코를 묻지 않고는 도저히 공부를 따라갈 수 없는 힘든 3년여의 세월이었다. 고려대 졸업과 동시에 2년간 ROTC 통역장교 복무기간 중에 1년은 의정부 주둔 미1군단 작전사령부에서, 그리고 나머지 1년은 대구2군사령부 미 군사고문단실에서 통역장교로 근무했고 제대 후에는 USAID(미 국제원조개발처)에서 미국인들과 근무하기도 했지만, 미국 대학에 공부하러 가서 보니 경제학 영어 강의 듣기가 어렵게 여겨졌고, 뿐만 아니라 돈도 없고 서양 음식 이름도 잘 몰라서 학교 구내식당에서 매일 햄버거와 프렌치프라이만 주문해서 먹기가 일쑤였다.

나는 미국 오리건 대학교(University of Oregon)에서 학위를 마치고, 서강대학교와 시카고 대학교, 그리고 영남대학교 등에서 연구하고 교편을 잡다가 1981년 3월 학기부터 모교인 고려대학교 경제학과 교수로 채용되어 2005년 8월 정년 퇴임하기까지 모교와 함께했다. 학사, 석사과정과 시간강사 생활 시절을 합치면 모두 30여 년을 모교에서 공부하며 보낸 셈이다. 나의 생애의 청장년기를 고대와 함께하였기에 이를 자랑으로 여기며 늘 감사하게 생각한다. 평생 고려대학교는 내 마음의 고향이요 학문 연구의 터전이다. 나는 고려대학교 안에서, 그리고 고려대학교를 배경으로 성장했고 연구 활동을 할 수 있었다.

지금 내가 젊은 후학들에게 남기고 싶은 이야기는 한 사람의 평생에서 대학 시절을 포함한 청년기는 새벽별처럼 영롱하게 빛을 발하는 귀중한 시간 집합이라는 점이다. 대학 시절에 가진 자신의 미래에 대한 꿈, 그리고 그때 세운 삶의 목표는 일생을 통하여 그 꿈과 목표를 세운 사람, 즉 꿈과 목표의 주인공에게 길잡이가 되어 준다. 젊은 시절 고전과 역사서 및 철학서 등 폭넓은 독서를 통하여 지혜와 지식의 지평을 넓혀 나감과 동시에 최소한 3개 이상의 외국어 실력을 갖추기 바란다. 그리고 형편이 된다면 여행과 극기훈련을 통하여 육체적으로 인내력을 키워 나가는 것이 중요하다. 무엇보다 중요한 것은 사회적 협동정신을 키워 나가면서 서로 어울려서 사는 지혜와 멋을 즐기는 사람, 선한 일을 위해 나를 필요로 하는 사람들과 함께 나를 던질 줄 아는 인격체로 성숙해야 한다. 그리고 남을 나의 기준으로 판단하지 말아야 한다.

얼마 전 학교 동기생 모임에서 회장직을 맡고 있는 친구가 오랜만에 참석한 한 친구를 소개하면서, 학교 때 공부를 자기가 더 잘했는데 사회적으로 그 친구가 훨씬 더 성공했다고 했다. 그 말은 사실이다. 인생 경주는 어느 시점의 한두 가지 단면만으로 판가름 나지 않는다. 성경 말씀대로 인생에서는 으뜸이 될 것으로 보이는 자가 나중이 되기도 하고 나중이 될 것으로 보이던 자가 먼저 되는 일이 너무 많다(〈전도서〉 9:11). 그렇기 때문에 사람이나 일을 평가하는 데 있어서 현재의 상황만을 기준으로 하는 잘못을 범하지 말아야 한다. 그리고 시공(時空)을 아울러 평가할 때 모든 인생은 결과적으로 모두 똑같다. 왜냐하면 법 앞에서 만인이 평등하다는 몽테스키외의 법의 정신처럼, 사람의 평생의 가치와 무게 측정에 있어서 창조주는 제로섬(zero-sum)의 원리로 모두를 공평(평등)하게 만들었기 때문이다. 그렇기 때문에 각자는 주어진 상황에서 현재 열심히 최선을 다할 때 가치를 창출하며 행복을 발견하게 된다. 학창 시절에 진리에 대한 호기심을 가지고 생각하고 고뇌하면서 연구하는 일과 사회적 불의와 정의를 식별하여 추적하여 올곧게 하려고 노력하는 데에 여러분과 우리 모두의 존재 이유가 있다. 요즘 젊은이들은 모두 아이폰이나 아이패드 키 두들기기에 너무 몰입하여 이웃과 사회에 대해 관심을 두지 않는 자기 고립에 갇혀 있는 것 같다. 자기 고립에서 벗어나 생각과 시야의 지경을 넓혀야 한다.

나는 우리의 1950-60년대 빈곤의 악순환을 딛고 일어서 이 나라 경제와 학문 발전에 작은 힘이나마 기여해 왔다는 것을 지금의 젊은 세대가 인정하든 아니하든 나의 세대의 자랑으로 생각한다. 나는 지금 70 고개를 훌쩍 넘어서서 육체적으로는 좀 유연성이 떨어지지만 지적 활동에 있어서는 자족하며 살고 있다. 정년 퇴임 후 2007-2010

년 3년 동안 일본의 연구소(ICSEAD)에 초청받아 2권의 책과 다수의 논문들을 썼고, 돌아와서는 계속《미래한국》에 매회 시사칼럼을 계속 기고하면서 우리 사회를 향해 외치고 있다. 그리고 호흡이 있는 한 최선을 다하다가 하나님 앞에 설 때 '최선을 다하며 열심히 살았습니다' 라고 말할 수 있는 나(我)이고자 계속하여 노력한다.

재산은 천국에 쌓을 것

정광

1940년생 • 문과대학 국어국문학과 1990-2006년 재직

2006년 2월 말에 정년을 하였으니 은퇴한 지 벌써 만 6년이 되어 간다. 정년에 즈음하여 문과대학 일어일문학과 교수님들의 주선으로 일본 오사카에 있는 데즈카야마(帝塚山) 대학의 외국인 교수로 계약을 하였다. 그 대학은 오사카에서 나라(奈良) 쪽의, 가쿠엔마에(學園前)라는 전원도시에 있는 아담한 여자대학으로 캠퍼스가 매우 아름답다. 필자가 오사카 대학에 유학할 때에 지도교수였던 미야지 유타카(宮地裕) 교수가 그 학원의 이사장으로 계신 일이 있어서 두말없이 계약하고 강의안을 보내며 참고 문헌까지 준비하였다.

일본으로 출국하기 전에 집안의 어른이신 정진석 추기경을 뵈러 갔다. 사촌 형님이어서 정년을 앞두고 인사도 할 겸 찾아뵈었는데 뵙자마자 "그래 고려대학을 정년 퇴직하고 무엇을 할 것인고?" 하고 물으

셨다. 일본에 있는 대학으로 가기로 했다고 계약서까지 보여드렸다. 그러나 대답이 끝나기도 전에 추기경님은 정색을 하시면서 "네가 고대를 정년 하면 가톨릭대학에 와서 봉사하기로 한 것을 잊었는가?" 하시는 것이다. 글쎄, 그런 일이 있었던 것은 어렴풋이 기억하지만 추기경이 한때 가톨릭대학 이사장의 직을 다른 분에게 넘긴 일이 있었기 때문에 이제는 없었던 일로 치부하고 있었다. 그러나 추기경이 다시 가톨릭대학의 이사장을 맡으셔서 대학의 발전에 고심하시던 때인지라 아마 필자를 부를 생각을 하신 것 같다.

옛날에 약속은 했지만 일본 대학과의 계약도 있어서 "외화를 벌어야죠. 일본 대학만큼 가톨릭대학에서 돈을 주실 겁니까?"라고 하면서 계약서를 흔들며 대들었다. 추기경 형님께서는 목소리를 낮추면서 "너에게 필요한 것은 속세의 돈이 아니다. 너는 신앙 생활에도 충실하지 않았고 남을 위하여 봉사한 일도 많지 않으니 죽어서 심판을 받을 때에 어떻게 하려느냐? 너야말로 돈을 천국에 저금해야 할 것이다"라고 필자를 타이르는 것이었다. 이 말씀을 들은 이후에 나의 생활 목표는 '재산을 천국에 쌓는 것'이 되었다.

일본 대학과의 계약 취소로 국제소송 직전까지 갔었다. 이미 학생들에게 강의 계획과 시간표가 공지가 된 상태에서 갑자기 계약을 취소하고 오지 않겠다니 그 대학에서도 황당한 일이었을 것이다. 다행히 흉부 X-ray 사진까지 덧붙인 필자의 심장병에 대한 진단서가 겨우 그 대학의 관계자들을 납득시켜 수습이 되었다. 그러나 필자를 소개한 문과대학 일문과 교수님들과 교수 요목까지 학생들에게 공표했던 데즈카야마 대학에 대한 미안한 마음은 지금도 가시지 않는다.

정년 이후에 학술진흥재단(한국연구재단의 전신)에서 인문사회학 분야의 우수학자프로젝트를 공모하였고 필자가 언어학 분야에서 선정되어 5년간 연구비를 지원받았다. 지난 2011년 12월에 최종 보고서와 함께 완료되었지만 이 프로젝트로 필자는 2006년부터 2011년까지 5년간 저서 11권(공저 포함)을 출판하였고, 해외와 국내 학술지에 24편의 논문을 실었으며 주로 국제 학술대회에서지만 기조 강연으로 30번의 발표를 하는 업적을 이루었으니 참으로 고마운 일이다.

그리고 추기경님과의 약속을 지키려고 가톨릭대학의 대우교수(이 대학은 석좌교수 제도가 없다)로 5년간 계속하여 강의에 참여하였다. 학교에서도 아담한 연구실과 여러 가지 편의를 제공하였고 필자도 열심히 학교의 발전을 위하여 노력하였다.

70세를 맞이하는 2011년 2월 말에 여기도 계약이 끝나서 3월 초부터는 중국 베이징의 중앙민족대학에서 다시 교편을 잡았다. 거기서는 학부 1학년의 강의를 맡았는데 너무 재미가 있었다. 다만 내 강의 전부를 녹화하고 가끔은 얼굴 모르는 인사가 강의에 들어와 몰래 청강하는 일도 있었던 것이 마음에 걸렸다.

그 와중에 국제고려학회(International Society for Korean Studies)의 회장을 맡아 세 차례에 걸친 국제 학술대회를 주최하였다. 세 번의 학술대회가 개최되는 동안 모두 전 세계에서 수백 명의 한국학 연구자들이 모였으며 특히 북한의 사회과학원을 중심으로 한 전문가들은 한 번도 빠지지 않고 참석하였다.

특히 전술한 학술대회는 아니지만 캐나다의 밴쿠버에서 열었던 중국 동북공정에 대한 ISKS 국제 워크숍을 지금도 잊을 수가 없다. 새 천년이 시작될 무렵에 중국은 사회과학원 변강사지(邊疆史地)연구소를 중심으로 고구려의 역사를 왜곡하는 동북공정을 추진하였다. 고구려는 중국 변방 국가의 하나로 중국 역사에 속해야 한다는 것이다. 한국 내에서는 모두 울분만 토하였지 누구도 중국을 상대로 학술적인 대응을 하지 못하였다. 이를 보다 못한 필자는 회장으로 있는 ISKS 학회를 통하여 전 세계의 유수한 동아시아 역사 및 한국 역사 전공자들과 평양의 학자들을 밴쿠버에 불러 모아 중국의 동북공정에 대한 국제 워크숍을 개최하였다.

미국의 스탠퍼드 대학의 중국인 사서(司書)를 통하여 당시 사회과학원의 변강사지연구소의 소장을 비롯한 중국 동부공정의 핵심 인물들을 불러서 밴쿠버의 UBC 대학에서 불꽃 튀는 학술토론회를 열었다. 그 사서는 중국 최고위층과 통하는 인물이었다.

회의 중에 평양의 역사학자가 "고구려는 우리 민족의 조상이다. 무슨 근거로 중국의 역사라고 하느냐? 고구려를 중국의 변강 국가로 보려는 중국의 저의는 무엇인가?"라는 직설적인 질문에 이 동북공정을 주도한 중국 변강사지연구소 소장은 쩔쩔매면서 "그저 고구려 유산을 유네스코의 세계 문화유산에 등재시키려던 것일 뿐"이라는 옹색

한 답변을 하였다. 이 말은 우리 국민이 모두 들었어야 했다.

다만 비용이 부족하여 참가자들에게 회의 기간 내내 식사라고 소금에 절인 연어만을 대접한 것은 지금도 미안하게 생각한다. 허접스러운 국제학회에 수십만 달러를 퍼부으면서 이러한 중요한 학회에는 그저 인색하기만 했던 당국이 매우 야속했지만 이미 친북 단체로 낙인이 찍힌 ISKS였으니 어찌하겠는가. 또 이 워크숍의 훌륭한 결과를 어느 누구 하나 돌아보지 않는 것도 여간 서운한 일이 아니다.

정년 퇴직 후에 지난 5년간의 생활을 돌이켜보면 오히려 현역 때보다 더 많은 활동을 한 것 같다. 앞으로 일본 교토(京都) 대학과 공동으로 5년간의 프로젝트를 다시 주관하게 되었으니 필자에게 정년은 새로운 인생의 도전이라고 아니할 수 없다.

마지막 강의를 마치며

김충배

1941년생 • 사범대학 영어교육과 1981-2006년 재직

'떠날 때는 말없이'라는 말을 지키려면 이 자리에 불참했어야 합니다. 솔직히 심기가 불편하여 불참하려고도 했었습니다. 아무튼 참석을 했고, 말할 기회가 주어졌으니, '떠나면서도 할 말은 한다'가 되겠습니다.

1958년 4월 저의 형이 우리나라 최초의 경영학과 신입생을 뽑는 고려대 경영학과에 입학하여 신입생 음악 콩쿠르에서 대상을 받았고, 같은 해 6월 저는 고대 법대가 주최한 전국 고등학생 토론대회에 참가하여 발표, 최우수상을 받았습니다. 저와 고려대학교의 인연은 이렇게 시작되어, 문리대 수석 입학, 문과대 수석 졸업, 대학원 진학, 조교, 시간강사를 거쳐, 하와이 대학 수학 후 지방 대학 전임교수를 하다가, 1981년 영어교육과 개설에 맞추어 학과 최초의 전임교원이 되

어 어언간 25년의 세월이 흘렀습니다. 저는 고려대와 반세기의 인연을 맺고 있으며, 명예교수가 된다면 그 인연은 더 길어지겠습니다.

제 일생의 중요한 시기를 안암의 언덕에서 보낼 수 있었던 것은 정말 하나님이 주신 크나큰 축복이었으며, 고려대학교를 죽는 날까지 마음의 고향으로 새겨야 할 것입니다. 이 캠퍼스에서 저는 우리 집사람도 만났고, 두 아이를 두게 되었습니다. 그런데 우리 집사람은 일생에 가장 잘못된 만남이었다고 합니다.

지난 25년 동안 영어교육과 졸업생 2천여 명을 배출했고, 약 40%인 500여 명이 영어교사로 활동하고 있으며, 박사학위를 받은 제자가 35명입니다. 30쌍 남짓의 주례를 섰는데, 이혼은 1쌍에 불과합니다. 졸업생들끼리 만나면 좋은 추억이든 나쁜 추억이든 저의 이야기를 가장 많이 한다는 말을 자주 들었습니다.

김상협 총장님 때 전임이 되어 일곱 분의 총장님을 경험했는데, 홍일식 총장 시절에 교내에서 가장 암울한 시기를 보냈으며, 그 반면 교외에서 가장 활발한 활동을 했다고 기억됩니다. 한편 현 어윤대 총장님 시절이 가장 신바람 나는 시절로 평가합니다. 이런 평가의 근거는 생략하겠습니다.

어쩌면 제 일생에 마지막 강의가 될지도 모를 2005년 12월 9일 학교영문법 종강 시간에 학생들이 수업 전 간단한 행사를 마련했고, 수강생 거의 전원이 카드에 글을 써 전해 주었습니다. 그중 고대신문 기자로 활동한다는 한 학생의 글에 이런 에피소드가 적혀 있습니다. "한

번은 경영대 교수님을 인터뷰하러 갔는데 영어교육과에서 가장 인기 있는 교수가 누구냐고 물으셨습니다. 그래서 제가 '김충배 교수님'이라고 말씀드렸더니, 그 교수님께서 '김충배 교수님은 너무 간섭을 많이 하신다'고 불평을 터뜨리는 것이 아니겠습니까."

총장님마다 취임사에서 '국제 경쟁력 강화', '영어교육 강화'를 외치셨지만, 어 총장님을 제외하고는 실질적이고 구체적인 조치를 취하지 않아, 항의도 하고, 교양영어 교육 개선 방안 보고서도 줄기차게 올렸습니다. 영어교육 전공 전임교수의 부족을 각종 통계로 밝히고 시급한 충원을 요청했습니다. 신임 교원 후보 심사 때 국제 경쟁력이 있는 후보를 임용해야 한다고 주장했으며, 신임 교원 충원과 관련하여 학장과 총장의 밀어붙이기 인사에도 항의했습니다. 예를 들어 'Bowling'을 'Balling'으로 표기하는 등 학교가 발행한 영문 성적표의 영어가 엉망인 것도 지적했습니다. 신임 교원 임용 지원자 연구 업적 총괄표를 지원자가 작성 제출토록 하는 것과, 증축을 위해 60년 남짓 동안 마무리 공사를 하지 않고 방치해 둔 구도서관 현 대학원 건물의 북쪽 벽면의 마무리 공사도 건의했는데, 이런 일들이 '간섭'으로 여겨졌나 봅니다.

신임 교원 충원 관련 심사, 영어교육과의 정체성과 발전 방향 등의 문제로 비교적 오랜 기간 일부 교수들과 갈등을 겪어야 하는 아픔도 있었습니다. 저는 모든 학생, 졸업생, 신임 교원 충원 지원자에게 공정한 대우와 평가를 고집해 왔습니다. 언제나 한결같은 기준을 지키려 노력했으며, 이는 정직과 정의의 실현이라고 믿어 왔습니다.

총장님, 부총장님, 학장님, 모교가 세계 100대 대학에 진입하는 초석을 꼭 다져 주십시오. 퇴임을 얼마 안 남기신 동료 교수 여러분, 건강과 재테크 관리 잘 하십시오. 후배 교수 여러분, 이미 스트레스 많이 받고 있는 줄 아오나, 국제지에 논문 많이 내시고, 최우수 교원 초빙을 위해 마음을 비우십시오. 졸업생 여러분, 직장에서 붙들어 두고 싶어 하는 실력 있는 인물이 되십시오. 대학원생 여러분, 엄한 지도를 받고 정직한 논문을 제때에 쓰고 빨리 졸업하십시오. 영어교육과 재학생 여러분, '대학 4년 동안의 나의 영어 공부 계획서'에 맹세한 대로 청춘을 담보하고 영어 공부 지독하게 하십시오.

이제 저는 수업, 연구, 봉사에 있어 최선의 노력을 다하지 못한 아쉬움을 남긴 채, 모든 것을 잊고 초월하고, 미련 없이 정든 석탑을 떠나려고 합니다. 재임 시절 혹시 저에게 섭섭한 점, 제가 잘못한 것이 있다면 용서를 구하고, 다 푸시기 바랍니다. 끝으로 참석해 주셔서 저희들의 퇴임을 기념해 주신 여러분들께 진심으로 감사의 말씀을 드립니다. 고려대학교 만세! 안녕히 계십시오.

—2006년 2월 퇴임사

학문의 길에 지름길은 없다

노영무

1941년생 • 의과대학 의학과 1976-2006년 재직

내가 고려대학교 의과대학에서 가르칠 수 있었다는 것은 큰 행운이었다. 그러나 제대로 가르쳤는지를 돌아보면 아쉬움이 남는다. 제대로 가르치지 못하거나 또 잘 못 가르치면 그 여파가 작지 않다는 점에서 가르침에는 무거운 책임이 따른다. 그래서 교육에서는 열과 성을 다하는 자세가 무엇보다 중요하다. 이것이 나의 지론이다. 그동안 나름대로 열과 성을 다하려고 하였던 노력이 과연 어떤 결과를 가져왔는지를 돌아보면 그저 아쉬울 뿐이다. 하지만 '존경받는 의사의 길을 가라', '의학이라는 학문을 추구하라', '고름 짜는 의사보다는 고름이 생기지 않도록 하는 원리를 밝히는 학자가 되라. 그것이 더 큰 의사가 되는 길'이라는 지론을 펼치면서 가르친 것에 후회는 없다. 한편으로 보람을 느낀다.

창조하는 큰 의사를 배출해야

더 큰 의사는 어떤 의사인가? 의학의 원리를 구명하고 새로운 것을 창조하는 의사는 자신이 직접 치료에 참여하지 않아도 모든 사람에게 혜택을 줄 수 있어서 '큰 의사'다. 대학 교육에서 가장 기본은 학문의 전수다. 기존의 학문 체계와 이론을 전수하면 그것으로 대학의 사명을 한 것이라고 할 수 있다. 그러나 대학은 단순한 학문의 전수만으로는 그 사명을 다했다고 하기에는 부족하다. 더 높은 차원의 학문적 발전이나 창조적 업적을 내는 교육을 해야 한다. 그래서 대학에서 추구할 최고의 가치인 '새로운 것'을 창조하는 능력을 길러 주는 교육을 해야 좋은 대학이다. 내가 주장하는 의학교육은 의학이라는 학문(medical science)을 추구하라는 것이다. 현재 의학교육에서는 질병의 '진단과 치료'라는 보편적이고 실용적인 의학(의료기법)을 가르치고 임상에 충실한 의사를 양성하는 것이 일차적인 목표다. 모든 의과대학이 그런 길을 가고 있다. 하지만 우리 대학은 이보다 더 나아가 새로운 의학적인 원리나 학문을 발전시키고 새로운 것을 창조하는 더 유용한 의학적 업적을 낼 수 있는 인재를 길러야 한다. 학부에서부터 학문을 추구하는 분위기를 만들고 학생들은 자연스럽게 학문을 추구하는 자세를 배우며 교수들은 의도적으로 그렇게 교육을 함으로써 연구하고 학자의 길을 가는 의사를 더 많이 양성해야 한다는 것이 나의 지론이다. 우리 대학에서 많은 의학자가 나와서 더 큰 의사로서 더 큰 역할을 하도록 교육해야 한다고 지금도 주장하고 싶다.

의사로서 학문하는 자세를 가르쳐야

창조의 가장 기본은 새로운 것을 추구하는 자세다. "남과 다르지 않든가, 새로운 내용이 없는 논문을 쓰는 것은 가치가 없다. 학문 발전에 기여하지 못하면 학자가 아니다. 좀 모자라도 모방하지 말고 새로운 것을 만들고 새로운 것으로 채워라. 그래야 학문 발전에 기여할 수 있다", "Something New를 추구하라" 등을 줄기차게 강조하였던 것처럼 우리 대학은 학문을 추구하는 학자의 배출에 힘을 써야 한다는 것을 다시 강조하고 싶다.

학문을 하는 태도는 어떠해야 하는가? 우연히 새로운 것을 발견하기도 한다. 그러나 그런 '우연'을 찾아 헤매면 그것은 학문을 하는 태도가 아니다. 가장 중요한 것은 정도를 가야 한다는 것이다. 학문의 길에 둘러가는 길은 있어도 지름길은 없다. 일관된 자세, 상응하는 노력과 더불어 땀을 흘리면서 정직하게 학문을 추구하면 그것이 정도다. 그래야 상응하는 결과가 나온다. 학문에서 조작이나 거짓은 패망하는 가장 확실한 길이다. 학문적 활동에서 또 중요한 것은 평생 한 우물을 파야 한다는 것이다. 의학에서도 통섭의 개념은 유용하지만 그러나 깊이가 없으면 새로운 것을 창조할 수 없다. 자기만의 깊은 학문적 지식과 방법이 있어야 새로운 것을 창조할 수 있다. 박학다식은 학자에게 해당되지 않는 말일 뿐더러 전혀 창조에 도움이 되지 않는다. 학자에게 이 말은 결코 칭찬이 아니다. 새로움을 건질 수 있는 깊이가 없기 때문이다. 학문의 길에는 오직 정도가 있을 뿐이다.

학자의 양성을 강조하였지만 현실적으로 의학교육을 받은 모든 사람이 학자가 될 수도 없고 또 그럴 필요도 없다. 실제로 의학자가 아닌 의업으로 평생을 살아가는 의사가 더 많다. 이런 의사들은 사회적 자산이기도 하고 존경을 받을 만한 사람들이다. 하지만 급속한 내·외부적인 의료 환경의 변화와 의료계의 변화(의사의 양산과 과당경쟁) 등으로 의사들의 직업관이나 가치관이 변하면서 의사에 대한 사회적 인식도 변하고 있는 것이 현실이다. 이런 현실에서 우리가 할 일은 내부적으로 인성교육과 윤리교육을 강화하는 것이다. 그리고 의업은 봉사와 희생이 따르는 profession이며 의사는 주어진 상황에서 최선을 다하고 희생을 감수하는 집단이라는 것을 보여 주어야 한다. 의사처럼 존경을 받을 수 있는 직업이 또 있는가? 인간의 육체적, 정신적 고통을 덜이 주고 때로는 생명을 구하는 일을 의사가 아닌 누가 대신할 수 있는가? 의업은 숭고하고 존경받는 직업이다. 완벽할 수 없지만 그렇게 노력하하고 봉사의 정신으로 진심으로 의업을 수행하면 존경을 받는다. 보람을 갖고 의업에 충실히 임하는 것이 존경을 받는 지름길이다.

사회가 변하여도 의사의 역할이 변하지 않는다. 그러나 사회가 변하면서 의사의 사고는 변하고 있다. 상응하는 대접을 받지 못하고 책임은 더 무거워지며 의료에 대한 맹신과 무지가 지배하는 환경에서 의사로 살아가기가 어렵다고 느낀다. 이런 현실에서 존경을 받는 것은 사치라고 여길지 모른다. 그러나 역설적으로 이런 환경의 변화가 의사가 존경을 받을 수 있는 하나의 여건이 될 수도 있다는 점에서 의학교육에서 인성교육과 윤리교육을 강조해 본다.

매 순간이 참되다

이평숙

1941년 • 간호대학 간호학과 1971-2006년 재직

오늘 바쁜 일정에도 불구하시고 저의 정년 퇴임을 축하하고 격려해 주시기 위해 이 자리에 참석해 주신 여러분께 감사드립니다. 얼마 전까지만 해도 남의 일간이 생각하던 퇴임을 제가 직접 맞이하고 보니 세월의 빠름과 함께 여러 가지 감정이 교차합니다.

저는 1942년 충북 음성군 감곡면 시골 작은 농촌 마을에서 태어나 정보화 시대에 이르기까지 극변하는 사회의 빠른 변화의 물결 속에서도 37년간 교수직을 천직으로 지켜 오면서 큰 과오 없이 오늘을 맞게 된 것을 저의 큰 홍복으로 여기며, 특히 고려대학교 교수로서 퇴직하게 되었음을 큰 영광으로 생각합니다.

어린 시절 저는 평화스럽고 소박한 농촌의 자연환경과 유교사상이 강한 엄격한 가정환경에서 우물 안 개구리처럼 제가 살던 동네가 이

세상 전부인 양 사랑을 듬뿍 받으며 철없이 자랐고, 성격은 다소 의존적이고 겁이 많은 유약한 사람이었습니다. 단지 한 가지 어려웠던 점은 여자가 공부를 많이 하면 팔자가 세다고 하여 조부께서 고등학교 진학을 완강히 반대하셨기 때문에 어느 누구도 그 뜻을 물리칠 수가 없었습니다. 그때 저의 희망은 어떤 특별한 사람이 되고 싶다기보다는 단지 학교에 가서 공부만 하고 싶었을 뿐이었습니다. 다행히 고모님의 도움으로 서울에 상경하여 고등학교에 진학할 수 있었고, 그 후 전혀 알지 못하는 간호학의 길을 내딛게 되었습니다. 지금 생각하면 제가 이런 조건하에서 간호학을 공부하게 된 것은 참으로 신비한 일이며 하늘의 섭리라는 생각이 듭니다. 무엇보다도 제 인생의 획기적인 전환은 간호학의 길을 택한 것입니다.

1961년 간호학도로 입문하면서 간호학의 정체성과 관련하여 여러 가지 좌절과 갈등도 경험하였지만 40여 년간 정신간호학의 길을 걸을 수 있었던 것은 하늘의 뜻이며 동시에 제 인생의 가장 소중한 경험이었습니다. 1965년 수도의대 간호학교 조교로 첫 발을 내딛으면서 정신간호학에 관심이 있었지만 그 당시는 정신의학의 초창기로 정신간호학 또한 전공한 선배 및 동료가 없었으므로 매우 열악하고 막막한 상태였습니다. 그러나 저의 모교의 은사이셨던 최정자, 이경식 교수님의 주선으로 로터리클럽 장학생 선발 시험의 기회가 주어졌고 다행히 합격하여 1967년 호주에 가서 1년간 정신간호학의 postgraduate 과정을 밟을 수 있었으며 이것이 계기가 되어 정신간호학의 길을 걷게 되었습니다. 그 후 결혼하여 세 자녀를 기르면서 가정주부로서, 학생으로서, 교수로서의 역할을 함께 수행하면서 50대까지는 한눈을 팔 시간이 없어 인생 목표가 무엇인지 생각할 여유도 없이 옆을 보지도 않고 오직 한길을 향해 힘겹게 최선을 다하며 살아왔다고 생각합니다.

돌이켜보면 저를 이끌어 준 학문과 간호의 길을 걸으면서 함께한 여러분이 있었기에 제 존재의 가치와 의미를 느낄 수 있었으며 또한 여러분과 함께했던 시간이 저에게는 큰 영광이요 행복이었습니다. 그러므로 지난 37년간의 교수 생활은 저의 삶에서 무엇보다도 값진 경험이었고 학생 및 졸업생들과 희로애락의 모든 정겨움의 흔적이 묻어 있는 제 삶의 소중한 발자취였다고 생각합니다. 불가에서 소매만 스쳐 지나가도 전생의 인연이라고 했으니 이 얼마나 끊을 수 없는 소중한 인연입니까? 지금 여기 계신 여러분들은 저의 인생에서 존재 가치와 의미를 느끼게 해 준 가장 소중하고 귀한 분들이었음을 말해 주고 있습니다.

사람이 일생을 후회 없이 보낸다는 것은 참으로 어려운 일이지만 막상 정년을 맞고 보니 후회스럽고 아쉬운 일이 한두 가지가 아닌 것 같습니다. 특히 그동안 좋은 스승으로서 제자들을 좀더 이끌어 주지 못하고 학교 발전과 간호계에 기여할 수 있는 연구 업적을 제대로 남기지 못한 채 정든 교정을 떠나 여러분과 함께했던 시간을 마무리한다고 생각하니 섭섭하고 아쉬운 생각이 듭니다. 그러나 모든 일에는 시작과 끝이 있듯이 한 사람의 인생 여정도 한 단계를 마무리하는 단계가 있어야 또 다른 시작이 있다고 생각합니다. 미국의 자연주의 철학자이며 수필가이기도 했던 헨리 데이비드 소로는 단순하고 소박한 숲속의 삶 속에서 진실되고 본질적인 인생을 살아 보고자 하였으며 '자신의 꿈을 향해 자신 있게 나아가고 자기가 그리던 바대로 삶을 살려고 노력한다면 일상 속에서 예기치 못한 성공을 만날 것이다'라고 했습니다. 자신이 원하는 삶이 무엇인지 깊이 인식하고 꿈을 잃지 않고 열정을 다한다면 우리가 매일 내딛는 일상 삶의 한순간 한순간들이 참된 삶이자 꿈의 실현이라 생각합니다. 앞으로 저는 지금까지의 경험을 거울 삼아 좀더 새롭고 의미 있는 인생의 길을 걸어가고자 합니다. 자유로운 나, 평화로운 나, 창조적인 나를 저의 명상 화두로 삼아 새로운 인생의 여정을 시작하고자 하오니 많이 지켜봐 주시길 바랍니다.

끝으로 바쁜 일정에도 불구하고 이 자리를 마련해 주신 간호학과 교수 여러분, 그리고 이 자리에 함께해 주신 여러분께 다시 한 번 감사드리면서 앞으로 고려대학교 간호대학의 무궁한 발전과 여러분의 앞날에 건강과 행복이 가득하기를 기원합니다.

—2006년 8월 퇴임사

어두운 산을 오르는 것과 같이

최의소

1941년생 • 공과대학 건축·사회환경공학과 1969-2007년 재직

지난 2월 6일 제주도에 가서 축산폐수처리장을 방문하였다. 예정보다 일이 순조롭게 끝나 그 다음 날은 한라산 등반을 하기로 하였다. 새벽 6시 좀 넘어서 관음사라는 곳에 도착하니 깜깜하였다. 손전등은 고장 났으나 다행히 달빛이 밝았다. 좀 가면 밝아지겠지 하고 걷기 시작하여 예정했던 대로 백록담을 다시 보게 되었다. 10시 반. 다시 내려오기 시작했는데 내려오면서 보니 돌도 많고 상당히 험한 길을 깜깜한 새벽에 어떻게 넘어지지 않고 올 수 있었는지 참 신기하였다. 우리는 모두 어디론가 가고 있다. 방향을 잃을 때도 있고 어떻게 목적지에 닿을 수 있는지 방법을 모를 수도 있다. 어떻게 길을 찾느냐는 각자의 선택이다.

1969년 가을 학기, 학교 교문에서는 연기가 자욱한 가운데 정부에

대항하는 데모가 한참일 때에 시작된 고려대학교와의 인연이 이렇게 오랫동안 이어질 줄은 몰랐다. 고려대학 하면 막걸리, 학생들로 말하면 데모에 앞장서는 터프한 학생들로 생각했지만 학교에서는 교수 말을 존중하고 순종하는 소박한 면이 있었다. 지금까지 연구를 함께하며 목표로 하던 것을 이루었다고 자위하면서 지금까지의 생활을 정리해 본다. 어떻게 이 긴 세월을 보냈는지 한라산에 깜깜할 때 올라가던 모습이 아닐까 생각해 본다.

언제인지는 몰라도 매년 입학 감독으로 불려가다가 학교에서 부르지 않으니 무언가 잃은 것 같고 허전한 느낌이었는데 이제는 그보다 충격이 더 크리라고 생각된다. 고려대학에서의 근무 기간을 1985-90년을 기준으로 전과 후로 나눌 수 있을 것 같다. 그 이전에는 봉급을 받아 생활이 안 되던 시절이었고 그 이후는 생활이 되던 시절이었다. 또한 연구비도 많아졌다. 1974년에 프랑스에서 열리는 국제학회에 논문을 냈다가 여비를 마련하기가 얼마나 어려웠던지 그 이후에는 논문을 내지 않았고 1986년 이후 주로 90년대에 논문을 냈다. 결국 1985년 이전인 전반기(45세 전후)에는 국내 활동이 많았다면, 그 이후 지금까지 후반기에는 국내외 활동이 두루 많았던 것 같다.

우리나라의 산업화에 따른 환경문제의 대두로 기대 이상으로 바쁜 날이었다. 70년대는 환경문제에 대해 정부가 매우 민감했으나 우리나라의 인프라가 없던 관계로 그런대로 다른 나라에서 경험 못하던 일을 할 수 있었던 것 같다. 주로 분뇨, 공장폐수 일들을 하였는데 냄

새가 난다고 공학동에서 쫓겨나 목공소 창고 자리(현 창의관이 들어서면서 없어졌다)에서 많은 연구를 하였다. 후반기는 주로 하수처리 일을 하였는데 새로 공부를 하였다. 미국 회사에서 설계까지 한 나였지만 그 기능이 다채로워졌기 때문이었다. 1993년 버지니아 공과대학에서의 경험은 나의 후반기를 화려하게 만들어 주었다고 생각한다. 철저한 시장경제를 배웠고 또한 세계적인 흐름을 간파할 수 있었기 때문이었다. 1990년대부터 우리 연구비로 외국 여행을 할 수 있을 정도가 되어 국외 활동도 할 수 있는 여력이 생겼다. 1997년 우리가 이 건물에 입주하면서, 연탄 때던 그 시절은 차츰 잊혀 갔고, 그 이후에는 창의관, 하나스퀘어가 형성되면서 우리의 연구 인프라가 잘 형성되었다고 볼 수 있다.

앞으로 우리가 어떻게 발전할지는 알 수 없지만 점점 더 복잡하고 다변적인 연구를 하게 될 가능성이 높은 것 같다. 인터넷이 나오기 전까지는 집에서 일을 거의 안 했는데 이제는 집에서도 일을 하는 처지가 된 것이다. 우리는 이제, 어디서 무언가를 얻어와 연구하기보다 우리가 독자적인 위치에서 연구해야 하는 입장이 된 것 같다. 다변적인 연구를 위해서는 학문 간의 벽을 헐 필요가 있을 것 같다. 새로운 연구가 필요하기 때문이다. 우리는 옆에서 무슨 연구가 수행되는지 서로 잘 모른다. 어떤 형태로든지의 서로 대화가 필요하지 않을까? 혹시 하나스퀘어에 공동 휴게실을 만드는 것은 어떨까도 생각해 본다.

지난 37.5년간, 책을 4권 썼다. 한번 쓰고는 절대 다시 쓰지 않겠다고 다짐했는데 10년 간격으로 한 권씩 썼다. 마지막 쓴 책은 아직 출판이 되지 않았지만 곧 나오리라고 생각한다〔2007년 여름 London에서 출판됨〕. 지난 해 마지막으로 여행한 곳이 방글라데시이다. 우리 60년대의 모습이다. 그동안 가지고 있던 자료와 책을 버리며 어느 곳에 손길이 머문다. 이것을 버릴까? 혹시 필요할지 모르지 않나 하며 만지작거리게 된다. 정년 후의 연장전 때문이다.

언제 연장전이 끝이 날지는 모르지만 그때까지는 무언가 보람 있게 보내야 하지 않을까 해서다. 무엇인가 하며 지내야 시간이 가겠지? 혹시 방글라데시와 같은 지역의 환경문제에 일조를 할 것 같은 생각이 들기 때문이다. 새로운 책들은 다시 살 수 있지만 옛날 자료는 버리면 끝이니 가지고 있지 하고 다시 손에 넣는다. 당분간은 하던 일을 마무리하고 미래는 내가 늘 하던 버릇처럼 일을 만들어 할 생각이다. 가장 보람된 일을 선택하여 무엇인가를 하려고 한다. 다른 모습으로 또 새로운 연장전을 위한 보람된 삶을 찾아가고자 한다. 한라산을 오를 때와 같이 지금은 보이지 않지만 가다 보면 보이리라는 마음으로 걸음을 옮겨 놓는다. 나이가 들면서 도전하는 것이 없어지면 더 빨리 늙는 것 같고 또 허전함도 생기는 것 같다. 국가적으로는 100여 년간의 가난에서 벗어났으나 이제는 갈등과 분열로 몸서리치고 있는 것이 안타깝다. 우리 학교도 예외는 아닌 것 같은 생각이 든다. 하루빨리 이 틈새가 아물어 모두 앞으로의 일에 매진하였으면 하는 마음이다.

서두에서 말한 대로 깜깜한 길을 걸으며 그때그때 바른 선택(모두

바른 것은 아니었지만)을 한 것은 그동안 함께했던 동료 교수들, 자유로운 활동을 도와주고 용인해 준 학교 당국(재단), 그리고 부족한 나와 함께 연구한 졸업생들 덕분이 아닌가 생각한다. 돌아볼수록 고려대에 감사할 뿐이다. 이 모든 것 위에 지금까지 인도해 주신 하나님께 감사를 드리며 앞으로도 함께해 주시기를 기도하는 마음이다.

—2007년 2월 퇴임사

90년 만의 학사 개혁

전성연

1941년생 • 사범대학 교육학과 1982-2007년 재직

교수와 학생, 시설과 교육 프로그램, 지원 행정 체제, 전통과 관행 등은 대학 교육에 관련되는 중요한 요인들이다. 이 중에서도 교육 프로그램은 대학 교육의 질에 직접 관련되는 요인이다. 대학의 교육 프로그램은 교육 과정의 형태로 조직되기 때문에, 교육 과정을 편성하고 운영하는 일은 바로 대학 학사행정의 중심에 놓여지게 된다. 오늘날 세계적으로 유명한 대학들은 모두 그 대학 특유의 경쟁력 있는 교육 과정을 가지고 있으며, 교육 과정을 더 발전시키기 위해서 대학 차원에서 많은 노력을 기울이고 있다.

고려대학교는 대학의 위상에 걸맞을 정도로 교육 과정을 모범적으로 운영하여 왔으나, 대학 교육 과정에 대한 국가 통제, 오랜 역사에서 오는 대학 구성원의 권위주의, 대학 규모의 팽창 등으로 인해서 교육

과정 및 학사 개혁은 4-5년에 한 번씩 부분적인 수정을 하는 것으로 만족해야 했다. 그러나, 급격한 산업 체제의 변화, 국가 간의 교육 경쟁, 세계화에 대한 요구, 정보화에 대한 요구, 교육 수요자의 요구 등등에 비추어볼 때, 교육 과정 및 학사 개혁은 더 이상 미룰 수 없는 과제가 되었다.

마침 필자는 1994년도에 '대학 학기제 및 교육 과정 운영의 다양화 방안'이란 교육부의 정책 연구 과제를 수행하였다. 이 연구에서 대학 학사 운영, 학기제, 교육 과정 운영, 학점제, 등록제 등에 대해서 7개의 건의안을 제시하였다. 해방 이후로 우리의 대학 교육은 여러 가지 이유로 정부 통제를 받아 왔다. 대학의 인허가와 정원 책정을 제외한 학사행정의 모든 권한을 대학에 되돌려 주는것을 주요 골자로 하는 건의안에서 특히 강조한 것은 수업 연한과 졸업에 필요한 최저 학점수, 교양 학점의 배점 등은 대학이 자율적으로 결정하도록 하는 것이었다.

정부는 1995년도에 교육법시행령을 필자가 제안한 대로 개정함으로써(1995.2.28) 대학별로 학사 개혁이 가능하게 되었다. 해방 이후로 대학에 대한 통제의 필요성에서 누더기처럼 짜깁기 되어 왔던 대학 교육 관련 법령은 이제 말끔하게 재탄생하게 된 것이다. 아울러 정부는 1995년과 1996년에 대학의 다양화와 특성화를 독려하는 교육개혁안을 제시하고, 대학의 재정지원을 이에 연계할 것임을 밝혔다.

급변하고 있는 국가 정책 및 교육 상황에 적극적으로 대처하고 경쟁력 있는 학사 체제를 갖추기 위하여 본교는 1995년 2학기부터 학사 개혁을 준비하게 되었다. 마침 어떤 모임에서 서울대학교 교무처장과 이야기할 기회가 있었는데, 생각이 비슷하여 서로 협력하기로 하였다. 결과적으로 사립대학에서는 고려대학교가, 국립대학에서는 서울대학교가 학사 개혁의 선두를 이루게 되었다.

본교의 학사 개혁은 필자가 교무처장으로 재임하는 기간 동안에 집중적으로, 신속하게 추진되었다. 우선 각 단과대학 대표로 교육개혁추진위원회를 구성하여 1995년 10월부터 1996년 4월까지 11회에 걸쳐서 회합을 하였고, 결과물로서 '학사개혁(안)'이 나오게 되었다. 학사개혁(안)은 처장회의, 교무행정위원회, 교무위원회의 검토를 거쳐 각 단과대학에 회부하였으며, 각 대학이 의견을 제시하도록 하였다. 개혁의 요소에 대하여 다소간의 차이는 있었지만, 각 단과대학은 학사개혁(안)에 대하여 대체로 수용하는 입장이었고, 총학생회도 공청회를 개최하여 개혁안을 수용하였다. 각 단과대학의 의견은 대학 전체의 관점에서 조정을 거친 다음에, 처장회의, 교육개혁추진위원회, 교무행정위원회, 교육과정연구개발위원회, 교무위원회 등의 심의를 거쳐 '학사개혁최종안'으로 확정되었다.

'학사개혁최종안'에서 졸업 요구 최저 이수학점은 몇 개 대학을 제외하고는 전 대학이 130학점으로 조정되었고, 학기당 17주의 수업 규정도 16주로 조정되었다. 학기당 수강 신청 학점의 상한선을 17-18학점으로 하향조정하였고, 대학원 연계과목 제도 및 조기졸업

제도를 활성화하는 규정을 만들었다.

고려대학교만의 특성인 제2전공제도를 활성화하기 위해, 최소전공이수 제도를 채택하였다. 2개 대학과 1개 학과를 제외한 전 대학이 전공 학점을 42학점으로 조정하였고, 모든 전공과목은 원칙적으로 전공 선택으로 개설하도록 하였다. 교양과목 학점은 37학점으로 통일하였고, 선택과목 학점은 3개 대학을 제외하고는 51학점으로 통일되었다. 제2전공은 2학년을 마치고 신청하도록 하였고, 전형과 선발은 제2전공 대상 대학과 학과에서 하도록 하였다. 학생들은 선택과목 학점의 범위 내에서 제2전공을 택할 수도 있고, 타 전공 영역을 광범위하게 들을 수도 있고, 전공과목을 집중적으로 이수하여 대학원을 준비할 수도 있도록 하였다.

교양교육 과정은 학문의 기초, 인성의 기초, 자유교양, 언어 및 수리로 대분류하고, 대대적인 개편을 단행하였다. 대학과 교수의 이해가 얽혀서 개편이 쉽지 않았으나, 자유교양 영역을 확대해서 진입의 벽을 낮춘 것은 큰 의미가 있다고 본다.

'학사개혁최종안'에서 교수와 직접 관련되는 개선 사항으로 교수의 책임 수업 시간을 학기당 9시간에서 연 16시간으로 조정하되 학부, 대학원, 특수대학원의 시간을 다 포함하는 것으로 조정하였다. 그러나 특정 학기에 편중되지 않도록 주당 6시간은 의무적으로 하도록 하였다.

학사개혁안은 학생의 선택권을 강화하고, 변화하는 시대 상황에 능동적으로 대처하기 위해, 고려대학교가 제일 앞장서서 준비하였다. 지금은 대세가 되었지만, 당시로서는 참으로 힘든 과정이었다. 그러나 격려하고 도움을 주신 교수들도 많다. 어윤대 교수는 서울대와 함께 가도록 가교 역할을 해 주었고, 박만장 교수(작고)는 처음에 미국 브라운 대학의 예를 들어 개혁안을 반대하였으나, 필자가 브라운 대학의 최신 개혁 동향을 설명하자, 열렬한 지지자로 바뀌었다. 무엇보다도 교무처장을 끝까지 신뢰하신 홍일식 총장과 끝까지 지원해 주신 최영상 부총장이 없었다면, 학사개혁안은 나오기가 어려웠을 것이다. 물론 가혹할 정도로 음해를 하고 핍박을 한 교수들도 있으나 여기에서 이름을 밝힐 수는 없는 일이다. '명문 연세대학이 꿈쩍도 않는데, 고려대가 왜 앞에 나서나?'라고 힐난한 교수도 있었지만, 필자는 역사의 발전은 뒤에 숨어서 웅성거리는 사람들에 의해서가 아니라, 앞에 서서 고뇌하는 사람에 의해서 이루어진다는 사실을 지금도 굳게 믿고 있다.

세월 따라 변해 온 캠퍼스

김영상

1941년생 • 과학기술대학 신소재화학과 1982-2007년 재직

이 글을 쓰려고 하니, 무엇보다 내가 학생들로 인해 큰 쇼크를 받았고, 또 학생들도 나로 인해 쇼크를 받았던 일이 기억난다.

KIST(한국과학기술연구소)에서 13년 반 동안 연구를 하여 오던 중 김시중 교수님의 부름을 받아 조치원 분교로 옮겨 온 첫 학기인 1981년 2학기에 일어난 일이었다. 이학계통 학생들 300여 명의 일반화학을 담당하게 되어 강의를 하고 과목 관리를 하였는데, 나로서는 처음 맡는 학기라서 학생들에 대한 애정을 가지고 열심히 강의하였고 철저하게 관리를 하게 되었다.

수업 결과 평가를 위한 시험은, 시험 범위를 줄여 학생들로 하여금 준비하는 부담을 덜어 주기 위해서 4회를 실시하였다. 그런데 기말시험 후 모든 학생의 시험지를 채점하여 전체적인 점수를 평균하여 보

니 17.8점이었다. 어이가 없었고 당황스러워서 어떻게 해야 할지를 몰랐다. 학생들에게 자극을 주기로 결심하고, 35%의 많은 학생들에게 F학점을 주었고, 다른 학생들도 낮은 등급의 학점을 주었다. 다음 학기 초 성적을 받아 본 학생들은 너무나 나쁜 성적에 쇼크를 받은 것으로 보였고, 그로 인해서인지 수업에 대한 태도가 달라지는 것으로 느껴졌다. 나아가서 캠퍼스의 교직원들도 놀라는 기색이었고, 학사에 대한 분위기가 달라지는 것을 보게 되었다.

이렇게 첫 학기를 보내고 난 나는 학생들에게 학사 관리를 엄격하게 해야겠다고 결심하게 되었다. 분교에 처음으로 입학한 80학번 학생들은 교사 준비 관계로 1년간 서울 본교 캠퍼스에서 수업을 하였고, 다음 해에 시골인 조치원으로 내려왔다. 따라서 학생들은 선배들이 없는 상태에서 학교생활을 시작하게 되었고 근처에 대학교가 없는 상태였기 때문에 학생들은 대학교 생활에 대한 지식이나 도움을 받을 수 없어서 제대로 된 대학교 분위기가 이루어지지 않고 있었다. 다만 이를 잡아 주고 이끌어 주어야 하는 것은 온전히 교수들의 몫이다. 그러나 당시 교수 수도 10명 미만으로 강의에 대한 의무와 함께 학생들을 정상적으로 지도하여 학교 분위기를 잡아 가기에 무리가 있었다.

이런 상태에서 나는 우선 강의에서부터 대학생 생활을 익혀 가게 한다는 생각을 하게 되어 시간을 엄격하게 지켜 강의를 하였고, 사정이 생겨 휴강을 하게 되면 틀림없이 보강을 해 주었다. 물론 강의실에서 학생들의 수강 태도도 엄격하게 통제하였다. 옷도 단정하게 입게 하고 강의실에서는 행동과 마음을 정돈하도록 하였다. 수업에 필요한 교재와 필기구도 제대로 갖추도록 하였다. 시험도 엄격하게 관리하고, 성적도 정확하게 채점하고 받은 점수대로 평점 하였다. 이렇게 함으로서 학생들이 배워야 할 내용들을 철저하게 공부하도록 하였다.

이런 분위기는 졸업할 때까지 계속되었는데, 학생들이 졸업 후에 전공과목에서 본교 학생들과 견줄 수 있을 만큼 실력을 갖추게 되었다. 그 결과 첫 번째 졸업생들이 일류 직장에 취직이 되기도 하였고, 이 그후 졸업생 또한 대학원에도 당당하게 진학하여 좋은 성적을 내어 왔다. 또 나와 함께한 연구에서도 우수한 결과를 얻었고, 일류 잡지에 발표하기도 하였다. 이런 분위기에서 수업을 받고 나간 학생들이 직장이나 대학원에서 우수하게 평가받고 있다는 소식을 듣고 보람을 느끼고 있다.

그런데 세월이 지나면서 캠퍼스에서 학생들의 거동과 활동, 강의실에서의 수업 태도가 크게 변한 것을 보고 있다. 옷을 입는 것이나 활동하는 것을 보면, 도를 지나쳐 자유분방한 것 같다. 캠퍼스에서 교수들을 만나도 존경심 없이 대하는 것 같고, 공개된 캠퍼스인데도 불구하고 남녀 학생이 서로 껴안고 하면서 타인의 시선은 무시하는 태도를 보곤 하였다. 강의실에서는 반바지를 입고 있거나 슬리퍼를 신고 들어오기도 하고, 또 모자를 쓰고 있는 일은 다반사이다. 특히 스마트폰이 나오면서부터는 그것에 매달려 강의에 집중하지 않은 학생이 너무 많아서 수업 분위기가 나빠지기도 했다. 가끔 싫은 소리를 하여 분위기를 잡아 보지만 별로 개선되지 않고 있다.

학생회 활동에서도 많은 변화가 이루어진 것을 본다. 1980년대 전반기에는 군사정권의 강압적 통치로 사회활동이 경직된 바와 같이 교내 학생활동도 위축되어서 소요는 미미한 정도였다. 심하게는 교수들에게 학과 학생들을 일정 명씩 교수들에게 배정하여 학사 지도뿐만 아니라 학생활동을 지도, 억제하도록 하기도 하였다. 그러나 80년대 후반 정치사회적인 민주화가 교내에 밀려와서 교내에서나 교외에서 학생활동이 적극적으로 되었고, 심하게는 데모로 표현되는 소요도 자주, 그리고 크게 일어나서 험악한 분위기가 조성되기도 하였다.

특히 서창캠퍼스에서는 본교와 통합하자는 슬로건으로 거의 모든 학생들이 참여하는 큰 소요가 자주 일어났다. 주동자들은 정도가 넘어서 본교 교정에 세운 인촌 동상을 쓰러트리겠다고 그 목에 밧줄을 걸기도 하였다. 또 처장들과 면담하면서, 자기들의 의견을 관철시키고자 중앙도서관 정기간행물실에 하루 종일토록 감금하는 일도 벌어졌다. 그러나 결과적으로는 그들의 요구는 학교 결정사항이 아니고 정부 정책에 의한 것이 되어 받아들여지지 않았고, 그에 대한 책임을 물어 주동자 몇 명이 제적되는 불행한 일도 벌어졌다.

그런데 세월이 지나면서 생활이 윤택하여지고 가정적으로 과보호를 받고 자라 온 학생들이 학교에 많이 들어오면서 학생회 간부들이 주도하는 소요에는 소수의 학생만 참여하게 되어서 교내에서는 별 문제가 야기되지 않았다. 이런 분위기에는 사회적으로 나타난 개인주의 발달이 한몫을 한 것으로 생각되기도 한다.

교수들에게도 많은 변화가 일어났다. 80년대 교수에 대한 학교의 요구는 주가 교육이었고, 연구에 대한 부담은 크지 않게 하였다. 한편 학생 지도의 업무도 적지 않았다. 그로써 나는 머리를 짜지 않아도 되는 좋은 시절에 교수 생활을 했구나 하는 생각을 하여 본다. 세월이 지나면서 교수 수도 증가하였고 교수에 대한 정의도 바뀌면서 연구에 대한 요구가 크게 늘어났다. 큰 액수의 연구비를 받아서 연구하도록 독려하고 있고, 일정 수준의 잡지에 연구논문을 발표하도록 권유받고 있다. 이에 미치지 못할 경우는 해당하는 불이익을 감수해야 하게도 되었다. 이렇게 달라진 조건 속에서 열심히 최선을 다하는 젊은 교수들을 보고 있노라면 나의 지난날의 교수 생활이 행운이었다는 생각도 든다.

정년 퇴임한 지 5년이 지났지만 강의를 계속하고 있어서 캠퍼스를 떠난 것 같은 생각이 들지는 않고 있다. 1980년 9월 당시 행정부서가 사용했던 퀀셋 3동 및 행정동과 인문관의 두 개 건물로부터 현재는 5개의 강의동과 학술정보원, 학생자치활동용 건물, 그리고 국내 최고 최대의 기숙사로 구성되어 있어서 전체 1만여 명 이상의 학생을 수용하기에는 그런대로 부족함이 없을 것 같다.

세월이 지나감에 따라, 현대화된 시설들의 증설과 함께 캠퍼스 내 자유분방한 행동 중에서도 자신의 정체성을 찾고, 부산한 분위기에서 진행되는 강의실에서의 수업이지만 꼭 필요한 내용을 배워 가는 학생 모두가 되기를 기원하며 이 글을 맺는다.

행복과 기쁨의 원천

박경자

1942년생 • 문과대학 영어영문학과 1972-2007년 재직

고려대학교 전임으로 첫 수업을 시작한 지 어느덧 35년간의 세월이 흘렀습니다. 고려대학교 문과대 영문학과 신입생이었던 1960년도부터 지금까지 약 47년간의 세월을 고려대학교와 함께하였다고 저는 생각합니다.

고려대학교에서 보낸 지난 세월은 저에게는 매우 소중하고, 아름답고, 감사하고 그리고 행복한 순간들이었습니다. 훌륭하신 저의 스승님들, 자랑스러운 선배, 동료, 후배, 그리고 제자들을 만날 수 있는 귀중하고도 소중한 인연을 고려대학교를 통하여 얻을 수 있었기 때문입니다.

사람과 사람과의 만남은 우연이라고 보기에는 너무도 많은 의미를 가지고 있다고 생각합니다. 제가 1960년 신입생이었을 당시 저의 스

승님들 그리고 이 교정에서 젊은 시절부터 지금까지 열심히 그리고 신실하게 교육에 온 힘을 기울여 오신 선배, 동료 그리고 후배 및 제자 여러분들 가운데는 20대의 어린 시절에 만나서 30대, 40대, 그리고 50대, 60대에 이르기까지 약 10-40여 년간의 세월을 함께할 수 있었던 분들도 많을 것입니다. 이렇게 오랜 시간을 함께할 수 있는 소중한 인연이란 아무나 누릴 수 있는 것은 아니라고 저는 생각합니다.

지난 35년간의 세월은 저에게는 너무도 행복하고 아름다운 세월이었습니다. 아름다운 추억과 사건들이 계속된 세월이었기 때문입니다. 대내적으로는 일상적인 학교생활 순간순간을 행복하게 지냈습니다. 대외적으로는 저와 와세다 대학교 교육학부 영어교육과 Michiko Nakano 교수가 함께 힘을 모아 노력한 결과 양교 대학원 학생들(영어교육 및 영어학 전공)의 학문적 교류를 위한 세미나로 시작해 국제학회로 발전된 PAAL(Pan-Pacific Association of Applied Linguistics)을 통하여(해마다 여러 나라 여러 학교에서 PAAL 학회를 개최함으로써) 외국 학자들과 우리 학생들이 학문적 교류의 장을 갖게 되었고, CCDL(Cross-Cultural Distance Learning, 국가 간 원거리 학습)을 통하여 일본 와세다 대학을 주축으로 한 세계 15개교와 학문적 교류를 할 수 있었기 때문입니다. 더구나 중국, 대만, 홍콩, 싱가포르, 말레이시아, 필리핀, 일본 등 동남아 8개교와 더불어 수년간에 걸쳐서 진행되어 오고 있는 실시간 수업(VC, Video Conferencing)을 통하여 우리 학생들이 자신감을 가지고 국제 교류의 장에서 성공적인 역할을 하고 있음을 볼 때 참으로 마음 든든하고 행복하다는 생각을 많이 하게 됩니다.

국가 간 원거리 학습을 위한 기자재를 1998년 와세다 대학으로부터 지원받아서 문과대학 건물 1층에 카메라가 장착된 컴퓨터 2대로 CCDL이 시작된 것은 퇴임하신 인권환 교수(국문과)가 문과대학 학장으로 계실 때였습니다. 그 후 문과대학 2층에 현대적 시설을 갖춘 현재의 복합매체실이 설치된 것은 당시 문과대 학장이셨고 오늘 저와 함께 퇴임하시는 안창일 교수(심리학과)와 당시 총장이셨던 김정배 교수(국사학과)의 적극적인 노력과 헌신적인 도움이 없었다면 불가능한 일이었을 것이라고 저는 생각합니다. 이분들에게도 감사한 마음을 전하고 싶습니다.

물론 슬픈 기억도 없지는 않습니다. 신실하고 건실한 생활을 하면서 많은 즐거움과 행복을 안겨 주던 제자가 어느 날 갑자기 찾아온 병마와 싸우다가 먼저 저세상으로 가게 된 가슴 아픈 기억도 있습니다. 그러나 그 제자와의 잊을 수 없는 만남과 아름다운 추억 또한 많이 있습니다. 항상 남을 먼저 배려하면서 자신의 어려움을 내색하지 않는 깊은 마음씨를 그 제자를 통하여 볼 수 있었던 아름다운 추억은 제게는 항상 마음속 깊이 남아 있습니다.

삶이란 무엇이고 다른 사람을 배려한다는 것이 무엇인가를 제자들과 동료 교수들과의 생활을 통하여 배울 수 있었던 점 무엇보다도 소중하고 감사하게 생각합니다. 그리고 행복이라는 것이 무엇인지 알

수 있게 된 점 또한 감사하게 생각합니다. 행복이란 다른 먼 곳에 있는 것이 아니라 지금 현재 여기에 함께 같이 있는 제자들을 통하여 얻을 수 있다는 점을 깨닫게 된 것 또한 감사하고 행복하게 생각합니다.

지난 세월은 저에게는 감사하고도 행복한 세월이었습니다. 학문뿐만 아니라 개인적 면에서도 제자들로부터 많은 것을 배울 수 있었습니다. 고려대학교와의 인연이 아니었다면 아마도 현재의 저는 존재하지 않을 것이라고 생각합니다. 우리 제자들은 저에게는 학교 가족이면서 또한 스승이 됩니다. 이들을 통하여 다른 사람의 이야기를 경청하고(listen), 관찰하고(observe), 존중하고(value), 그리고 다른 사람의 이야기를 듣고 내 의견이나 감정을 차분하게 표현하는(express) 방법, 즉 사랑하는(L.O.V.E.) 방법을 배우게 되었기 때문입니다. 이들이야말로 저에게는 또 하나의 희망인 동시에 미래이기도 하며 행복과 기쁨이 되기도 합니다.

그러나 무엇보다도 저로 하여금 고려대학교에서 근무할 수 있는 소중한 기회를 주심으로써 이들 사랑스러운 학교 가족들을 만날 수 있게 해 주신 그분에게 감사드립니다. 이들과의 소중한 인연을 통하여 저는 이제까지 넘치는 즐거움과 행복감을 얻을 수 있었습니다. 이들이 좀더 발전되고 성숙한 모습으로 학업을 마치게 될 때, 각자 자신들이 충분히 능력을 발휘할 수 있는 직장에서 열심히 일할 수 있는 기회를 얻게 될 때, 어린 학생으로 학교에 들어와서 열심히 그리고 신실한 학교생활을 한 후 졸업을 하게 되고 졸업 후 학업을 더 계속하기 위하여 진학할 때, 적령기가 되어서 훌륭한 배우자를 만나 인생을 함께 하게 될 때, 어여쁜 2세와 함께 신년에 만나게 될 때 그리고 도움이 필요한 후배들을 많이 도와주면서 서로 협동하며 지내는 아름다운 모습을 보게 될 때의 행복감은 말로 표현할 수 없을 정도입니다.

이제까지 저에게 분에 넘치는 많은 즐거움과 행복을 안겨 준 고려대학교 가족 여러분들과의 소중한 인연을 저는 앞으로도 계속 마음속 깊이 간직하려 합니다. 여러분들은 저에게 인생의 의미를 다시 한 번 생각하게 하여 준 소중한 분들입니다. 다시 한 번 감사드립니다. 앞으로도 도움을 필요로 하는 사람들에게 많은 의지와 버팀목이 되어 줄 수 있는 한 줄기 빛과 소금의 역할을 하는 꼭 필요한 사람 그리고 행복한 여러분이 되시기를 바랍니다. 감사합니다.

—2007년 8월 퇴임사

세 가지 부탁

진정일

1942년생 • 이과대학 화학과 1974-2007년 재직

우선 훌륭한 고려대에서 제 인생의 반이 넘는 33년을 보낼 수 있었던 보람은 저에게 가장 큰 행운이었습니다. 무엇보다도 세계 어느 대학에서도 찾기 힘든 숭고한 학풍을 지닌 고려대에서 우수한 학생, 선후배 교수들과 함께 지낼 수 있었던 점은 너무나 큰 영광이었습니다. 모든 분께 감사드립니다.

이제 정든 교정을 떠나게 되었습니다. 비록 제 가슴은 고려대와 영원히 함께하겠으나, 이 자리를 빌려서 후배 교수들에게 몇 가지 부탁의 말씀을 드리고 떠나고 싶습니다.

동서고금을 통해, 교수에게는 연구를 통한 새로운 지식의 창출, 교육을 통한 후예들의 양성, 자기의 지식과 경험을 사회에 환원하는 사회봉사가 가장 큰 임무라고 합니다. 저는 이런 철학에 전적으로 동감합

니다.

첫째, 후배 교수님 여러분들은 각자의 학문의 탑을 크고 높게 쌓는 노력을 게을리 하지 마십시오. 세계에서 우뚝한 학자가 되시고 눈부신 연구 업적을 쌓으십시오.

세계는 빠른 속도로 변하고 있으며, 성실한 연구 태도만이 앞서가는 새로운 지식의 창출자로 여러분들을 빛나게 할 수 있다고 믿습니다. 고려대학교의 선배 교수님들은 적어도 국내에서는 더 앞서가는 학자를 찾아보기 힘든 학문의 위치를 차지하고 계셨습니다. 이 전통을 이어나감은 물론 한 발자국 더 나아가 누구보다 앞서 가려는 노력을 경주해 주시기를 바랍니다.

둘째는 사랑으로 가르치는 선생이 되십시오. 우리나라 앞날은 여러분이 제자들을 어떻게 교육시키는가에 달려 있습니다. 모든 점에서 다변화되고 있는 이 세계 속에서 우리 젊은이들이 어떻게 살아야 하는지 함께 고민하는 교육을 해 주시기 바랍니다. 가르침에는 감동이 따라야 합니다. 교양과 전문지식으로 단단히 무장하도록 교육해 주십시오. 여러분의 학문적 성취가 여러분의 가르침과 직결되도록 노력해야 된다고 믿습니다. 대학은 지식의 창출, 보고임과 동시에 능숙한 전달 장소가 되어야 하기 때문입니다. 요즈음 연구에만 심취하고 교육을 경시하는 풍조를 느끼고 있습니다. 대학은 결코 연구소 기능만을 지닌 곳이 아니라는 점을 명심해야 합니다.

마지막으로 지식인의 사회봉사에 대하여 언급하고 싶습니다. 우리들은 이 사회에서 찾을 수 있는 최고의 지성인이며, 다른 사람들이 지니고 있지 못한 많은 경험을 갖고 있습니다. 동시에 우리를 키워 준 이 사회와 국가에 많은 빚을 지고 있습니다. 그러기에 우리는 우리나라가, 더 크게는 이 세계가 더 살기 좋은 곳이 되도록 봉사하는 마음으로 봉사활동에 적극 참여하길 부탁드립니다. 베푸는 삶을 몸에 익힌 생활태도로 봉사와 희생의 모범을 주위에 보이도록 노력해야 된다고 생각합니다. 단순히 국내뿐 아니고 이 지구촌 전체를 대상으로 생각하시면 더 시대에 맞는 지성인이라 하겠지요.

사랑하는 고려대 재학생들, 부디 훌륭한 교수님들로부터 많은 배움 얻어, 세계를 이끌 자랑스러운 인재가 되어 모교를 만방에 빛내 주기 바랍니다. 진리와 정의가 여러분의 삶을 관통해 주리라 믿겠습니다.

끝으로 이런 자리를 마련해 주신 현승종 이사장님, 한승주 총장님께 특별히 감사드리며, 여러분과 고려대의 무궁한 발전을 기도하겠습니다. 안녕히 계십시오.

—2007년 8월 퇴임사

엄지손이 되자

김병호

1942년생 • 공과대학 신소재공학부 1975-2007년 재직

다섯 손가락 중 엄지손가락을 세워 상대방에게 내밀면 '네가 일등이다' 또는 '네가 최고다'라는 뜻을 나타낸다. 나는 후배 교수 여러분들이 자신의 전공 분야에서 엄지손이 되길 진심으로 바라고 있다. 왜냐하면 교수 각자가 자신의 전공 분야에서 으뜸이 되는 연구 실적을 내고 학생들에게 교육자로서 존경받는 멘토가 되는 것이 고려대학교가 내실을 기하는 가장 중요한 바탕이 되기 때문이다.

교수들도 요즘과 같이 경쟁과 갈등이 심화되고 있는 사회 분위기에서 자기의 길을 걷는다는 것이 쉬운 일은 아닐 것이다. 또 3차 산업화가 막 시작되고 있는 최근에는 학문 상호 간의 융합뿐만 아니라 갈등도 함께 심화되고 있다.

다섯 손가락 중 엄지손가락이 없다면 단추를 끼우고 빼는 일뿐만

아니라 공구를 가지고 하는 모든 작업이 불가능하거나 불편하게 될 것이다. 한편 엄지손가락만이 남은 네 개의 손가락과 서로 마주칠 수 있지 다른 손가락끼리는 마주칠 수 없다. 즉 엄지손가락만이 다른 손가락과 화합을 할 수 있다. 그 이유는 엄지손가락이 가장 낮은 곳에 위치하여 있기 때문이다. 이와 같이 오만함을 버리고 자기를 낮추는 겸손함은 학문을 연마하는 데 가장 중요한 마음가짐이 될 뿐만 아니라 갈등의 소용돌이 속에 있는 이 사회를 바르게 세워 가는 데 매우 중요한 덕목이 된다고 생각한다.

나는 약 33년간 교직에 있는 동안 학교 내의 총장 선출에 따른 갈등, 각 학과에서의 교수들 간의 의견 차이에 따른 갈등 등이 얼마나 학교 및 그 학과의 발전에 해를 주어 왔는지를 체험하고 보아 왔다. 이런 갈등은 결국에는 재학생 및 졸업생들에게까지 피해를 주게 되고 학교 이미지에 먹칠을 하게 되어 학교 발전에 큰 지장을 초래하게 된다.

교수는 학생들을 성심성의를 다해 가르쳐야 할 사회적 의무가 있고 또 전공 분야에서 학문적으로 선구자적 입장에서 제자들을 양육해야 하는 인류애적인 의무가 있다. 각 학과에서 더 나아가 학교 및 사회에서 엄지손가락과 같이 겸손하게 주위 분들과 소통을 통해 진정한 화합을 이루어 나간다면 그 학과의 단결력이 높아지고 나아가 고려대학교의 대외적 위상이 높아져 고려대학교는 큰 발전을 하게 될 것이며 21세기에 우뚝 솟은 명실상부한 대학으로 도약하게 될 것이다.

교수님들 금년에는 한 사람 한 사람 모두 엄지손이 되어 자신의 전공 분야에서 으뜸이 되고 주위 교수들과 화합하여 고려대학교가 용과 같이 비상할 수 있도록 힘을 모읍시다.

생활의 여백과 역동적 현실 참여

원우현

1942년생 • 미디어학부 1976-2007년 재직

1976년 8월 말, 법대 차락훈 교수님(상법, 전 숙대 총장) 안내로, 당시 고려중앙학원 이활 이사장님을 뵙고 임명장을 받고, 자랑스러운 고내 식구가 되있다.

그 후 30여 년이 흘러서, 2007년 9월 인촌기념관에서 퇴임식을 마칠 때까지, 순간순간을 회고해 보면 볼수록, 바로 그 순간이 소중하고 결정적인 의미가 있었다.

그러나 그때는 그 순간을 소중히 생각하거나 감사할 줄도 모르고, 그럭저럭 지내왔다.

그 세월을 지금 생각하니 아쉬운 생각이 든다.

이 순간도, 그 긴 30여 년 세월이 소중한 추억으로 내 마음속에 한순간 파도처럼 잔잔히 밀려온다.

안암동 상아탑에서 지낸 세월 속에 담긴 얘기를 전하려면 희로애락에 얽힌 이야기가 끝없겠지만 '생활의 여백과 역동성' 관점에서, 추억을 몇 자 두서없이 전한다.

고려대 가족 누구나, 동양화 화폭의 넉넉한 여백처럼 여유로운 분위기 속에서 지내 온 특혜(?)를 누린 셈이다.

말하자면, 널찍한 갓길이 있는 고속도로를 여유만만하게 달리는 운전자처럼, 캠퍼스를 즐기면서도, 주어진 목표를 향해 쾌속의 질주를 할 수 있는 학문적 분위기를 만끽한 셈이다.

그 결과 자유와 진리를 사모하면서, 주어진 교육적 사명과 학문적 성취에 최선을 다하는 뛰어난 전통을 지킬 수 있었던 것이었다.

모든 교수들이 주변 눈치도 보지 않고, 학자로서 스스로 자존감을 갖고, 자긍심을 누리면서도 전공을 잘 연구하여 결국 대부분 큰 그림을 그려 내는 '자유·진리·정의'의 풍토를 형성하는 주역이 된다고 본다.

물론 요즈음은 세월이 변하여, 주어진 목적의 달성과 효율성 위주로 대학 순위를 매기는 상아탑의 경쟁의 새 풍속도 가운데, 고려대는 여전히 우수성을 과시하고 있다고 믿는다.

고려대 교가를 소리 높여 불러 대는 행사 때마다 그 가사의 뜻 감동적이다. '안암의 언덕에 우뚝 솟은 집을 보라—마음의 고향.'

고려대 구성원, 모두가 각 분야에서 우뚝 솟아 어두운 세상을 비출지라도, 그 마음은 여유를 갖고, 온 누리를 품는 인품을 사모하고 갈망하는 모습이 엿보인다.

마음의 여유와 공간의 여백을 즐기면서 학문의 전당으로 우뚝 솟은 전당을 즐기고 자랑하기만 해서는 무엇하겠는가!

고려대는 우리 사회의 역사적인 현장마다, 역동적으로 참여함으로써 누구보다 먼저 사회문제에 부딪히는 기풍도 이어 왔다.

'나가자 폭풍같이 고대 건아여, 장안을 뒤흔드는 안암의 호랑이'를 외칠 때마다, 사회 각 분야의 현장에서 참 일꾼으로 나서는 비전의 소유자들의 미래를 읽을 수 있었다.

고려대 본관에서 내려다보이는 정문 앞은 미끈한 성형 수술을 단행해서, 최고 조형물로 돋보이게 변모했다.

그래도, 나는 옛날 투박하고 원시적인 운동장과 스탠드에 생기와 활력이 늘 넘쳐 나던 장면이 그립다.

시민과 학생 누구나 와서 뛰어놀던 운동장에 담긴 현장 속 추억이 묻혀 버린 셈이다.

크고 작은 체육대회와 물론 고연전 응원 연습은 물론, 시국 선언과 대정부 시위를 출정하던 역사적 집회 등 헤아릴 수 없이 많은 역동적 행사의 터전이었다.

개인적으로는 고려대 재직 중 심신을 단련하면서 여가를 즐기는 기회를 교수테니스 모임에 참여하면서 얻었다.

1970년 말 지금 우체국, 국제대학 터인 홍보관에 나의 연구실이 있었다.

테니스 초년병으로, 인촌기념관 근처 테니스장을 드나들면서 운동하던 시간이 나에겐 소중하고 보람 있는 여가시간이었다.

테니스장에 나오시는 선배 교수님들은 거의 (체력과 학문적 성과의 밀착성을 증명이라도 하듯이) 운동도 즐기시고, 학문적 업적이 뛰어난 분들이셨다.

그 당시 영문과 조성식 교수님의 별명은 조메니옹이었다. 훤칠하고 균형 잡힌 체구에 세련된 정구 기술까지 선보이시면서, 테니스장 규율을 엄하게 하신 기억이 난다.

노희엽 교수, 박재섭, 김권호, 송민호, 손재준, 이호재 의대 신경내과 주 교수님들의 명승부를 지켜보는 재미도 좋았다.

서로 인사하기조차 어려웠던 시절, 타 대학 타 과 교수님에게 손쉽게 자기소개를 할 수 있는 기회를 얻을 수 있었다.

'꿈꾸어야 청춘이다.' 미디어관 202호 미디어학부 학생들을 선발하여 자율학습을 하는 방에 붙은 표어다.

실은 미디어관 건립 후 그동안 고려대에서 누린 개인적인 은혜를 조금이나마 갚으려는 마음으로 작은 정성을 표시했다.

그런데 오히려, 되로 주고 말로 받는다고, 바로 미디어관 202호에 'Won, Woo Hyun Reading Room' 표지가 붙었다.

그래서 그 방 간판에 붙은 '꿈꾸어야 청춘이다'는 표어는 나에게 특별히 각인된 말이 되었다.

나는 그 표어를 고대 재학생과 나누길 원한다.

어느 히트곡 제목처럼 Dreams Come True!

재학 시절 여러분이, 학창 시절에 자신의 미래상을 그려 보고 잠재력을 십분 발휘하여 꿈을 실현하길 바란다.

장차 꿈이 실현될 청춘의 요람인, 안암의 언덕에 자리 잡은 마음의 고향에서, 뚜렷한 목표의식을 갖고 창의력을 십분 발휘하면서 순간순간 최선을 다하기를 기원한다.

아이디어의 힘

김봉구

1942년생 • 생명과학대학 식품자원경제학과 1983-2008년 재직

오늘 정년 퇴임일을 맞이하여 학교를 떠납니다. 그동안 재단과 학교 당국의 배려에 대하여 정중히 감사드립니다. 저는 본교 61학번입니다. 1965년 2월 25일 운동장에서 졸업식이 진행되고 있었습니다. 유진오 총장께서 식사를 하는 도중에 운동장을 둘러싸고 있던 향나무 울타리에 불이 났습니다. 온통 주변이 검은 잿더미로 변하는 황당한 사건이 발생하였습니다. 그 장면을 목격한 저의 부친께서 오늘 졸업하는 학생들에게는 앞으로 좋은 일이 있을 것이라고 말씀하신 기억이 납니다.

그로부터 43년이 지난 2008년 2월 25일 그날 졸업한 사람 중 한 분이 대한민국 17대 대통령으로 취임했습니다. 고려대학교와 우리 졸업생들로서는 무한한 영광이 아닐 수 없습니다. 앞으로 성공하는

대통령, 역사에 길이 빛나는 대통령이 되도록 눈과 귀가 되어 드리고자 합니다. 이 자리를 함께하신 모든 분들께서도 저와 같은 마음을 가지고 계실 것이라고 확신합니다.

학교 재직 중에 있었던 에피소드를 소개하겠습니다. 첫째, 보직 기간 중에 어려운 문제 해결을 위해 연세대학을 거론한 사례입니다. 1988년 총학생회가 민주화투쟁으로 학생회비를 소진하여 그해 고연전을 치를 수 없게 되었습니다. 전교생에게 나누어 줄 빵과 우유 대금 2,300만 원을 급히 모금하기 위해서 총장, 재단 이사장, 이사들로부터 각각 100만 원을 지원받아 1,800만 원을 모았습니다. 총교우회장이 예년과 같이 50만 원을 전해 주려고 할 때 연대 총동문회장은 학생들에게 500만 원을 주셨다고 했습니다(사실인지는 지금도 모른다). 고대 총교우회장님은 정치적 위상으로 보더라도 이 정도로는 안 됩니다라고 말했습니다. 그러자 장덕진 회장은 이사들을 향해 이야기 들으셨지요 하면서 500만 원으로 증액해 주셨습니다.

둘째, 학생운동의 음성 자금원이 학교 관리 체제로 전환되었습니다. 후생복지위원회 교수 12명은 면학 분위기 차원에서 2년이 넘도록 학생들을 설득하였습니다. 이러한 노력으로 총학생회가 운영하던 커피자판기, 구내매점, 학생식당 등을 학교가 인수하여 관리하는 체제로 전환하였습니다. 1986-87년의 두 해 동안에는 총학생회는 학내 복지시설 운영을 통해 월 1,000만 원(연 1억 2,000만 원)의 이익금을 학생운동자금으로 사용했습니다. 그러나 학교로부터 음성 자금을 차단해야 한다는 언급은 없었습니다. 이에 대하여 재단과 총장을 비롯한 교무위원들에게 감사를 표합니다.

1988년에는 학생운동이 더 격렬해졌습니다. 주말마다 전국에서 시위 학생들 10만 여 명이 교내에 집결하는 1박 2일의 시위가 반복되었습니다. 그때마다 교내에서는 임시 화장실 설치, 강당과 각 교실의 개방을 요청하고, 밖으로는 쌀, 장작과 물을 실은 차량이 교내에 들어올 수 있도록 공안 당국과 교섭하는 일이 힘들었습니다. 촛불이 다 탈 때 더 밝아지듯이 학생운동은 종점을 향하고 있었습니다. 이듬해 학생운동 집결지를 본교에서 연대로 옮긴 지 3개월 만에 학생운동은 완전히 종식되었습니다. 저의 약력에는 학생운동 종식에 기여했다는 말이 들어 있습니다.

셋째, 지하철을 유치하기 위해 '학교 운동장 밑으로 지하철이 지나가도 좋다'는 입장 표명을 하도록 제안하였습니다. 1988년 학생운동이 극렬했던 어느 날 학교는 비상대기 상태에 있었습니다. 그날은 총장과 모든 교무위원은 물론 재단 이사장도 참석하였습니다. 지하철 노선이 화제가 되었습니다. 만일 학교 근처로 지하철 노선이 계획된다면, 학교가 '운동장 밑으로 지하철이 지나가도 좋다'는 견해를 밝히면 좋은 결과가 있을 것이라고 제가 말했습니다. 왜냐하면, 지하철은 지하 20m 단위로 기존도로 밑을 굴착하므로, 도로변 건물에 금이 가거나 상하수도 및 통신시설 등을 건드려 많은 비용과 민원이 발생하기 때문입니다. 학교가 그렇게 한 결과 구내에는 두 개의 지하철역이 생기게 되었습니다. 고려대학교에는 돈과 권력, 여론의 힘으로도 불가능한 일이 이루어진 셈입니다. 이는 오직 아이디어의 힘입니다.

마지막으로, 학교에 건의합니다. 저명인사들(국무총리, 대통령 비서실장, 정당 대표)을 초청하여 강연회를 개최하는 것이 바람직합니다. 정부나 외부에서는 본교를 가장 비중 높게 생각하고 있는데, 정작 학교 내에서는 잊고 있는 부분이기도 합니다. 두 가지 이유가 있습니다. 하나는 고려대학교의 위상을 높이는 것이고, 다른 하나는 정부와의 좋은 관계를 유지하기 위함입니다. 특히 대통령 비서실장과 정부의 핵심인사와는 좋은 관계를 유지하는 것이 무엇보다 중요합니다.

그동안 국무총리(노재봉), 대통령 비서실장(김중권, 이상주), 과학기술부총리(오명) 등을 초청하여 인촌기념관에서 대단위 강연회를 개최하였습니다. 처음에는 학생 동원에 애를 먹었습니다. 경험에 따르면 1,000명 이상의 학생 동원을 위해서는 400명 규모의 교양과목을 맡고 있어야 합니다. 수강 학생들로 하여금 초청강연회 개최의 주체임을 인식시키고, 학생들이 친구와 함께 참석하도록 독려합니다. 그리고 소감문을 제출하게 합니다. 출석 점수와 동반 학생 수에 따른 가산 점수를 부여하는 등 인센티브를 제공합니다.

저는 정년 퇴임 후의 일을 생각해 두었습니다. 연구소나 석좌교수 등 현실에 참여 하지는 않을 것입니다. 그 대신 문중 일에 관심을 가질 것입니다. 조상의 얼을 배우고 숭조 사업을 위해서입니다. 취미생활로 저는 안암산우회에 긍지를 가지고 참여하고 있습니다. 이 모임에는 정년이 없습니다. 등산하면서 선배·동료 교직원들과 담소하면서 자연과 더불어 살아가고자 합니다. 감사합니다.

—2008년 2월 퇴임사

내 인생의 사표

정복조

1942년생 • 생명과학대학 식품자원경제학과 1975-2008년 재직

소생은 1960년 19세의 어린 나이에 고려대학교와 인연을 맺은 이후, 군대 및 유학 생활 몇 년을 제외하고는 평생을 모교와 함께하게 된 행운을 누리게 된 것을 영광으로 생각하며 이 자리를 빌려 감사드립니다.

인생사는 물론 모든 일에는 시작이 있으면 끝이 있고 만남이 있으면 헤어짐이 있는 법이지만, 한평생을 이곳에서 보낸 저로서는 감회가 남다르지 않을 수 없습니다. 그동안 우리 고려대학이 장족의 발전을 하여 명문 사학으로 우뚝 서게 된 것을 더 할 수 없는 기쁨으로 생각하고 학교를 떠납니다.

오늘 저는 오랜 교수 생활을 하면서 저의 롤 모델과 인생의 사표로서 마음속 깊이 존경하고 있는 몇 분의 선생님을 이 자리에서 소개함으로써 퇴임사를 갈음할까 합니다.

오래전에 작고하신 문과대학 영문학과 변영태 교수님은 저와는 대화 한 번 해 본 적이 없지만 진정한 인격자이며 훌륭한 스승이었습니다. 1961년 본관 이층 현재의 행정동에서 영어 강의를 하셨는데 스승님께서는 강의 시간에 일분도 늦으심이 없이 입교하시고 주어진 시간을 다 강의하신 후에 일층 교수 휴게실(바둑 두는 교수 휴게실)에 가시지 않으시고 창가에서 골똘히 생각에 잠기셨다가 정시에 다시 연강하셨습니다. 그 당시에는 매우 보기 드문 일이었습니다. 소위 유명하다고 하시는 교수님들은 단축 강의, 휴강, 결강 등을 다반사로 하셔서 논, 밭을 팔고 어려운 아르바이트를 해 가면서 공부하는 저로서는 정말로 울화통이 터지는 일이었습니다. 소생이 교수가 되어 강의에 비교적 많은 신경을 쓰고 충실히 임했던 것은 변 선생님이 보여 주셨던 무언의 교훈과 인격에 감화된 덕분으로 생각합니다. 교수가 이유 없이 휴강, 결강, 조기 종강을 하고 보강을 하지 않는 행위는 엄밀한 의미에서는 약자에 대한 수탈 행위이며, 언행불일치의 위선이며, 제도를 무시하는 비이성적인 행위라고 할 수 있습니다.

선거 때가 되면 소위 정치교수들이 활개를 치며 대학가를 혼탁하게 하는 행위가 각 대학에서 자행되고 있어서 대학교수의 명예를 실추시키고 있습니다. 대학교수직을 입신양명을 위한 징검다리로 생각하는 소위 권력 지향적 정치교수를 대학에서 추방하는 것이 대학의 발전과 학생의 희생을 막는 방법입니다. 대학은 정치꾼들의 놀이장소도 놀잇감도 되어서는 안 됩니다.

저에게 두 번째로 감화를 주신 분은 고 남제 김상협 총장님입니다. 1970년대 초반 남제를 모시고 독일 원조계획사업의 실무 간사 업무를 수행한 적이 있어 남제를 가까이 모실 기회가 있었습니다. 사실 원조사업도 중요하였지만 남제의 훌륭한 인품과 덕망에 매료되어 온갖 정열을 쏟아 부은 결과 그 당시에는 비교적 큰 돈이었던 원조자금을 받아, 현재의 생과대(구 농대건물), 인적자본, 기자재, 도서 등을 확충할 수 있었습니다. 그 어른을 몇 년 동안 모시면서 굳은 믿음을 기저에 둔 한없는 친화력, 상대방 의견 존중, 넓으신 포용력에 거듭 감탄했습니다. 주지하는 바와 같이 지금 우리는 신뢰가 실종된 불신의 시대에 살고 있습니다. 특히 우리 양심의 최후의 보루라고 할 수 있는 대학과 종교에 대한 불신이 극에 달하고 있음은 그 주체가 자초한 것입니다.

요즘 각 대학마다 모금 운동을 활발히 하고 있는데 필자의 생각으로는 대학이 도덕성을 회복하지 않고는 소기의 목적을 달성하기가 어려울 것으로 보입니다. 한 가지 고언을 더 드린다면 대학이 지향하는 뚜렷한 이상과 목표가 없이 매일매일에 안주하며 무책임하게 졸업생만 배출하는 매너리즘에 빠져서는 안 될 것입니다. 옛날처럼 권위주의와 전통, 명성에 의존하다가는 하루아침에 무너질 수 있는, 국내외적인 환경변화가 급속히 진행되고 있기 때문입니다. 흔히 대학 발전의 장애요소는 물질의 부족 때문이라고 합니다. 물론 물질은 필요조건이지만은 절대로 충분조건은 될 수 없습니다. 전후의 독일과 일본이 귀감이 될 것입니다. 중요한 것은 구성원들의 강인한 정신력, 사명감, 기관의 도덕성이라 할 수 있습니다.

필자에게 감화를 주신 스승님이 많이 계시나 마지막으로 한 분만 더 소개한다면 고 김준엽 총장님을 들지 않을 수 없습니다. 한마디로 투철한 민족관, 애국심 그리고 강직한 선비정신은 우리 후학들이 면면히 지켜 나가야 할 귀중한 가치이고 재산입니다. 이 어른의 정신이 바로 고대 정신입니다. 지성과 야성, 민족고대의 이념이 많이 퇴색되어 아쉬움이 있습니다.

지금 우리는 단군 이래 가장 잘 먹고 잘사는 시대에 살고 있고, 이러한 풍요가 영속될 것으로 굳게 믿고 있으나 지금 세계는 한 치 앞을 내다볼 수 없는 불확실성 속에서 각자의 국가 이익을 위해서 각축전을 벌이고 있습니다. 우리 시대를 인도하는 중대한 위치에 있는 지식인 여러분들의 지혜와 올바른 가치관, 시대정신이 요구됩니다. 지금 우리는 샴페인을 터뜨리며 자만할 때가 아닙니다.

이제 교정을 떠나면서 회상해 보니, 아쉬움이 많이 남습니다. 저와 같이 아쉬움을 갖는 교수가 되지 마시고 본업인 연구와 교육에 매진해 주기 바랍니다.

사랑하는 모교 고려대학교에 많은 빚을 지고 떠납니다. 모교에 무궁한 발전과 영광이 깃들기를 바랍니다. 감사합니다.

—2008년 2월 퇴임사

온기가 있는 글로벌 대학을 위하여

박영순

1942년생 • 사범대학 국어교육과 1981-2008년 재직

저는 고려대학교에 27년간 재직했습니다. 참으로 감사했고, 참으로 행복했습니다. 그동안 학교도 많이 변했고, 학생들도 많이 변했고, 한국 사회는 더 많이 변했습니다. 우선 고대의 변화를 보면 근사한 건물이 많이 지어졌다는 것, 여교수가 많이 증가했다는 것, 국제화를 많이 강조하게 됐다는 것, 외국인 학생들이 많이 다닌다는 것 등을 우선 가시적인 변화로 꼽을 수 있을 것 같습니다. 또한 교수들의 연구 환경도 많이 좋아졌습니다. 연구실마다 조교가 한 명씩 배치되고, 의무 강의 시간도 반으로 줄었습니다. 퇴임하고 나와도 일 년에 두 번씩 학교에 초대하여 오찬도 베풀어 주고, 독감 예방주사도 놓아 주니 고맙기 이를 데 없습니다.

그러나 고대가 진정한 글로벌 대학이 되기 위해서는 더 많은 노력

이 필요하다고 봅니다. 우선 학교 당국에 간곡하게 부탁하고 싶은 게 몇 가지 있습니다.

첫째, 교수를 더 많이 확보해야 합니다. 단과대학이나 학과 간에도 부익부 빈익빈 현상이 뚜렷한데, 인문계열에도 좀더 관심을 가져 주시면 좋겠습니다. 모든 문화 콘텐츠는 대부분 인문학과 예술에서 나오므로 인문계열과 예술 분야에 지원이 필요합니다. 모든 학과가 동일하게는 아니더라도, 교수의 역량을 발휘할 만큼의 수는 되어야 합니다. 세계적으로 순위가 높은 대학이나 학과 치고 교수 수가 적은 경우는 거의 없습니다.

둘째, 복지 분야 일을 맡을 부서가 있으면 좋을 것 같습니다. 교수와 강사, 직원, 학생의 복지 문제를 총괄할 수 있게 말입니다. 장학금, 연구장려금, 교수 안식년, 학생 자원 봉사 및 저소득 학생의 복지 문제, 행정 직원들의 종합적인 복지 문제를 체계적으로 다루는 기관이 있으면 여러 가지로 안정되게 선제적으로 복지 문제를 다룰 수 있을 것입니다. 외국인 학생이나 교수를 위한 법적인 문제, 문화적인 문제, 생활의 어려움 등을 들어주고 도와주는 시스템이 필요합니다. 또한 학교 안에는 레저 스포츠 시설이 별로 없습니다. 제가 다닌 미국 일리노이 대학에는 연중무휴로 영화가 상영되는 극장도 있었고, 종합 경기장도 있었고, 볼링장 같은 스포츠오락 시설도 있었고, 일 년 내내 미술 전시를 하는 곳도 있었으며, 저렴한 비용으로 고급 오케스트라나 오페라를 즐길 수 있는 공연장도 있었습니다. 가난한 외국 학생도 이런 시설을 거의 무료로 이용할 수 있었으니 문화에 대한 갈증을 풀 수 있었습니다. 지혜를 모아 몇 가지만이라도 갖추면 좋을 것 같습니다. 그래도 다른 대학에 비하면 고대는 좋은 박물관도 있고, 광장이었던 자리에 아래로는 주차장, 지하 1층에는 여러 가지 편의시설이 생긴 것은 매우 다행이라 할 것입니다.

학교 안에 식당이나 휴게실이 너무 부족합니다. 특히 저녁때가 되면 교육대학원과 경영대학 최고위 과정 수강자들로 넘쳐 나지만 이들을 위한 식사 공간이나 휴식 공간이 너무 없습니다. 복지 시설이라곤 없으니 졸업하고 나가서 고대를 좋게 말하겠습니까? 복지 문제를 다루는 부서가 필요한 조치를 취하면 좋을 것 같습니다.

셋째, 특수대학원, 특히 교육대학원의 전임교수가 필요합니다. 집중과 선택을 통하여 지원자가 현격하게 적은 학과는 과감하게 없애고, 지원자가 많은 학과는 적어도 두세 명의 전임교수를 두어서 학생들의 요구에 부응해야 합니다. 교육대학원 학생들은 몇 백만 원씩 등록금을 내므로 사실상 학교에 재정적으로 많은 기여를 함에도 이들에 대한 학교의 무관심은 지나치다 하겠습니다.

넷째, 건물 이름에 반드시 한국어가 사용되어야 한다고 생각합니다. 우선 '라이시움'이라는 이름은 당장이라도 '고려대 문화관' 식으로 바꿔야 한다고 봅니다. 외부 사람들에게 건물 이름을 가르쳐 줄 때마다 상대방이 못 알아들어 곤욕을 치른 때가 수없이 많았습니다. 일단 한국식 이름을 지은 다음, 필요에 따라 'Cultural Center', '文化

館' 식으로 영어와 한자도 병기해 주면 여러 가지 면에서 편리하고 창피하지 않을 것 같습니다. 이름에 걸맞게 전시회 등을 많이 유치해 오면 좋을 것 같습니다. 또한 백주년기념관 동서남북 네 개의 문 어디에도 '고려대 백주년기념관'이라는 간판이 없습니다. 네 문 모두에 '삼성백주년기념관'으로 해석되는 영어 문패만 있는 건 심각한 문제라 생각합니다. 아무리 삼성이 지어 주었다고 해도, 고려대가 빠져 있고, 한글이 빠져 있는 것은 우리의 자존감에 큰 상처가 됩니다. 아무 데서나 영어만 쓴다고 국제화가 되는 게 아닐 것입니다. 다른 나라에서는 한글을 배우느라 난리인데, 민족대학이라는 고려대학에서는 왜 한글 사용 기피 현상이 일어나는지 도무지 모를 일입니다. 기본적으로 한글 간판을 달고, 영어와 한자도 넣어 주면 외국인에게도 친절한 인상도 주고, 찾기에 편리해서 좋을 것입니다. 한자만 쓰여 있는 건물도 문제입니다. 일단 한글로 쓰고 영어와 한자를 병기해야 한다고 생각합니다.

다섯째, 교수가 퇴직할 때 금으로 된 메달을 받는데, 이것 대신 그 경비로 고려대 마크가 있는 품위 있는 의자를 만들어 주면 좋을 것 같습니다. 하버드 대학에서는 교수뿐만 아니라 직원으로 퇴직해도 '하버드 의자'를 주는데, 여간 자랑스러워하지 않은 것을 보았습니다. 그 집을 방문하는 사람에게는 자연스럽게 하버드 대학의 홍보도 되고, 그 사람은 매일 그 의자에 앉아서 하버드 대학에서 근무한 것을 영광으로 생각하며, 죽을 때 자기 재산을 하버드 대학에 기증하고 싶은 마음이 생기게 됩니다. 아주 작은 일 같지만 이런 작은 일들이 모여 큰 성과를 낼 수 있다고 생각합니다. 하버드 대학의 Nye 학장이 이야기했듯이 고대도 hard power와 soft power를 좀더 강화해야 합니다. 특히 soft power를 많이 강화하면 좋을 것 같습니다.

교수들에게 부탁하고 싶은 것은 따로 있습니다.

첫째, 교수들은 교수를 되도록 많이 채용해 달라고 학교에 요구하고, 교수 인사에서는 한 점 부끄럼 없이 능력 위주로 교수를 채용해야 합니다. 특정한 사람을 채용하기 위해 때로는 양심도 버리고, 정의도 버리고, 나에게 잘할 사람, 나하고 친한 사람, 나의 뜻을 잘 받들 사람을 교수로 뽑는 일은 없어야 할 것입니다. 학과 발전에 도움될 사람, 학교에 도움될 사람, 학계에 기여할 사람, 학생들을 사랑으로 잘 가르치고, 바르게 인도할 사람을 채용해야 합니다.

둘째, 교수는 무조건 연구를 많이 해야 합니다. 적어도 고려대 교수라면 각 분야에서 시대에 앞선 연구를 해야 합니다. 일류대학 교수는 사회의 변화에 따라가는 연구가 아니라, 변화를 선도하고, 시대를 앞서서 선제적으로 먼저 연구하고, 문제를 제기하고, 해결책을 미리 제시하는 연구를 해야 한다고 생각합니다.

셋째, 교과서가 될 만한 책도 많이 써야 합니다. 각 분야별로 보면 아직도 비어 있는 곳이 많습니다. 책이 많은 분야도 있고, 아직 한 권도 없는 분야도 있습니다. 그 빈 곳을 찾아 책을 쓰는 노력이 필요합니다. 손쉽게 외국 책을 교재로 쓰는데, 외국 책은 참고하되, 우리말로 된 우리 교재가 반드시 있어야 한다고 생각합니다. 물론 대학원에서는 원서를 교재로 삼아야 할 때가 많지만, 그래도 한국어로 된 책은 반드시 있어야 한다고 생각합니다.

직원은 직원대로 자기가 하는 일이 매우 중요한 일이라는 자부심과 함께, 교수와 학생들에게 친절해야 합니다. 친절이 경쟁력인 시대가 되었으니까요. 친절은 자신의 인격을 높이고, 자신의 교양을 높이는 덕목입니다. 특히 최근으로 올수록 외국 학생이 많아지므로, 친절과 함께, 외국어 공부도 하면 금상첨화일 것입니다. 영어, 중국어, 일본어의 기본 회화를 할 수 있으면 매우 편리할 것이고, 학교에서 더 유능한 인재도 될 수 있다고 생각합니다.

우리 고려대학교가 '온기가 있는 글로벌 대학'으로 발전해 나가기를 기원합니다.

학문의 담을 벗어나 소통의 장으로

구범환

1943년생 • 의과대학 의학과 1984-2008년 재직

안녕하십니까?

저는 2008년 8월 말 정년 퇴임한 의과대학 구범환 명예교수입니다.

얼마 전 교무처장님의 정년교수 퇴임사를 모아 출간할 계획이니 이미 퇴임하신 분들의 원고도 같이 모으기로 하였다는 연락을 받고 지난날을 다시 더듬어 보았으나 귀감이 될 만한 일들이 없는 것 같아 많이 망설였습니다.

제가 대학에 몸담았던 지난 25년, 은사님들의 가르침과 선후배, 동료 교수님들과 가족 그리고 주위의 많은 분들의 뒷받침 속에 정년까지 맞을 수 있게 되어 감사했고, 짧지 않은 기간이나마 그분들과 함께 할 수 있어서 행복했고, 젊고 참신한 학생들과 전공의 선생들을 가르

치면서 마음이 젊어진 것 같아 기뻤으며, 그들과 거의 평생을 함께했다는 것이 너무나 행복하고 보람을 느끼게 되었으며, 무엇보다도 건강하게 정년을 맞이하게 되어 기뻤습니다. 다시 한 번 그동안 저와 함께했던 많은 분들께 감사의 마음을 전하고, 즐겁고 보람찬 시간을 보낼 수 있었던 것 모두 잊지 않고 평생을 간직하고자 합니다.

의과대학 교수는 교육, 연구 그리고 진료 등 이 세 가지가 균형 있는 조화를 이루어야 하는데 교수와 학교를 평가할 때 논문 실적의 비중이 큽니다. 교수들이 연구 업적에 치중하게 되는 이러한 평가 항목이 과연 타당한 것인지 또는 개선점은 없는지 한 번쯤 생각을 해 볼 문제라는 생각을 하였습니다. 물론 경쟁 속에 발전이 있는 것은 당연하지만 잘못 균형이 깨지면 교육과 진료에 대한 의과대학 교수들의 관심에 변화를 초래할 수도 있기 때문입니다.

이 같은 교육, 연구, 진료의 균형 있는 조화가 이루어지지 못하고 연구 중심의 평가에만 비중을 두고 그에 상응하는, 연구에 대한 다양한 지원이 이루어지지 못한다면 자칫 우수한 학생들을 선발해 놓고도 인품과 창의성을 두루 겸비한 훌륭한 인재로 만들지 못하고, 많은 환자들에게는 고품격 진료의 혜택을 주지 못하는 우를 범할 수도 있기 때문입니다.

물론 무엇보다도 중요한 것은 교수가 각자 사명감을 가지고 열과 성을 다해야 하지만 그렇게 할 수 있는 여건은 만들어져 있는지도 한 번쯤은 돌아볼 필요성이 있다고 봅니다.

특히 요즘같이 경제논리가 대학에까지 파고들고 있는 세태를 볼 때 안타까운 마음을 금할 수가 없습니다. 과거에는 교수가 학문적 업적으로 평가받았지만 지금은 연구비가 그것도 연구 내용의 질보다는 연구비의 액수가 평가의 잣대인 양 혼란을 불러일으키기도 하고, 의학계의 진료학과 사이에서는 경제적 이유가 인기학과와 비인기학과로 나누는 잣대가 되어 재능 있고 훌륭한 젊은 의사들이 생명과 직결되는 의학 분야보다는 경제적으로 도움이 되는 분야에 더욱 관심을 나타내는 것이 현실이며, 극히 일부이긴 하지만 학문에만 정진해야 할 교수가 돈 되는 일에 눈을 돌리기도 하는 것을 보면서 학자로서의 삶에 대한 혼란이 일기도 하였습니다.

저는 지나친 욕심은 자기를 처참하게 만들 수도 있기에 무슨 일을 하든 남을 실망시키지 않으려고 노력하면서 대학에 있는 동안 교육, 연구, 진료에 매진하려 애써 왔으나 돌이켜 생각해 보면 다른 분들처럼 깊이 있는 학문적 결과가 없어 아쉽기도 합니다. 그러나 학문은 평생과제라는 말이 있듯이 앞으로도 더욱 여유를 가지고 가벼운 마음으로 동행하고자 생각하며 지난날들을 후회하지는 않습니다.

그동안 고려대학교의 큰 울타리가 있었기에 오늘의 내가 있을 수 있다는 것에 대해 늘 감사하고, 좋은 학생들과 유능한 젊은 의사들과 사제지간으로 함께할 수 있었던 것에 대해 보람이 있었고 그들과 함께했던 시간들이 귀중하고 행복했습니다.

그러나 지금 생각하면 아쉬움과 부족함이 더욱 많은 것 같습니다.

훌륭한 의사는 병을 치료하는 기술과 따뜻한 마음을 가지고 진료를 해야 하는데 질병에 대한 세부적인 의료기술을 중심으로 한 교육을 했던 것 같아 후회되기도 합니다.

특히 요즘같이 로봇수술 등이 성행하는 의료계의 현실에서 더욱이 앞으로 자칫 칩이 환자를 치료하는 시대가 온다면 로봇치료나 컴퓨터 칩에 의한 치료와 구분할 수 있는 우리 임상의사의 치료는 분명 달라져야 하며 질병만을 다루는 것이 아닌 질병을 안고 있는 환자, 즉 환자 전체에 집중하여 진단과 치료를 하는 따뜻한 마음과 의사의 체온이, 그리고 고심하는 숨소리가 전달되게 하는 것이 바람직하다고 생각합니다.

또한 요즘 우리는 소통이 강조되는 세대에 살고 있습니다. 고려대학교란 울타리 안에서 안주하지 말고 밖의 넓은 세상과 소통함으로써 더 큰 발전이 있다는 것을 알리는 소통에 대한 다양한 교육이 지금보다 더욱 강조되었으면 합니다. 다시 말해 학문에만 치중하지 말고 학교의 울타리 밖에서 세상을 살아가는 방법을 가르치는 것 중 하나로 소통에 대한 교육을 잘 진행하였으면 하는 바람입니다.

가르치는 사람은 인격과 학문 모두에서 학생들의 존경을 받아야 합니다. 그러나 사회적 분위기가 안정되지 못했던 지난 세대와는 달리 학생들이 진지하지 못하며 버릇없다고 생각하기 전에 자유롭고 안정되게 공부하며 성장하는 요즘 학생들의 귀감이 되면서 같이 호흡할 수 있는 선진화된 사고를 가진 교수가 되었으면 좋았을 텐데 하는 생각도 해 봅니다.

고려대학교는 매일 다르게 발전하고 있습니다. 이같이 발전하는 고려대학교를 바라보며 학교에 남아 있는 모든 분들과 같은 마음으로 우리 대학의 발전에 일조가 되도록 노력할 것을 다짐하며 여러분들의 건강과 가정의 행복을 기원합니다. 감사합니다.

통합을 위한 외도

이준상

1943년생 • 의과대학 의학과 1973-2008년 재직

고려중앙학원에 속하는 중앙 중·고를 졸업하고, 의과대학에 입학하여 1968년 졸업한 후 서울대학교 의과대학에 조교로 있다가 군대에 입대하여 베트남에 파병에 들기도 하였습니다.

1971년 12월 고려대학교 의과대학이 새로 생겨 1973년 3월부터 35년 6개월을 교수로서 한 직장에 봉직하는 영광을 얻은 인간 이준상입니다.

아버지도 법조인이고 제가 큰아들인 관계로 법조인을 꿈꾸다 할아버지의 반대로 의대에 진학했지만 무언가 아쉬움이 떠나지 않아 인문·사회과학에 관심을 가지고 생활하게 되었습니다(이 점에서 의학의 길을 가게 해 준 할아버지께 감사드립니다).

의과대학을 졸업한 후 기생충학을 전공하게 된 동기는 '우리 국민

의 90% 이상이 기생충에 감염되어 있으므로 다른 질환보다 먼저 기생충을 퇴치'하여야 한다는 일념 때문이었습니다. 우리나라의 경제·문화의 발전도 있었지만 기생충학 전공학자들의 피나는 노력의 대가로 기생충 감염률이 현재는 3% 이하로 떨어졌습니다. 얼마나 다행이고, 감탄할 일인가요.

1970년대 의과대학은 그룹 세력이 다투고 자기 기반 확보에 주력하는 분위기가 팽배했으므로, 인문·사회과학의 좀더 많은 지식을 얻기 위해 1983년까지 법학대학원 과정을 밟게 되었습니다. 이것이 근간이 되어 1992년 우리나라 최초로 의과대학 내에 의료법학연구소를 만들고 의료인·법조인을 대상으로 고위과정을 개설하여 많은 문하생을 배출하게 되었습니다. 그런 후 1995년 10월에 (사)한국의료법학연구소를 만들었습니다.

교직 생활에서 가장 큰 외도는 제가 1999년 6월부터 2년 6개월 동안 국립보건원장을 하게 된 것입니다. 그 당시 고위직 공무원을 공채하는 제도가 생겼는데 제가 첫 케이스입니다. 정치적 백그라운드도 없이 자발적으로 응시하게 되었으며, 운이 좋아 제가 발탁되었다고 생각하고 있습니다.

국립보건원은 국가 감염병 연구 및 관리와 생명과학 연구를 수행하고 질병으로부터 자유로운 세상을 여는 중추기관으로 ① 급·만성 전염성 질환에 대한 진단·예방조사 및 관리, ② 고혈압·당뇨병 등 만성질환에 대한 예방·진단 및 조사, ③ 유전체 실용화 사업을 통한 맞춤

형 치료기술 연구 등이 주요 활동입니다.

공직 마감하고 다시 학교에 들어오니 편안히 쉬게 하지 않더군요. 의과학연구원장을 위시하여 새로이 발족한 식품생의학안전연구소장(의과대학과 식품과학부가 각각 50%씩 참여)을 4년간 맡으면서 안암병원 건너편에 CJ식품안전관을 건립하게 되었습니다.

의사도 식품에 대한 관심과 연구가 필요하다고 생각하여, 대한의사협회에 국민건강위원회가 발족되자 제가 식품안전 분야 전문위원장을 맡게 되었습니다.

정년 퇴임이 임박하면서, 제가 바쁜 의학 관련 사회활동 때문으로 결실을 못 이루면서 구상만 했던 조직이나 학회를 서둘러 만들게 되었습니다. 일부에서는 학회 제조기라는 별명도 붙이더군요. 그래서 만든 것이 한국인체미학회, 대한여행의학회 및 현대미인연구원 등이 있습니다. 정년 퇴임 후 이들 학회를 좀더 발전시켜 사회의 기여도를 높이도록 노력하겠습니다. 왜 갑자기 인체미, 건강미, 미인 연구원이냐구요. 제가 서울대 미학과를 졸업하였기 때문에 의학과 미학을 통합하는 학문을 추구하게 되었죠.

저는 인생에 있어서 가장 중요한 것은 만남이라고 생각합니다. 아니 만남의 축복이라고 해야 더욱 강한 철학이 되겠지요. 먼저 인간으로 태어나기 위한 수정 때부터 죽을 때까지 만남이 얼마나 중요합니까? 행복, 성취, 성공, 불행 등 모든 것이 이 만남에서 시작되고, 결과가 얻어지는 것이지요.

다음은 학문의 만남을 생각합니다. 한 학문만 하신 분은 하나도 하기 힘든데 두 개, 세 개를 어떻게 하느냐! 하나라도 잘하라고 하십니다. 맞는 말씀이지만 사회는 얼마나 복잡합니까. 한 가지로 모든 사회를 꾸려 나가기보다는 두 개, 또는 세 개 이상으로 사회를 보아야 좀더 좋은 결과를 얻을 수 있다고 생각합니다.

근래 각광을 받고 있는 여러 학문의 통합, 즉 만남이 앞으로 사회의 표준이 되겠지요. 이렇게 함으로써 생각이나 사상, 작업 등 사회활동이 좀더 바람직한 방향으로 흐를 것으로 생각합니다.

끝으로 한국의료법학연구소의 목적 사업을 확장하여 ①의료 분쟁의 예방 및 상담 이외에 ②국민 모두에게 응급처치 교육 등 사회복지 활동과 ③사전의료의향 계획 등 생명윤리 활동을 펼쳐 나갈 것입니다. 특히 사전의료의향 계획 영상 촬영을 통하여 '품위 있는 죽음'을 준비하는 국민운동을 진개하고자 합니다.

또한 불충실했던 가정생활 특히 부부의 중요성을 높여 사랑과 건강이 깃든 가정이 되도록 정성을 기울이겠습니다.

그동안 많은 선·후배, 동료 여러분이 따뜻한 사랑과 도움으로 저의 일생을 열심히 개발하고 목표를 북돋아 주시어 무사히 정년 퇴임을 맞이하게 됨을 무척 감사하게 생각하겠습니다.

—2008년 8월 퇴임사

高麗大學은 나의 궁극적인 理想態

조정남

1944년생 • 정경대학 정치외교학과 1982-2009년 재직

저는 철이 든 이래 지금까지 군대에 다녀온 몇 년, 그리고 경북대학교에 재직했던 몇 년을 제외한 전부를 고려대학교와 늘 함께하는 생활을 해 왔기에, 고려대학교는 나의 생활의 현장이자, 또 마음의 고향이었다고 해도 과언이 아닙니다.

저는 그동안 고려대학교의 물과 고려대학교의 공기를 마시면서 성장했을 뿐 아니라, 고려대학교의 혼으로 사고하고 행동하면서 오늘에 이르렀습니다. 그렇기 때문에 저에게 있어 고려대학교는 생활의 장이자, 또 학문의 장이었으며, 나중에는 몸과 마음이 전적으로 그만을 향해 있는, 저의 궁극의 이상태이기도 했습니다. 때문에 나는 항상 고려대학교 안에서 초조해 하기도, 화를 내기도, 또 기뻐하기도 했습니다.

저의 고려대학교 생활을 되돌아보면 이를 몇 시기로 구분할 수 있

을 것으로 봅니다.

가장 먼저는, 배움의 시기였습니다. 1960년대 초반, 4·19, 6·3사태로 이어지는 한국 현대사의 큰 전환기를 앞장서서 만들어 온 고려대학교 정치외교학과에 몸을 두면서, 그 많은 천하의 영재들과 배움의 장을 함께할 수 있는 영광을 가졌습니다. 대단한 시기였습니다. 고려대학 정치외교학과는 이 시대, 이 나라의 진운을 한 몸에 떠안고 선구적인 대오를 정비했던 당대 최고의 지성과 야성의 전위대였습니다. 용광로와 같은 이글거리던 지성과 야성의 대오에 동참한 배움의 시기, 그리고 그곳에서 만났던 기라성 같은 선후배들과의 우정 어린 마찰과 경쟁을 통해 과거의 나를 벗어던지고 새로운 모습의 나로 변신을 할 수 있었음을 감사드립니다.

다음, 대학을 졸업하고 군대를 다녀온 후에는 비록 짧지만 퍽 의미있는 시간이 있었습니다. 그것은 고려대학교 교우회와의 만남이었습니다. 이것은 좀 특이한 경험이기도 했습니다. 그곳에서 저는 '고려대학교 교우회보'를 창간하는 기회를 가졌고, 그 신문의 발간을 통해서 고려대학교 교우회의 비약적인 성장과 발전을 목도할 수 있는 기쁨을 가질 수 있었습니다. 오늘날 10만 부를 훨씬 넘는 발행 부수를 자랑하면서 국내외의 교우들의 정다운 반려로서의 기능을 충실하게 수행하는 《교우회보》의 찬연한 모습을 바라보면서, 젊은 시절, 창간-편집국장으로 그 신문의 탄생을 주도한 저로서는 새로운 감회에 젖기도 합니다. 진정으로 이 매체가 더더욱 고대 사회는 물론 이 나라의 대학과대학 문화의 발전에 커다란 기여를 하게 되기를 바라고 있습니다.

고려대학교와 저와의 또 하나의 만남은 1982년부터 시작된, 후학을 가르치고 학문을 연구하는 정치외교학과의 교수로서의 시기였습니다. 이 시기는 가장 오랜 기간이기도 했으며, 또 제 생애의 가장 의미 있었던 부분이기도 합니다.

그동안 저는, 정경대학 정치외교학과에서 소련과 러시아 정치, 일본 정치 등의 동북아 지역 정치와 함께, 사회주의, 민족 문제 등 당대의 중심적인 정치 현상에 대한 강의와 연구에 매달려 왔습니다. 그러는 과정에서도 저는 특히 현대의 중심적인 정치 현상을, 그러한 현상을 만들어 내고 있는 인간관계에 초점을 맞춰 이해하려 애써 왔습니다. 그리고 그 연장선상에서 특히 현대의 정치현상의 중심적인 동력으로 작동하고 있는 '민족 문제'에 대한 탐구에 집중적인 노력을 기울여 왔습니다.

그래서 오래전부터 '한국민족연구원'이라고 하는 연구기관을 만들어 세계적으로 혼재되어 있는 현대의 민족 문제에 대한 현지 조사와 이론적 분석을 계속해 오고 있으며, 《민족연구》라는 전문적인 저널의 발행을 통하여 현대 민족 문제에 대한 실체 규명과 이의 해결을 위한 발전적 대안을 모색해 왔으며, 이 밖에도 학술 연구단체인 '현대민족학회'를 창립, 운영하는 등으로 국제화 시대의 인류 공통의 과제인 다문화주의 제도화를 위한 학제적인 연구를 수행하며 다양한 선도적인 노력을 계속하고 있습니다.

그리고 마지막으로, 학교 생활의 후반기인 2006년부터는 정경대학 학장과 정책대학원 원장의 책임을 맡을 수밖에 없었던 시기가 있었습니다. 억지로 떠맡은 보직이긴 했습니다만 이 시기도 저에게는 커다란 기쁨을 안겨다 주었습니다. 먼저, 제가 재직하는 동안 우리 고려대학 정경대학은 소속 학과 모두가 하나같이 전국 대학평가에서 제1위 학과로 뽑히는 큰 영광을 안게 된 것입니다. 복수의 학과로 구성된 단과대학에서 소속한 모든 학과가 전국 제일의 학과로 공인받았다고 하는 일은 한국 대학 역사상 전무한 일로서, 이런 경사가 제 임기중에 이뤄질 수 있었던 것은 대단한 행운이 아닐 수 없었습니다.

뿐만이 아닙니다. 정책대학원장으로 근무하는 동안에도 유별한 보람을 얻을 수 있었습니다. 정책대학원은 대체로 학업을 마치고 사회에 진출하여 현업에 종사하고 계시는 분들을 위한 재교육 기관입니다. 저는 여기서 이미 전문 직종에서 일정 정도 성취를 이루신 분들을 대상으로 지식도 전수했습니다, 그보다는 오히려 이분들과 만남을 통해서 이분들로부터 살아 있는 값진 삶의 지혜들을 더 많이 섭취할 수 있었던 것 같습니다. 그동안 대학이라고 하는 제한된 공간에서는 생각하지도 못했던, 실제적이고 값진 삶의 양식을 이 분들과 나눠 가짐으로 하여 저는 한층 더한 건강성을 저의 것으로 할 수 있었다는 점에서 이 또한 대단한 귀한 기회였던 같습니다.

이상으로 고려대학교에서의 저의 반생을 잠깐 회고해 봤습니다. 여기 모이신 은사님들을 비롯한 선후배 교수 여러분, 그리고 다양한 시기에 저와 함께 고려대학교라고 하는 학문의 장에서 자리를 함께했던 학우 여러분, 이제 저는 여러분들에게 간절한 한 가지 부탁의 말씀을 드리려 합니다.

그 부탁은 다름 아닌, 오늘의 이 정년의 자리를 '마침'과 '끝'이 아닌 새로운 시작의 자리로 만들려는 저의 노력에 여러분들이 적극적으로 협력해 주십사 하는 것입니다.

사실, '정년'이라는 것은 누구에게나 썩 내키는 말일 수는 없을 것입니다.

그것은 그것을 '마친다', '그만두다'라고 하는 의미로 이 단어를 해석했기 때문일 것이겠지요. 그러나, 저는 지금 제가 오늘 이 자리에서 맞이하고 있는 이 '정년'을 '마치는 해'가 아니라, 또 다른 시작을 위한 좀더 '정력적인 해'를 의미하는 '精年'으로 만들어 내고 싶습니다. 욕심이 많은 것 같지요. 그러나 이 같은 저의 욕심은 이 자리에 있는 여러분들이 지금과 같이 저와 늘 함께 어깨동무해 주실 수만 있다면 충분히 이뤄질 수 있는 '건강한 욕심'일 수 있다고 자신합니다.

여러분, 오늘 이 자리가 있기까지 저와 함께하신 것 이상으로, 오늘부터의 저와 변함없이 함께해 주실 것을 부탁드립니다. 그리하여 이제까지의 우리의 무대였던 고려대학교마저 훌쩍 뛰어넘는 좀더 높고 건강한 새로운 지평을 향한 도전에서 좀더 귀하고 알찬 열매들을 풍성하게 함께 추수할 수 있는 행복을 함께해 주시기를 바라면서, 이만 인사를 줄이겠습니다.

끝으로 여러분과 여러분의 가정에 건강이 늘 함께하기를 기원합니다.

감사합니다.

—2009년 8월 퇴임사

짧은 작별 인사

송하춘

1944년생 • 문과대학 국어국문학과 1981-2010년 재직

'감사하다'는 말 한마디로 저의

간절한 마음을 전하고자 합니다.

고려대학교가 있어서, 저의 생애는 풍요로웠고,

고려대학교가 있어서, 저의 삶은 보람 있었습니다.

그동안 고려대학교와 함께한 시간들을

아름다운 추억으로 간직할 수 있어서 행복하다는 말씀 전해 드리고 싶습니다.

살다가 갑자기 학교가 그리워지면 어떡하나, 겁도 납니다마는

그러나 앞으로도 저는 '전 고려대학교 교수'라고 하는 이름의

고려대학교 이름표를 달고 살아야 할 테니까,

참고 견디겠습니다.

앞으로 어디를 가든지, 우리 고려대학교가

날로날로 좋아진다는 소리가 들리기만을 바라면서

저는 이만 물러갑니다.

감사합니다.

명예로운 마무리

정봉영

1944년생 • 이과대학 화학과 1977-2010년 재직

존경하는 김정배 이사장님, 이기수 총장님, 교직원과 학생 여러분, 그리고 저희들의 정년 퇴임을 축하해 주시기 위하여 참석해 주신 귀빈 여러분, 대단히 감사합니다.

제가 고려대학교에 부임한 지 꼭 33년이 되었습니다. 제 인생의 반 이상을 고려대학교에서 생활한 셈입니다. 그동안 학교도 한없이 혁신되고 발전하였습니다. 그 과정에 적극적으로 동참해 왔기 때문에 건강한 몸으로 정년 퇴임하는 지금의 제 심정은 매우 뿌듯할 뿐입니다.

33년 전 명문 사학인 고려대학교에 부임해 옴으로써 해마다 똑똑하고 훌륭한 학생들을 만나 가르치는 즐거움을 만끽할 수 있었고, 150여 명의 뛰어난 석·박사과정 제자들을 만나서 하고 싶은 연구를 마음껏 할 수 있었으며 그래서 좋은 논문을 발표하고 국내외의 많은

저명 과학자들과 교류할 수 있는 영광을 마음껏 누릴 수 있었고, 학교에서의 보직뿐만 아니라 대한화학회를 비롯한 국내외 여러 학술단체에서 책임 있는 자리에 올라 열심히 봉사하는 생활도 또한 만끽할 수 있었습니다. 저는 이 모든 일이 제가 고려대학교에 재직하고 있었기 때문에 그리고 훌륭한 제자들이 있었기 때문에 가능했다고 생각하며 그래서 모두에게 감사하고 있습니다. 그리고 제가 부임할 때 두 살과 한 살이던 아들과 딸도 그동안 잘 성장하여 어엿한 가정을 이루고 사는 것도 고맙게 생각하고 있습니다.

이제 공부하며 성장했던 전반기와 가르치며 연구했던 중반기를 명예롭게 마무리하면서 다가오는 후반기 인생을 그려 봅니다. 그동안 함께해 온 아내 방희숙과 함께 더욱 건강하고 여유롭고 아름답게 그리고 더욱 감사하는 마음으로 살아가는 그림입니다.

고려대학교의 무궁한 발전을 기원합니다. 감사합니다.

—2010년 2월 퇴임사

무엇으로 기억될 것인가

김선웅

1945년생 • 과학기술대학 디스플레이·반도체물리학과 1983-2010년 재직

얼마나 살았다고 벌써 살아온 얘기를 하느냐? 얼마나 지내 왔다고 인생을 들먹거리는가? 그렇다. 그러나 나도 이제 정년이라니 한 번쯤 뒤돌아보는 것도 좋지 않을까 하는 그런 생각이 불현듯 든다. 인생을 앞서 살아간 여러 선배님께서는 그저 지나가는 한 후배가 느낀 작은 생각으로 너그러이 받아 주시기 바란다.

길지도 않지만 짧지도 않은 직장생활과 함께 근 36년여의 세월이 흘렀다. 연구원으로 또는 교원으로 바쁘게 살다 보니, 세월은 문틈으로 내다볼 때 순간적으로 휙 지나가는 화살과 같다고 한 누군가의 말이 새삼 예사말이 아니구나 하는 생각이 든다. 그동안 나름대로 많은 사람과 만나고 학생들을 가르치고 연구하다 보니 세월은 그렇게 소리 없이 흘러만 갔다. 그동안 만나 왔던 사람들은 주로 과학 관련 외부의

연구원들과 대학의 학생들, 동료 교수, 직원 등이다. 그 와중에도 특별히 기억에 남는 몇몇 부류의 사람들이 있다는 것을 나이 들며 저절로 터득했다. 학자로서 또는 연구원으로서 공부하거나 연구할 생각은 없고, 감투를 위해서 항상 동분서주하며 사람들 만나느라 매일같이 분주한 그들, 감투 하나를 얻으면 완장 차고 더 위로 올라가려고 확실히 줄을 대는 그들, 아랫사람들을 쥐어짜며 승승장구하는 '난 사람'이 있다. 그런가 하면 똑똑한 머리로 공부를 많이 해 박사학위를 받고 교수가 되었지만 베푸는 것은 없고 오직 자신만 아는 '든 사람'도 있다. 그러나 남이야 무어라 하건 묵묵히 자기 일에 충실하며 맡은 일이 있으면 진정으로 온 힘으로 수행하되 교만하거나 거만하지 않고 타인을 배려하는 정말 '된 사람'도 있다.

그런 사람 중에 나는 어떤 부류의 사람일까? '난 사람'처럼 교만하거나 거만하지는 않았는지, 행여 나만 아는 이기적인 '든 사람'처럼 행동하지는 않았는지. 지난 일을 돌이켜 보면서 내가 떠나고 나면 남은 사람들의 눈에 나는 과연 무엇으로 기억될 것인가? '난 사람, 든 사람 아니면 된 사람'일까? 이러한 송곳 같은 인생의 질문에 왠지 부끄럽고 후회스럽기까지 하다.

노벨상의 창시자인 알프레드 노벨은 1888년 한 신문에 자신의 친형인 루트비히 노벨의 사망이 기자의 잘못으로 '죽음의 상인 알프레드 노벨 사망'으로 기사화되어 나간 것을 보고 큰 충격을 받았다. 그 후 그는 '나는 사람들에게 무엇으로 기억될 것인가?' 하는 7년 동안의 고민 끝에 '죽음의 상인'이 아니라 '인류에 수여되는 최고로 가치 있는 상'의 창설자로 기억되기 위해 자신의 전 재산을 흔쾌히 던질 수 있었다. 당시 독신이었던 노벨은 다이너마이트의 발명으로 350여 개의 특허권과 90여 개의 기업체를 거느렸던 당대 굴지의 기업가였다. 하지만 '나는 무엇으로 기억될 것인가?'라는 송곳 같은 인생의 물음에 세계의 모든 사람이 존경하며 부러워하는 '한 방'을 멋지게 날렸다. 그는 우리를 이렇게 기쁘게 하며, 오래오래 우리의 기억에 남는 '된 사람'으로 아니 정말로 멋진 사나이로 우리에게 남아 있는 것이다. 이렇게 '된 사람'은 우리 주변에서 적지 않게 찾아볼 수 있다.

'전하, 신에게는 아직도 12척의 배가 남아 있습니다'라고 하면서 133척의 왜선과 맞선 장군 이순신. 나라에 대한 그 충성스러운 모습은 처절하기까지 하다. 마지막 전투에서 죽음을 택했던 그의 투철한 군인 정신은 어떠했는가? 그의 삶이 멋지다고 생각하면서도 존경과 안타까움, 슬픔이 얽힌 먹먹함이 가슴 가득 차오르는 것은 어쩐 일일까. 죽음 앞에서도 '그래도 지구는 돈다'라고 말했다는 갈릴레오 갈릴레이와 같은 이들이 그들이다. 정말로 멋진 분들이다. '된 사람들'이다.

우리 같은 범인들이 감히 그렇게는 못할지언정 어디 한번 흉내라도 내볼까 하는, 그런 '된 사람'이 그리운 시절이다. 우리는 과연 무엇으로 기억될 것인가? 우물쭈물하지 말자! 머뭇거리지 말자! 시간은 우리에게 많지 않다. 영국의 극작가 조지 버나드 쇼의 묘비에는 '우물쭈물하다가 내 이럴 줄 알았다(I knew if I stayed around long enough, something like this would happen)'라고 쓰여 있다. 우리의 통념을 여지없이 깨는 말이 아닐 수 없다. 아무리 글 쓰는 것을 평생의 업으로 삼았고 위트와 유머가 넘치는 사람이었을지라도 자기 묘비에 이렇게 새겨 놓기란 참으로 어려울 것이다. 그러나 그는 인간들이 늘 우물쭈물하다가 이것저것 다 놓치고 만년을 후회로 끝낸다는 것을 이미 잘 알고 있었을 것이다. 그렇다. 이제라도 우물쭈물하지 말자. 머뭇거리지 말자. 증오하지 말자. 남의 것을 탐내지 말자. 나 자신이 힘들어진다. 내 건강이 나빠진다. 용서하며 살자. 서로 사랑하며 살자. 베풀며 살자. 순리를 따르자. 그러면 마음이 편해진다. 몸이 건강해진다. 나를 위해서 말이다.

이해인 시인의 오늘을 위한 기도 중에 이런 문구가 있다. "제가 남으로부터 받은 은혜는 극히 조그만 것이라도 다 기억하되 제가 남에게 베푼 것에 대해서는 아무리 큰 것이라도 잊어버릴 수 있는 아름다운 건망증을 허락하소서."

우리 캠퍼스를 사랑합니다. 여러분 우리의 캠퍼스를 더욱 발전시켜 주십시오. 많은 이들로부터 사랑받고 아끼는 캠퍼스로 만들어 주십시오. 여기까지 저를 행복하게 해 주신 물리학과 교수님들과 여러 동료 교수님들 그리고 동료 직원 선생님들, 그리고 사랑하는 우리의 학생들, 진정으로 사랑합니다. 그리고 정말 감사합니다.

—2010년 2월 퇴임사

존경받는 의사가 되십시오

박상원

1945년생 • 의과대학 의학과 1977-2010년 재직

오랫동안 정들었던 학교를 떠나게 되니 섭섭한 마음을 갖게 되는 것은 인지상정인가 봅니다.

정형외과 의사로서 39년 6개월, 의과대학 교수로서 33년 6개월간 재직하면서 대과 없이 정년 퇴임을 하게 된 것은 여러분의 보살핌 덕분이라 생각됩니다.

제가 학교에서 또는 정형외과 학회를 비롯한 여러 학회에서 보직을 맡거나 임원으로 활동하게 된 것은 학교 당국과 교수, 동문, 친구 및 친지 등 여러분께서 도와주신 때문입니다.

제가 교실을 떠나더라도 연구 및 진료에 정진하는 우수한 후배 교수들이 많기 때문에 고대 의대 정형외과학 교실은 앞으로 더욱 발전할 것이며 타 대학 정형외과학 교실을 능가하는 훌륭한 교실로 성장

할 것입니다.

후학들에게 한두 가지 부탁의 말씀을 드리고 싶습니다.

첫째 각자의 본분에 충실하시기 바랍니다.

학생의 본분은 공부를 열심히 하는 것이고 교수의 본분은 학생을 성실히 교육하고, 연구하고, 논문을 쓰고, 성실히 환자 진료를 하는 것입니다. 학회나 단체의 임원, 학교 보직, 사회적 지위 등 어떤 자리에 너무 미련을 갖지 않기를 당부 드립니다.

둘째 신의를 지키는 사람이 되기를 바랍니다.

아무리 학문적으로 우수하더라도 인생을 살아가는 데는 신의가 중요하다는 것을 명심하고, 친구 간에, 동료 간에, 선후배 간에, 사제간에 신의를 배반하는 사람이 되지 않기를 부탁드립니다.

다음은 하버드 대학 부속 병원인 매사추세츠 제너럴 병원(MGH)의 수술실에 걸려 있는 현판의 내용입니다.

> THIS OPERATING SUITE HAS BEEN GIVEN BY A GRATEFUL PATIENT IN MEMORY OF DR. MARIUS N. SMITH-PETERSEN DEDICATED ORTHOPAEDIC SURGEON CLINICIAN AND RESEARCHER 1969

저는 비록 이룩하지 못했지만 남아 있는 여러분께서는 SMITH-PETERSEN 교수와 같이 존경받는 의사가 되기를 당부 드립니다.

지난 37년간 헌신적으로 내조해 준 사랑하는 처와 사랑하는 딸들 가족에게 고마움을 표하고 싶습니다.

밖에 있더라도 고려대학교, 의과대학, 정형외과학 교실의 발전을 위해서 미력하나마 노력하겠습니다.

다시 한 번 여러분의 성원에 감사드립니다.

여러분 모두 건강하시기 바랍니다.

—2010년 8월 퇴임사

후학들에게 남기고 싶은 말

이평우

1945년생 • 의과대학 의학과 1977-2010년 재직

> 우리는 사실에만 의존해야 한다. 사실이란 자연이 준 것이라서 속이지 않기 때문이다. 우리는 어떠한 경우에도 실험 결과에 따라 판단해야 한다. 억지로 진리를 찾으려고 하지 말고, 실험과 관찰이 주는 자연적인 길을 따라야 한다.

이 말을 남긴 이는 프랑스 화학자, 앙투안 로랑 라부아지에(Antoine-Laurent Lavoisier, 1743-1794)이다. 위의 말처럼 관찰과 실험을 통한 자연의 가르침을 중시한 라부아지에는 '질량보존의 법칙' 등 중요한 업적을 많이 남겨 근대 화학의 아버지로 불린다. 하지만 그 같은 업적에도 불구하고 그는 중년의 아까운 나이에 단두대의 이슬로 사라진 불운의 과학자였다.

나는 현직에 있을 때 위의 말을 내 업의 신조로 삼았고, 또 자주 제자들에게 이를 인용하며 실천하기를 가르쳤다. 그리고 자연은 연구자가 질문한 방식에 따라 그 분량만큼만 해답을 제시해 준다는 것을 강조하곤 했다. 그러므로 실험계획을 잘 세우고 질문 이상의 해답을 바라지 말라고 충고하였다. 나아가 얻어진 실험 결과를 정리해 논문으로 작성할 때는 사실만을 제시할 것이며, 상상이나 조작은 절대로 금기시하였다. 또한 과학자 본연의 자세는 자연이 제시한 결과만을 엄정하게 관찰하고 분석하여 이를 논문으로 기술하는 진지한 대필자의 역할임을 늘 자각하도록 지도하였다. 그리고 이에 더하여 수신(修身)으로는 '양반(선비)은 얼어 죽어도 곁불은 안 쪼인다'는 말로 학자의 존엄과 지조를 가르쳤다.

정년 후 나는 젊은 후학들이 지식과 지혜 그리고 경험을 나누는 일에 기여할 수 있기를 바라 본교 핵심교양의 미생물·바이러스 강좌를 맡아 학생들을 가르치고 있다. 본 강좌는 생명과학도 이외에 인문·사회계 학생과 이·공계 학생들이 더 많이 수강하며, 또한 교양과목이니만큼 이전 현직 때 의대생들을 가르치던 생경한 이론 중심의 강의 스타일에서 벗어나, 인류 역사, 문화사 및 비사(秘史)와 걸출한 미생물·바이러스 학자들의 생애에 관한 내용을 더하여, 좀더 유연하게 스토리텔링(storytelling) 방식으로 강의를 진행하고 있다. 나아가 후학들의 인생에 이정표가 될 만한 금언·명구들, 예컨대 '올바른 처신과 분수'에 관한 '鳶飛戾天 魚躍于淵', '말과 침묵'에 관한 신흠(申欽)의

'君子之嘿也 如玄天, 如深淵, 如泥塑. 其語也, 如珠玉, 如蕙蘭, 如鐘鼓', 그리고 남명 조식 선생의 생애관인 '內明者敬 外斷者義'와 파스퇴르나 코흐 같은 과학자들의 명언들을 강의 말미에 들려줌으로써 인격적 수양을 통한 교양인으로서 자세를 가다듬는 기회가 되도록 가르치고 있다.

'鳶飛戾天 魚躍于淵'의 뜻을 후학들에게 들려주는 연유는 대략 이러하다. 나의 아호는 '戾天(여천)'이다. 나를 잘 아는, 경서에 조예가 깊은 친지로부터 받은 것인데, '戾天'의 의미와 이를 내 아호로 짓게 된 뜻을 들으니 공감이 가고 또한 나의 삶의 지표와 철학과도 잘 부합하기에 이를 쾌히 나의 아호로 삼게 된 것이다.

'戾天'의 원전은《중용(中庸)》인바, '鳶飛戾天 魚躍于淵'의 중용과《시경》에서의 그 심오한 의미는 접어 두고, '鳶飛戾天 魚躍于淵'의 또 다른 의미는 '萬物 各得其所', 즉 '만물은 그 모두가 각자 있어야 할 장소나 지위를 득(得)'한바, 그 자리에서 각자의 역할에 최선을 다함이 도를 행하는 것이 된다는 것이다. 즉 솔개는 유유히 하늘에 날아 그 역할을 다하고, 물고기는 물속에서 힘차게 뛰놀아야 그 소임에 충실하고, 나아가 이것이 도와 이치에 맞는다는 것이다. 만약에 솔개가 물속을 동경하고, 그 반대로 물고기가 하늘을 꿈꾸어 그 역할이 바뀌게 된다면 그들의 운명은 어찌될 것이며, 또한 세상의 질서는 어찌될 것인가! 이처럼 세상 만물은 모두가 그 맡은바 직분이 있는바, 인간 사회 또한 그러하다.

각자가 자기 자리에서 최선을 다하고 그 역할을 존중하는 사회! 이는 내가 항상 유념하고 살아가는 좌우명으로서 '守分知足'과도 그 뜻이 닿아 있다. 또한 성서의 '사람이 자기 일에 즐거워하는 것보다 나은 것이 없나니 이는 그 분복이라'(〈전도서〉 3:22)는 말씀과도 같은 뜻이다. 스웨덴의 종교가요 교육자였던 칼 힐티는 '인간 생애의 최대의 날은 자기의 역사적 사명, 즉 신이 지상에서 자기를 어떤 목적에 쓰려고 하는지를 자각하는 날이다'라고 했다. 이 말 또한 사람이 자신의 직분을 자각하고 그것에 최선을 기울임이 인생의 가장 큰 가치임을 강조하는 말이다.

요즘 세상에는 이런 이치를 망각하고 경거망동하여 세상의 질서를 흐트러뜨리는 일들이 너무 많아 갈수록 세상이 어지럽고 혼탁해져만 간다. 세상의 모든 만물과 뭇 생명들이 이 이치에 따라 존재하고 살아가면 온 세상이 질서 속에서 화평과 평안을 얻게 될 것인즉, 나의 지향하는바, 삶의 목표로서의 '戾天'이 갖는 의미는 여기에 있다. 해서 후학들에게 '鳶飛戾天 魚躍于淵'의 의미를 가르치고자 하는 것이며, 또한 말로써 그 혼탁함이 극에 달한 현 세태에 신흠(申欽)의 〈어묵편(語嘿篇)〉의 '君子之嘿也…'를 들어 말과 침묵에 관해 충고함도 그러한 것이다.

이 같은 학문 탐구와 인격 수양을 아우르는 나의 정성이 통해서인지 몰라도 많은 학생들이 나의 강좌를 좋아한다. 이런 학생들과의 즐거운 만남이 있어 요즈음 난 참 즐겁고 행복하다. 그래서 나는 지금도 행복한 '안암골 샌님'이다.

끝으로 지난 2010년 8월 31일에 있었던 정년 퇴임식에서 행한 나의 퇴임사를 다시 꺼내 실어 그날의 심경을 되새겨 본다.

퇴임사

먼저 오늘 이처럼 융숭한 정년 퇴임식 자리를 마련하기 위해 노고를 아끼지 않으신 재단 이사장님과 총장님 이하 학교 관계자 여러 분 그리고 이 자리를 빛내 주시기 위해 참석해 주신 내외 귀빈 여러분께 깊은 감사의 말씀을 올립니다.

그동안 정년이란 것을 어디 먼 곳의 남의 일쯤으로만 여겨 왔는데, 오늘이 바로 저의 정년 퇴임식 날이라니 솔직히 아직도 실감이 나질 않습니다. '우물쭈물하다가 이렇게 될 줄 알았다'고 한 버나드 쇼의 묘비명(墓碑銘)이 꼭 요즘의 저의 심경을 가리키는 말 같습니다. 이처럼 저는 매사 뒷북을 잘 칩니다. 이제 대학교수 노릇 제대로 할 수 있을 것 같은데, 정년을 맞게 됐으니 말입니다.

요즘 와 그간의 저의 행적들을 되돌아보니 길고 먼 등산 코스 하나를 종주하고 난 느낌입니다. 숱한 시행착오와 난코스도 많았지만 무사히 하산했을 때 갖게 되는 안도감 같은 그런 느낌, 말입니다.

이제 다시 새로운 인생의 산행을 준비하고자 합니다. 먼저 산행의 경험을 십분 살려, 좀더 즐겁고 유쾌하며 건강한 산행이 되도록 해야겠습니다.

끝으로 교감학(校勘學)의 세계적 권위자인 대만대학 왕슈민 중문학 교수의 자작시 〈습로(習勞)〉의 한 구절을 읊으며 저의 퇴임사를 갈음하고자 합니다.

> 사십 년 교육자 생활에 아직 재산 없으나 온 방안 향기로운 책 있어 행복하네. 내 사랑하는 학문세계는 추궁해도 끝이 없고 노고에 익숙하여 아직 차마 한가한 삶 읊지 못하네.

여러분 모두 건강하십시오. 감사합니다.

고려대학교여 영원하라!

위성식

1945년생·사회체육학부 1981-2010년 재직

고려대학교와 42년….

한 번도 이곳을 떠나 본 적 없이 그 긴 세월을 함께했습니다.

1969년 11월 총장 발령의 교양체육 조교로 시작하여 2011년 2월 말 교수 및 체육위원장 직을 끝으로 정규직 학교생활을 끝냈습니다. 그동안 학교는 나에게 많은 것을 해 주었고 경험하게 해 주었습니다.

제가 처음 학교에 오게 되었을 때는 체육계열 학과는 없었고 체육위원회의 5개부 활동만 전 국민의 관심 속에서 활발하게 그 역할을 하던 때였습니다. 그 후 이공대학에서의 체육학과가 1970년에 개설되었고 이어서 사범대학 체육교육학과로 발전을 하면서 오늘에 이르렀습니다. 이때는 조교로서 새로운 학문의 영역이 출발하는 과정을 배우고 익히며 탄생의 어려움을 눈으로 보며, 또한 새내기를 맞이하는 즐거움도 함께했던 시기였습니다. 1981년 3월 고려대학교 조치원 분교의 개설과 함께 교양체육 교수로서의 첫발을 내딛게 되었습니다. 교수로서의 역할을 부여받고 내가 무엇을 어떻게 해야 하는 것인가 하는 것에 많은 고민과 걱정을 했었던 시기이기도 하였습니다. 교수로서의 활동과 1980년대의 학생운동의 정면에서 고뇌와 갈등은 말로 표현하기 어려운 시기이기도 하였습니다.

1989년 3월 드디어 교양체육 담당교수로서 전공을 살릴 수 있는 학과의 설립은 제 꿈과 희망을 실현시켜 주는 커다란 선물이었습니다. 이런 시기에 학교는 큰 힘이 되었고, 큰 배려였으며, 모든 것을 지원해 주며 용기를 북돋아 주는 기둥 그 자체였습니다. 사회체육을 학문으로 받아들여 학과를 시작으로 학부를 만들도록 하였고, 그 속에서 석·박사를 양성하여 후학을 가르치도록 해 주었습니다. 학생들과 동고동락하면서 학문하는 기쁨을 안겨 주었으며, 학교가 후견인이 되어 사회 봉사활동의 기회도 주었습니다. 체육과 관련된 학회의 책임자로서, 체육 관련 단체의 임원으로서, 관련 분야에서 소통과 융화의 정신으로 공생 발전의 밑거름을 마련하는 데 일조하며 봉사할 수 있는 기회가 있었습니다.

학교는 언제나 각자가 갖고 있는 능력을 최대로 발휘할 수 있도록 기회와 조건을 갖추어서 제공하였습니다. 이것이 고려대학교가 나에게 그 고마움을 잊지 못하게 하는 이유들이었습니다. 또한 정년을 마친 나에게 한국의 엘리트 체육의 산실인 체육위원회 위원장직을 계속 수행케 하는 특혜를 베풀어, 고려대학교에서 처음으로 예외의 혜택을 누릴 수 있었습니다. 이렇듯 많은 것을 제공해 주던 학교를 막상 떠나고 보니 아쉬움 또한 큽니다. 있을 때 좀더 열심히 그리고 적극적으로, 내가 해야 할 일을 잘했더라면, 하는 반성입니다. 능력이 따르지 못해서 안 되는 일은 어쩔 수 없다 하더라도 노력이 부족해서 못했던 일은 없었는지 되돌아보게 됩니다. 고려대학교는 참 너그럽습니다. 그리고 모든 것을 용납합니다. 그래서 학문도, 제도도, 자연스럽게 최고를 지향하고 발전하는 것일 것입니다. 내 한평생을 고려대학교에 바침과 동시에 의지하면서 살아온 세월, 결코 후회 없는 고마운 학교라는 생각을 떨쳐 버릴 수가 없었습니다. 무질서 속에서의 질서 그것이 민주주의의 이상이니까 이제 학교를 떠났어도 고려대학교의 발전에 항상 관심을 보이며 제 자신이 할 수 있는 일이 있다면 학교가 원한다면, 멀리서라도 기꺼이 제 역할을 할 수 있도록 노력할 것입니다.

체육을 전공한 한 사람으로서 체육이라는 학문이 미래 고려대학교에서 그 기능과 그 역할을 충실하게 할 수 있도록 많은 배려 있기를 기대합니다. 특히 고·연 정기전의 특성상 어쩔 수 없이 승패의 결과에 따라 희비가 엇갈리는 것은 인정하되 그 준비 과정에서의 정정당당함이 승패를 넘어서는 스포츠로서의 의미를 담을 수 있도록 배려해야 한다고 생각합니다. 스카우트에서부터 운동부의 운영에까지 고려대학교다움의 미래를 열어 가길 기대해 봅니다. 정든 학교, 교수로서의 꿈을 보장했던 학교, 개인과 학교의 명예를 위해서 지원을 아끼지 않았던 영원한 그 이름은 고려대학교입니다. 감사합니다. 그리고 행복했습니다.

또 다른 문으로 들어서며

홍석인

1946년생 • 공과대학 화공생명공학과 1979-2011년 재직

'바르게 살고 열심히 일하자'를 가슴에 안고 석탑과 함께한 지난 30여 성상, 괴로운 일과 슬픔보다 즐거운 일과 기쁨이 많았던 기간이었습니다. 감사, 감사, 그리고 또 감사하고 행복했습니다. 이제 석탑의 예비역이 된 것에 자부심을 품고 홀가분한 마음으로 문을 나섭니다.

'남에게 충고하지 말자. 과거를 회상하지도 미래를 걱정하지도 말자. 이웃과의 사랑을 만들어 가자'를 가슴에 품고, 설계도도 없이 제2의 길을 떠납니다. 자연과 좋은 관계를 맺으며, 아름다운 뇌 지도를 만들어 가렵니다. 이 억누를 길 없는 벅찬 가슴을 움켜잡고 또 다른 도메인의 문을 들어섭니다.

나의 석탑이여 영원하라! 안녕히 계십시오.

—2011년 2월 퇴임사

잠시 멈추어 생각에 잠기며

진영선

1945년생 • 디자인조형학부 1979-2011년 재직

정년 퇴임식을 하는 이 순간은 아마도 하나의 선을 그어 놓고 하나의 일에서 다른 하나의 일로 넘어가는 과정이라고 보고 싶습니다.

즉 늙어간다는 뜻이지요. 왜냐하면 원래 늙어간다 말은 '늘 거한다', 즉 '늘 간다,' 그래서 '늙어간다'라는 말로 알고 있습니다.

한 살 때의 나, 스무 살 때의 나, 마흔 살의 내가 모두 오늘의 나에 와 있습니다. 그래서 오늘이 얼마나 소중한지 모릅니다.

이때의 '오늘'은 계속 진화할 것입니다. 그래서 20년 후의 나 역시 그때의 '오늘'을 살고 있지 않겠습니까. 과거의 어제가 오늘에 와 있고 지금 이 현재는 다시 미래의 오늘이 되겠지요.

저는 죽 그림을 그려 왔습니다.

어릴 때부터 그림을 그리고 전공도 미술, 조형예술, 미술교육이었

고 만 29세에 전임이 되어 35년이라는 긴 세월 동안 대학 강단에 섰습니다.

고려대학에서 처음으로 예술계 학과인 미술교육과를 1989년에 시작하였으니 벌써 22년 전입니다.

하나의 씨알에는 큰 숲이 들어 있는 법입니다.

이 씨알이 큰 숲으로 자라기 위해서는 실력 배양이 필수이며 이 과정에서 비약이란 절대 없다는 생각으로 지난 35년 동안 교육에 매진하였습니다.

풀과 나무는 밝은 쪽으로 그 가지를 뻗치게 됩니다. 조형학부를 포함한 우리 모두의 미래는 희망과 이상이 키워드라고 하겠습니다.

프랑스의 화가 폴 고갱은 가족과 고국을 멀리하고 태평양의 타히티섬에서 제작에 몰두하였습니다. 수많은 걸작을 남겼지만 그가 죽기 전 남긴 대형 벽화가 있습니다. 〈우리는 어디서 왔는가, 우리는 누구인가, 우리는 어디로 가는가〉라는 제목의, 인생을 서사시로 펼쳐 놓은 작품입니다.

저는 나머지 시간을 이 물음 '나는 누구인가 어디서 와서 어디로 가는가'라는 대명제의 진아를 찾는 작업에 매진하려 합니다.

2005년 고려대학교 100주년을 앞두고 재단으로부터 100년의 역사를 그림으로 풀어 달라는 제안을 받았습니다. 보통의 화보집이나 텍스트 위주의 역사책이 아니라 이미지를 부각시켜 역사를 풀어 가는 형식의 그림집입니다. 1905년부터 100년 역사를 꿰뚫는 빛바랜 사진 속 인물을 만나게 되는 예술적 여정이기도 하였습니다. 바로 이 책입니다.

백년사 자료, 졸업앨범, 교우들의 손때가 묻고 구겨지고 잉크 흘린 자국이며, 찢어진 사진들. 그 속에 숨어 있는 절절한 사연들은 참으로 소중하게 예술로 다시 피어나는 그들의 존재를 말해 주고 있었습니다. 1905년 소담스럽게 출발한 아어학교, 수송동, 송현동 교사를 거쳐 이 자리 안암리에 정착하기까지 그 배움터에서 두루마기를 입고 사각모 쓴 당당하던 그 시대의 삶의 초상들이었지요.

이 배움터를 옮기고 지키며 발전시키는 데에 자신의 온 몸과 정열을 오롯한 염원으로 바친 분들입니다.

우리가 서 있는 이 터가 어떤 터인지를 잘 아시리라 생각합니다. 한 스승 말씀이 '고려대학교 교정에 서기가 어려서 그 주변이 환하게 빛을 발한다'라고 하십니다.

그만큼 이 배움터는 신성하고 미래와 맥을 잇고 있음을 말함이겠습니다.

이 역사는 교육적인 자각성이, 우리 하나하나의 심중에서 이루어질 때 비로소 인류 교육과 우주 교육의 이념이 세계화하여 생명을 얻게 되고 그래서 원형 운동을 이루며 성장하게 되리라 생각합니다.

저는 고려대학교의 이러한 생명의 약동을 어디에 있든지 열심히 응원하며 지켜보겠습니다. 감사합니다.

—2011년 2월 퇴임사

세 가지 기도

김인환

1946년생 • 문과대학 국어국문학과 1979-2011년 재직

젊어서는 행동하지 않는 신념을 불신하였으나 나이가 들면서 행동에 옮기지 못하더라도 신념은 신념대로 의미가 있는 것이 아닐까 하는 생각이 들기 시작하였습니다. 이제 정년을 맞고 보니 연구야 끝내지 못한 것이 남아 있어서 조금 더 해야 할 것 같지만 강의에는 이미 마음이 천 리 밖으로 달아나고 있는 것을 스스로 느낍니다. 연구를 계속한다고 해 보아야 늙은 가수에게 새로 부를 노래가 어디 있겠습니까? 마무리를 휘갑할 수 있다면 마음이 덜 아쉬울 것이라는 희망 때문에 손을 놓지 못하고 있을 따름이지요. 그러나 나이가 더해질수록 신체가 약해지는 것이 자연의 이치라고 하더라도 기도만은 젊은 사람보다 늙은 사람이 더 잘할 수 있지 않을까요? 젊은 사람에게는 할 일이 많기 때문에 그들은 자기 잘되라고 기도하는 데 비하여 할 일이 많이 남아

있지 않은 늙은 사람들은 남 잘되라고 기도하기 때문입니다. 강의와 연구에 들이는 시간을 줄이는 대신에 저는 고려대학교 잘되라고 기도하는 시간을 늘리려고 합니다.

첫째 고려대학교가 우리 모두에게 마음의 고향으로 영원히 남아 있기를 기도하겠습니다. 지난 백여 년 동안 고려대학교와 잠시라도 관련을 맺은 사람은 재학생이건 졸업생이건 중퇴생이건 누구나 고대를 사랑하고 고대를 마음의 고향으로 여기는 데 조금의 주저도 보이지 않았습니다. 산업화가 해체시킨 고향의 분위기를 그들은 고려대학교 속에서 변함없이 보존할 수 있었습니다. 이 나라의 어느 곳에서나 고대를 졸업한 사람이면 한결같이 중심이 있고 안정성이 있는 인간이라고 믿고 대접해 준 이유도 여기에 있었습니다. 머리가 좋건 나쁘건 돈이 많건 적건 고대라는 고향 안에서 어울려 술잔을 주고받고 이야기를 나누면서 학생들은 이 세상의 어느 곳에서 누구를 만나더라도 능히 함께 살 수 있는 힘을 얻었습니다. 이 세상에서 제일 불쌍한 사람은 고향을 미워하는 사람입니다. 고향이란 바로 운명의 뿌리이기 때문입니다. 국적은 바꿀 수 있으나 학적은 바꿀 수 없다는 사실을 상기해 본다면 고대가 우리의 운명이라는 말이 과장이 아니라는 것을 이해하게 될 것입니다. 만일 미래의 어느 시기에 고대 안에 뿌리 뽑힌 사람이 늘어가는 현상이 나타난다면 그것은 고려대학교의 최대 위기가 될 것입니다. 저는 입학 성적에 지나치게 구애되는 것을 바람직하게 생각하지 않습니다. 고등학교 때 미처 개발되지 못한 능력을 발전시키는 것도 대학이 할 일들 가운데 하나일 것입니다. 더군다나 지방자치의 시대에 지방 학생들이 감소하는 것은 앞으로 고려대학교의 발전에 지장을 초래하게 될 것입니다. 저는 장차 통일이 되어 함경도와 평안도 학생들이 충청도, 경상도, 전라도 학생들과 어울려 막걸리를 마시면서 우리의 진짜 고향은 고려대학교뿐이라고 진심으로 다짐할 날이 오기를 기도하겠습니다.

둘째 저는 고려대학교의 후배 교수들이 세계 최고의 학자가 되기를 기도하겠습니다. 저는 고등학교 때 축구를 하다가 머리를 심하게 다친 데다 화농성 중이염이 심해져서 거의 백지 상태로 대학에 들어왔습니다. 조지훈 선생님과 정한숙 선생님의 강의를 들으면서 전율에 가까운 감동을 받았고 공부에 재미를 느끼면서 건강도 차차 회복되어 대학원에 진학할 수 있었습니다. 국문과 은사들에 대해서는 여러 차례 말씀 드릴 기회가 있었으므로 이 자리에서는 또 한 분의 은사이신 불문과 강성욱 선생님에 대하여 말씀드리려고 합니다. 대학교 1학년 때 《고대신문》에서 불문과 황현산 형의 〈목포에서〉라는 서한체 수필을 읽고 감동을 받은 저는 2학기에 개강하자마자 황 형을 찾아가 인사를 트고 그와 친구가 되었습니다. 황 형과 함께 강성욱 선생님을 찾아뵈온 날 선생님께서는 공부는 허술하게 하면 안 된다고 깨우쳐 주셨습니다. 그날 이후 선생님께서는 세계 최고의 학자가 어떻게 공부하는 것인가를 우리들에게 몸소 보여 주셨습니다. 황현산 형은 그의 저서를 강성욱 선생님께 헌정하면서 다음과 같이 기록하였습니다. "선생님의 깊은 지식과 어느 고행자도 따르지 못할 그 수행력이 어려운 시절 저를 견디게 하고 오늘의 저를 있게 하였다. 용기를 내어 이 책을 선생님께 바친다." 학부 시절 선생님으로부터 발터 벤야민에 대하여 배웠는데 벤야민의 글들은 50년이 지난 요즈음에야 미국에서 논의되고 있으니 선생님의 학문이 어느 정도로 철저한 것인가를 생각하면 경탄하지 않을 수 없습니다. 황현산 형이나 저나 선생님을 만난 이후로 외국의 어떤 학자에게도 열등감을 느끼지 않고 공부할 수 있었습니다. 우리들에게는 벤야민의 보들레르론조차도 선생님의 연구에 비교하면 미흡한 것이었습니다. 정년 퇴직한 두 사람이 지금도 세계 최고의 학자라고 진심으로 믿고 존경한다면 그 믿음에는 이유가 있지 않을까요. 저는 고려대학교의 후배 교수들 모두가 학생들에게 세계 최고의 학자로 존경받는 연구자가 되기를 기도하겠습니다.

셋째 저는 고려대학교의 교육 방법이 나날이 쇄신되기를 기도하겠습니다. 교수 한 사람 한 사람이 담당 과목에 대하여 '무엇을 어떻게 왜 가르치는가'에 대하여 명확하게 인식하는 대학이 되기를 희망하기 때문입니다. 학과 단위로 가르쳐야 할 내용과 가르칠 필요가 없는 내용에 대하여 토론하고 교과서의 선정도 학과 회의를 거쳐서 결정함으로써 학생들로 하여금 전공 학문의 기본 서적을 체계 있게 구비할 수 있게 했으면 좋겠습니다. 교육 내용에 대해서만 고려하고 교육방법에 대하여 고심하지 않은 것이 우리 대학 교육의 결함으로 작용해 왔습니다. '무엇 때문에' 가르치는가에 대해서도 공동으로 숙고해 보아야 할 것입니다. 전문화된 지식의 편협성을 넘어서 전공 학문의 방법론적 기본 가정 자체를 비판적으로 검토할 능력을 갖춰 주지 않는다면 그것은 진리의 교육이 아니라 독단의 전달이라고 할 수밖에 없을 것입니다. 대학은 평등하고 자유로운 토론을 통하여 동의에 도달하는 훈련의 장소입니다. 토론을 통하여 얻은 원칙이 아니면 용인하지 않으려는 완강한 정신은 대학생활의 바탕이 되어야 합니다. 인턴제도를 학교 전체로 확장하여 학생들이 판단하고 비판하기에 앞서 현실을 있는 그대로 보고 반성할 수 있게 하는 것도 필요한 일이라 하겠습니다. 앞으로 최고의 교수와 최고의 학생이 마음의 고향에서 서로 상대방을 최고라고 인정하면서 가르치고 배우는 고려대학교가 되기를 조용히 기도하겠습니다.

청출어람의 전당, 고려대학교

심광숙

1946년생 • 이과대학 물리학과 1982-2011년 재직

약 2년 전쯤 TV 뉴스 직전에 아래와 같은 내용의 공익광고가 나간 적이 있습니다.

> 부모는 멀리 보라 하고, 학부모는 앞만 보라 합니다.
> 부모는 함께 가라 하고, 학부모는 앞서 가라 합니다.
> 부모는 꿈을 꾸라 하고, 학부모는 꿈을 꿀 시간을 주지 않습니다.
> 당신은 부모입니까? 학부모입니까?

정년 퇴임하는 바로 이 시점에서 저는 비슷한 맥락으로 다음과 같은 질문을 스스로 해 봅니다.

당신은 스승입니까, 선생입니까?

선생은 글자 뜻 그대로 학생들보다 먼저 태어나서 먼저 익힌 지식을 단순히 전수하는 자이고, 위대한 스승은 지식의 전수는 물론 모든 일에 스스로 모범을 보이며 학생들에게 영감을 불러일으키게 하는 선각자입니다. 이러한 관점에서 볼 때 큰 스승의 역할을 충분히 다 해내지 못한 채 떠나게 됨을 못내 아쉽게 생각합니다. 그러나 한편으론 교육과 연구에 전념을 다하는 많은 후배 교수님들이 있기에 제가 못 다한 뜻을 대신하여 크게 펼쳐 주시리라 기대하며 홀가분한 마음으로 정든 교정을 떠나고자 합니다. 그 결과 스승보다 나은 훌륭한 제자들을 많이 배출하여 그야말로 청출어람의 전당이 되기를 바랍니다.

21세기의 화두는 역시 학문의 융합과 소통 그리고 지속 가능한 발전입니다. 학문 분야별 영역을 떠나 인접 학문 분야와의 긴밀한 소통과 융합을 통해 새로운 창의적인 발견이나 발명이 바로 이곳 고려대학교 캠퍼스에서 활발히 이루어지기를 기대합니다. 프랑스의 자연주의자 Theodore Monod는 사람들이 자연환경을 개발한다고 모든 수단과 방법을 다해 보지만 거기에 가장 중요한 사랑이 배제되어 있음을 안타깝게 생각했습니다. 우리가 자연환경의 개발이나 과학기술의 발전을 실천에 옮길 때는 언제나 자연과 인간에 대한 사랑을 가장 큰 첫 번째 덕목으로 지녀야만 지속 가능한 발전이 이루어질 수 있을 것입니다. 물론 대학의 발전 역시 나라 사랑, 학교 사랑 그리고 학생 사랑이 근본이 되어야 할 것 입니다.

재직 기간 중 한결같이 여러모로 저에게 큰 도움과 성원을 보내 주신 동료 교수 및 직원 여러분께 이 자리를 빌려 깊은 감사의 인사를 드립니다. 앞으로 민족고대 백년을 지나 세계고대 천년을 향해 힘찬 발걸음을 내디딘 우리 고려대학교가 나날이 크게 발전하고 있다는 소식을 듣는 것을 가장 큰 기쁨으로 여기며 살아가겠습니다.

여러분 모두 감사합니다.

—2011년 8월 퇴임사

새로운 길로 나가기 위한 다짐

황순재

1946년생 • 의과대학 의학과 1983-2011년 재직

오늘 이 자리에서 퇴임식을 마련하여 주신 총장님과
이 자리에 참석하여 주신 여러분에게 감사드립니다.

정년 퇴임이라면, 까마득한 선배들의 얘기인 줄 알았는데,
어느덧 세월이 흘러 제가 바로 당사자가 되었습니다.

저는 고려대학에 기여한 것보다
제가 받은 혜택이 더 크다고 늘 생각하고 있습니다.
고려대학에 근무한 덕분에
여러 학회 회장과 대한이비인후과학회 이사장도 할 수 있었습니다.
그리고 나라에서 주는 옥조근정훈장도 받고

그뿐만 아니라 학교에서는 명예교수로 추대하여 주었습니다.

그래서 저는 오늘 감사하면서 행복합니다.

저는 의과대학에 근무하면서

잘 듣지 못하는 난청 환자를 시술할 수 있었고,

천하 영재인 의과대학 학생과 전공의를 교육하였으며,

그리고 석사, 박사를 배출했습니다.

이러한 일들을 할 수 있게 한 고려대학에 거듭 감사합니다.

이제 저는 정년을 맞아

이제까지 익숙한 길을 벗어나 새로운 길을 걷고자 합니다.

앞으로는 목표를 낮게 잡고, 속도를 줄이며, 눈높이를 낮추려 합니다.

그리고 제 자신에게 몇 가지 다짐하려 합니다.

첫째로는

자족(自己滿足)하는 마음과 감사하는 마음을 가지려 합니다.

자기가 가진 것을 감사하고 사랑하면 행복하고,

자기가 가지지 않은 것을 사랑하면 불행해진다는 것을

늘 염두에 두려고 합니다.

두 번째로는

성서에 '다른 사람이 너에게 하여 주었으면 하는 대로 네가 다른 사람에게 모두 하여 주어라'라고 적혀져 있는 '황금과 같은 법칙'을 지키면서 생활하겠습니다.

위와 같이

易地思之를 생각하는 마음,

배려하는 마음,

겸손한 마음을 지니고 살려 합니다.

세 번째로는

'사람이 늙기 시작하는 시기는 꿈과 호기심이 없어질 때부터'라고 합니다.

저는 늙지 않기 위하여 늘 꿈과 호기심을 가지려 합니다.

그래야 개교 130주년 기념식에도 참석할 수 있지 않겠습니까?

마지막으로

지금까지 해 왔던 의료 중심의 일터에서 예체능 중심의 여가로 서서히 바꾸어 나가야겠다고 생각하였습니다.

그래서 평소에 하고 싶었던 전각, 서예, 사군자도 배우고,

운동을 통한 체력 단련도 하면서 문화생활과 건강에도 관심을 가지려고 합니다.

그리고

자유를 존중하는 自由人,

문화를 사랑하는 文化人,

평화를 갈망하는 平和人으로 더욱더 열심히 살겠습니다.

오늘은 저에게 새로운 출발의 날입니다.

뒷모습이 아름다운 사람으로 기억되고 싶습니다.

그럼 안녕히 계십시오.

여러분에게도 '미래'는 반드시 옵니다.

제가 먼저 가 있겠습니다.

여러분 감사합니다.

—2011년 8월 퇴임사

나의 큰 울타리, 고려대학교

은희천

1946년생 • 과학기술대학 정보수학과 1982-2011년 재직

2011년 8월 말에 30년 8개월간의 세종캠퍼스에서 교직에서 정년 퇴임하는 내 마음이 기쁘고 고맙고 행복하다.

정년을 오륙 년 앞둔 시점부터 퇴임하시는 선배 교수님들의 자랑스러운 모습들을 지켜보면서 나는 세종캠퍼스 뒷산 소나무 숲 산책길을 부지런히 거닐거나 조치원 오봉산을 오르며 건강 관리에 노력을 많이 하였고, 호연학사 진리관에 입사해 있으면서 주말이면 신앙에 정진, 수행했다. 이기수 총장님의 요청으로 시작한 2년 3개월 4일간의 과학기술대학장 업무를 동료 교수님들의 적극적인 협조에 힘입어 잘 마무리할 수 있었다. 그렇게 봉사할 수 있었던 추억이 보람되고 고마운 기억으로 남는다.

돌이켜 보니 마음의 고향 모교 고려대학교와의 기연이 새삼스럽다.

65학번으로 이공대학 수학과에 입학했던 사연부터가 운명처럼 느껴진다. 그해에 딱 한 번만 이공대학과 문과대학 입시에서 원서를 미리 내놓고 입학시험은 후기에 치르도록 하여 기적처럼 나도 고려대학교에 입학하게 되었다. 그로 인해 훌륭하신 은사님들을 만나게 되고 지극한 정성으로 지도하여 주신 덕에 큰 은혜를 입었다. 군 복무 기간 2년 4개월과, 내가 1981년 1월 1일자로 모교에 객원 조교수로 부임하기 전 9학기 동안 숭전대학교 문리과대학 수학과 조교수로서 1976년에 신설됐던 계산통계학과 초대 학과장으로 봉직했던 기억이 새롭다. 모교로 가게 되어 축하한다며 헤어짐을 아쉬워했던 학생들과 동료 교수님들께 고맙고 송구스러웠던 기억이 아직도 또렷하다.

그 6여 년의 기간을 제외한 대부분의 기간이 내가 고려대학교에서 배우고 가르치며 보낸 소중한 세월이었다. 특히나 조치원에 모교의 분교가 설립될 당시 창립 멤버로 참여하여 훌륭한 교수님들을 모셔 올 수 있었다. 자랑스러운 700여 명의 제자들을 배출하여 사회 여러 분야에서 활동하고 있는 모습을 지켜볼 수 있어 너무나 고맙고 보람되게 느껴진다.

고려대학교 세종캠퍼스는 1980년에 물리학과, 화학과, 영문학과, 독문학과, 중문학과, 경제학과, 경영학과, 무역학과 이렇게 8개 학과 400명의 입학 정원으로 조치원 분교로 개교하였다. 그 다음 해인 1981년에 수학과, 응용통계학과, 국문학과, 사회학과, 행정학과가 추가로 인가되면서 학과별 입학 정원도 더 늘어나고 더욱이 졸업 정원의 130퍼센트를 입학 인원으로 선발하는 제도가 시행되어 엄격한 학사 관리가 요청되었다. 자연과학계열 졸업 정원 240명의 130퍼센트인 312명의 입학 신입생을 선발하였다. 자연과학계열 주임의 직책을 부여받아 104명씩 3개 반으로 편성해서 수학, 물리, 화학 등 계열 교양과목의 수업이 안암캠퍼스 소속 교수님들의 지원을 받아 이루어졌다. 특히 수학 과목은 일반수학 및 연습 I, II 과목으로, 기초가 부족할 것을 배려하여 주당 5시간 수업을 배정하여 4학점씩 2학기 동안 공부하도록 운영되었다.

조치원 캠퍼스는 그 당시 강의동 건축이 완료되지 않은 상태여서 임시 퀀셋 강의동 건물에서 학기가 시작되었다. 1년간 안암캠퍼스 학습 분위기에 익숙했던 80학번들은 삭막한 조치원의 교육환경에 잘 적응하지 못하였고 졸업장을 조치원 분교 학장 이름으로 받게 될 것이라며 81학번인 1학년 신입생들을 부추겨 연일 시위 사태가 계속되었다. 국어, 영어 등 교양과목들의 성적 평가가 무척 엄격하여 학기말이면 학사 경고를 받는 학생들이 부지기수였다. 당시 학칙은 3회째 학사경고를 받으면 출교 조치하고 재입학을 불허하는 등 엄격한 학사 관리가 이루어지고 있었다.

조치원 분교 수학과가 문리(文理)대학 수학과로, 다시 자연과학대학 수학과로, 그리고 또다시 과학기술대학 정보수학과로 발전적으로 개편되면서 과학기술대학의 비약적인 발전의 양상이 눈에 보이는 지금, 정년을 진심으로 축하하여 주는 동료 교수님들과 교직원 선생님들 그리고 졸업생들과 재학생 등 모든 세종 가족들에게 감사드리며 모쪼록 자랑스러운 고려대학교의 큰 울타리 안에서 더욱 정진 분발하여 보람을 찾고 행복하시길 기원한다.

나도 건강 관리 잘하여 2030년 세종캠퍼스 개교 50주년 행사에 꼭 참석하고 싶은 꿈을 꾸어 본다. 너무나 고맙고 행복하다.

교수 생활 길라잡이

박권우

1947년생 • 생명과학대학 생명공학부 1984-2012년 재직

"정년할 때는 아무 말 없이 학교를 떠나야 한다. 논산훈련소 나온 '와르바시 군번'(11로 시작하는 군번, 1960년대 군번을 일본말로 그렇게 표현했다)이 제대 후에 논산을 향해서 소변도 안 보는 것처럼 3년은 학교 방향으로 가지 않아야 가장 존경받는 선배교수가 된다"라는 어느 선배님의 선술집 교양강좌를 몇 번 들었기에, 조용히 방 빼려고 정리하는데 본부에서 기록을 남긴다고 몇 자 쓰라는 부탁이 왔다.

쓸 것이 없어서 차일피일 응하지 않다가 마감 날인 오늘 가만히 생각하니 혼자 빠지면 2012년 2월 안암골 제대 동기생들에게 민폐를 끼칠 것 같아서 푸세식 세대의 생각을 마음가는 대로 간단히 써 보기로 한다.

먼저 어떤 경우라도 같은 과 교수들끼리는 잘 지내야 한다라는 것

이다.

30년 넘은 학교생활을 하면서 대충 계산해 보니 집사람보다 교수들과 보내는 시간이 많았다. 그래서 자그마한 일로 틀어지면 서로 기피하고 다른 대학 옮기기 전까지는 매일 보는 원수가 되니…. 이것은 절대 피해야 한다. 조금은 서로 양보하고 좋게 지내는 것이 우리같이 개도 먹지 않는 변을 본다는 답답한 선생이라는 사람들에게는 절대로 필요하다. 분위기가 엉망인 과에서는 왕따 교수가 퇴직 전에 쓰러지는 경우를 지난 30여 년 동안 국내 여러 대학에서 자주 보아 왔기 때문에 가장 중요하게 부탁하는 점이다.

둘째, 학교의 분위기를 빨리 파악하고 자기 나름의 살길을 찾는 것이 중요하다.

대학에는 교수, 학생, 교직원 합치면 인구 3-4만의 도시국가이다. 대학은 어떤 전통의 흐름이 내재돼 있는데 분위기 파악을 못 하고 부딪치면 난파해서 허우적거리다 지쳐서 방 빼기 전에 익사하게 된다. 그래서 빨리 나름의 수준에서 감을 잡고 외부에 눈을 돌리면 SKY대학에 근무하고 있어서 할 일이 너무 많고 그것에 집중하면 연구비는 귀찮아서 못 받는다. 더욱이 인간성을 좀 발휘하면 만사형통하고 학생들 취직도 여반장이다. 다만 조금은 인간 친화적인 교수상이 이 경우에 필요하다. 그러나 도저히 그럴 수 없는 분들은 자기 월급을 털어서 연구하면 뱃속이 편하고 승급의 애로는 없으니 이 또한 기쁘지 않은가?

끝으로 실패하지 않은 정년을 위해서는 정년 이후를 생각해서 많은 연금을 부어야 한다는 점이다. 물론 부모의 유산이 있거나 효자가 있어서 충분한 지원이 된다면 그야말로 불필요한 넋두리지만…. 평범한 교수야 집 마련하고 자식 교육시켜 혼사 치르면 저축한 것은 다 소진되고 남는 것은 두 내외의 주름살과 딸랑 연금뿐이니, 오호통재라!

그래서 악착스레 모은 연금은 본인의 퇴직 후 개인적인 비통(비밀통장)한 품위 유지비가 됨을 반드시 인지하는 것이 필요하다. 물론 남으면 가사에 보탬도 되니 일거양득!

아이쿠, 학교 제대 후에 학교 근처 얼씬하지 말라는 선배 말 어기고 글까지 남겼으니 다음 번 모임에는 벌주를 받게 되었네.

그래도 30여 년 고대 생활 어땠냐고 물으시면, 말없이 배시시 웃을 수 있음에 감사드려요.

홈플레이트를 밟으며

김강진

1946년생 • 이과대학 화학과 1981-2012년 재직

정년 퇴임을 맞는 이 시점에서 제가 느끼는 심경은 야구장의 다이아몬드를 돌아 홈플레이트를 밟기 직전의, 맡은바 소임을 이루었다는 성취감이라 생각됩니다. 이를 이루는 데 도움을 준 수많은 분들께 이 자리를 빌려 감사드리려 합니다. 1981년도에 고려대학교에서 가르치기 시작한 사건은 제 인생의 최대 전환점이었는데, 이것은 배터박스(batter box)에 들어서서 1루타를 친 것에 비유할 만한 행운이었습니다. 행운의 안타를 칠 수 있었던 것은 저의 미약한 노력도 일부 요인이 되긴 하였습니다만 그보다는 저에게 좋은 교육을 잘 받게 해 주신 부모님과 그때까지 저를 가르쳐 주신 수많은 선생님들이 계셨기 때문으로 여기고 그분들 모두에게 다시금 감사드립니다. 2루 베이스에 진루할 수 있었던 것은 제힘으로는 가능하지 않은 것이었습니다. 2루

베이스를 훔칠 빠른 순발력이 저에게는 부족하였기 때문입니다. 그보다는 고려대학교의 후광과 당대 최우수 연구 역량을 구비하셨던 선배 교수님들의 배려가 있었기에 가능하였다고 생각합니다. 무언의 지원을 해 준 고려대학교와 선배 교수님들께 감사드립니다. 2루와 3루 베이스를 돌아 홈플레이트에 무난히 도달하는 데에는 고려대학교에 진학하여 열심히 연구해 준 우수한 대학원 제자들의 도움이 컸습니다. 제 연구실을 거쳐 간 많은 대학원 제자들에게 감사드립니다. 그러나 그보다 더 큰 지원은 역시 고려대학교가 해 주었다고 생각합니다. 왜냐하면 고려대학교이기 때문에 우수한 대학원생들과 훌륭한 교수님들을 모을 수 있었기 때문입니다. 그뿐 아니라 고려대학교는 제가 안정적 가정생활을 영위할 수 있도록 재정 지원을 충분히 해 주었습니다. 그러므로 오늘 홈플레이트를 밟으면서 기쁘게 정년을 맞게 되는 것과 관련해서는 그 무엇보다도 고려대학교에 깊은 감사를 드립니다 이렇게 자랑스러운 고려대학교에 다만 한 가지 제안하고픈 것이 있습니다. 향후 신임 교수에게는 상당한 연구 시설 지원을 초기에 듬뿍 해 줌으로써 그가 빠른 시일 내에 우수한 연구 결과를 내놓을 수 있도록 밀어 주시기를 바랍니다. 마지막으로 제가 그라운드를 누비면서 바깥일에 정신을 쏟고 있는 동안, 오늘까지 집안의 대소사를 처리하고 자녀를 교육하며 가정을 무난하게 이끌어 온 내자 문혜영 여사께 진심으로 감사를 드립니다.

—2012년 2월 퇴임사

마음의 고향을 떠나며

권숙인

1946년생 • 공과대학 신소재공학부 1979-2012년 재직

오늘 이렇게 무사히 고려대학교에서 정년 퇴임을 한다니 참으로 감개무량합니다. 그동안 저와 함께 지내 왔던 선배 후배 교직원들과 학생들에게 감사드립니다.

저는 미국에서 귀국 후 33년간 고려대학교 공과대학 교수로 재직하며 학부 학생들을 가르치고 100여 명의 석·박사를 배출하여 우리나라 재료공학계를 이끌어 가는 인재들을 양성하였다는 데 커다란 자부심을 가지고 있습니다.

그리고 교내에서뿐 아니라 학회, 한림원 등의 교외에서도 보직들을 맡아 봉사를 할 수 있던 것들도 다 고려대학교이라는 명성 때문이었으며 이에 고려대학교에 무한한 감사를 드리며 영광을 드리고자 합니다.

한마디로 최고의 대학, 고려대학교에서 최고의 학생들을 키울 수 있었던 것은 저에게는 일생의 최상의 보람이었으며 이제 이 마음의 고향 고려대학교를 떠나는 자리에서 고려대학교의 영원한 발전을 기원합니다.

—2012년 2월 퇴임사

인생의 2막을 열며

이갑노

1946년생 • 의과대학 의학과 1983-2012년 재직

친애하는 고려대학교 가족 여러분, 저는 여러분의 사랑 속에 햇수로 30년의 고려대학교의 교수로서의 행복한 생활을 마감하려고 합니다.

돌이켜 보건대, 1983년 고려대학교 구로병원에 개원 팀으로 부임하여 오로지 구로병원에 근무하면서 구로병원의 발전, 고대의료원의 발전, 고려대학교의 발전을 체험하면서 관찰하여 볼 수 있었습니다. 우석대학교로부터 1973년 의과대학을 포함, 고려대학이 인수 합병하고서 다시 10년의 준비 끝에 1983년 의대의 중흥을 위한 획기적인 발전 계획이 실천되어 새로운 병원을 지어 새롭게 시작하게 되고, 그 계획에 맞추어 본인은 구로병원의 개원 팀으로 합류하게 되었습니다.

그러나 당시의 구로병원 분위기를 증언하자면, 새 병원 신축을 계기로 교수진을 구성하기 위하여서는 100여 명 이상의 경험 있는 교

수들이 필요하였는데, 당시의 고대 의대 출신으로는 충당할 수 없어 외부의 대학에서 영입하면서 의료진을 빼앗기게 된 당해 대학의 반발이 심했습니다. 결국 국내에서는 충분한 인력을 확보하지 못하게 되었고 해결책의 일환으로 해외에서 인력을 영입하는 것으로 계획을 바꾸었습니다. 전국 제1의 의과대학을 만들고자 하는 의욕 덕에 의과대학 집행부와 고려대학교 본교의 집행부 간에 의견일치를 보아 본격적으로 해외 인재들을 영입하게 되었습니다. 이때 해외와(미국 7명, 독일 3명, 덴마크 1명 등)와 국내파 수십 명 등 인력의 60%가량이 외부에서 영입되어 국내의 어느 대학보다도 다양한 형태의 전문 인력을 구성할 수 있었고 이에 더불어 최신의 설계와 새로 건축된 멋진 병원으로 전국 제일의 병원으로서의 평판을 받았습니다. 이러한 시기는 한 3년 지속되었는데 영입 교수들과 고대 동문들과의 내부 갈등으로 영입된 교수들의 3분의 2 이상이 떠나면서 그러한 분위기는 사그라지게 되었고 그 이후 전국 제일의 병원으로서의 의욕은 반감되었습니다. 그 후 아시다시피 많은 노력에도 불구하고 다시 전국 제일의 위상은 회복하지 못하였습니다. 최근에 들어 40-50대 초반의 중견 교수들을 중심으로 새로운 기운을 느낄 수 있게 되었으나 이제는 그 갈 길이 너무나 멀게 느껴져 무척 아쉽습니다.

고려대학은 모두가 아시는 바와 같이 전국 일류의 훌륭한 대학임에 틀림없고 입학생들의 수준도 이에 필적할 만하나 실제 단과대학 하나하나를 따져 보면, 특히 의과대학은 전체적인 고려대학교의 평가에 훨씬 못 미침을 알 수 있고, 내부에서 보면, 동료 간의 선의의 경쟁적으로 발전하려는 의식보다는 현재의 상황을 유지하고 안주하려는 경향과 적당히 중간 이상만을 유지하려는 경향이 팽배하고, 일에 대한 도전과 창조적인 접근이 많이 떨어짐을 느끼게 되는데, 이는 저만의 느낌만은 아닐 것이라 생각합니다. 고대 가족 여러분! 마음을 열고 세계를 보십시오. 선후배의 지극한 사랑, 끈끈한 유대 그것만으로는 부족합니다. 그것에 집착하여서는 안 됩니다. 더 많은 것을 포용하고 흡수하고 융화시켜야 합니다.

이제는, 국내 경쟁에서, 국제 경쟁에서 이길 수 있도록 많은 노력을 해야 할 때입니다. 그러기 위해서는 단위 병원의 크기가 우선 경쟁력이 있어야 합니다. 그럴 수밖에 없다면, 세 병원 중 두 병원을 포기해서라도 하나의 경쟁력이 있는 병원이 될 필요가 있습니다. 국내에서 제일 큰 병원, 즉 3천 병상의 병원이 된다면 우선 시설로라도 일등이 아닌가요. 병원 셋을 합쳐서 하나로 크게 만들고 의료 인력이 더욱 더 우수해질 수 있도록 지원된다면, 빠른 시일에 내에 국내 제일이 되고 세계 일류의 반열에 들어설 수 있게 되지 않을까 생각해 봅니다. 일단 일등까지 밀어 올려놓고 그 상태가 유지되도록 노력하여야 합니다. 조금조금씩의 부분 투자로는 세계에서 유수한 대학이 되기는커녕 국내 일류도 지키기 어려울 것이라고 생각합니다. 고려대학은 국내 일류, 세계에서 손꼽히는 대학이지만 의과대학은 많이 부족합니다. 의과대학에 입학하는 입학생을 한번 보십시오. 국내 제일이 틀림없지 않나요. 제일의 시설이 필요합니다. 제일의 교육, 진료 시스템이 필요합니다. 이제 40-50대 교수들이 선두에 나서고 있습니다. 이들을 밀어 주어 국내 제일의 대학이 될 수 있도록 해야 할 것으로 생각합니다. 국내 제일의 대학병원을 꿈꾸며 교수생활을 시작하였던 1983년을 생각하며, 떠나는 마당에 다시 한 번 그런 꿈을 꾸어 봅니다. 우리들의 후학들이 국내 제일의 의과대학을 만들어 주기를, 그리고 고려대학의 위상을 높이는 데 큰 몫을 할 수 있는 의과대학으로 성장하기를 기원합니다.

저는 이제 인생의 1막을 내리고 2막을 열려고 합니다. 의사로서 의료사업가로서 의료산업의 역군으로서의 새로운 인생을 시작하려고 합니다. 정년을 맞은 우리의 세대는 다시금 새로운 인생을 시작하여야 하게끔 강요받고 있습니다. 대한민국 국가보건정책의 성공은 많은 건강한 노인 인구를 양산하였고, 이는 자칫하면 사회의 부담스러운 존재로 남게 될 확률이 높습니다. 우리 모두가 경험하지 못한 그런 시간, 그런 세월입니다. 이제까지 사회의 리더로서 살아온 우리들이 그 방법을, 긍정의 삶의 방법을 찾아야 할 것으로 생각합니다. 육체적으로 부족한 것은 기계화, 자동화의 도움으로 극복하고, 머리가 조금씩 나빠지는 것은 IT의 도움으로 극복하고, 그동안의 경험을 통해 쌓은 지혜를 이용하여, 모든 지식을 융합하여 지난 세월보다도 유능한 사람으로서 사회에 도움이 되는, 그리고 그동안 얻고 갖고 있는 모든 것을 사회에 베풀고 돌려주고 갈 수 있는, 그리고 자족하는 행복한 삶을 영위하는 인생 2막의 새로운 롤 모델이 되고자 결심합니다.

사랑하는 고대 가족 여러분! 저는 이제 여러분 곁은 떠나지만, 멀지 않은 곳에서 고려대학의 발전을 기원하며, 고려대학에서의 생활을 그리워하며, 새로운 생활을, 설레는 마음으로 즐겁게 시작하려고 합니다.

모두 행복하십시오.

감사합니다.

—2012년 2월 퇴임사

선택과 집중의 삶

윤덕기

1947년생 • 의과대학 의학과 1983-2012년 재직

제가 처음 고려대학교 의과대학 비뇨기과학 교실 조교수로 발령을 받고 부속 구로병원 비뇨기과에서 근무하기 시작한 때는 1983년 7월이었습니다. 그 당시 고려대학은 고려대학교 위상에 걸맞은 의과대학과 그 부속병원을 만들고자 하여 지금의 구로병원 자리에 그 당시로는 가장 현대식인 장비와 시설을 갖추고 파격적인 조건을 내걸고 국내외의 저명한 교수들을 초빙하여 일류 병원을 만들고자 하였으며, 저는 행복하게도 그때 합류하게 되어 고려대학교 교수와 훌륭한 의사가 되고자 하는 두 가지 꿈에 부풀어 있었습니다. 그 후 모든 구성원들이 각고의 노력을 경주하여 구로병원은 그 당시로서는 국내 최고의 병원으로 자리잡을 수 있었으며 고려대학의 체면을 어느 정도 세울 수 있었습니다. 그러나 몇 년 뒤 국내 유수의 재벌들이 앞다투어 대형병원들

을 세우면서 상당수의 좋은 인력들이 그곳으로 빠져나가고 대학 본부에서도 선택과 집중 및 인적 물적 투자를 잠시 소홀히 하는 바람에 안타깝게도 오늘날의 구로병원은 다소 침체되어 있지 않나 하는 생각을 하게 됩니다. 이런 현상은 비단 구로병원만의 일이 아니며 고려대학교 의료원 전체의 일이기도 합니다. 그러나 고대 의료원의 미래는 그렇게 어둡지만은 않습니다. 우선 지리적인 조건이 좋고 우수한 인력들이 많이 있습니다. 이들이 연구와 진료에 전념할 수 있도록 약간의 인적, 물적 지원을 하여 주고 선택과 집중을 한다면 고려대학교 의료원은 초창기 구로병원처럼 일류 의료원으로 거듭날 수 있다고 봅니다.

존경하는 총장님, 그리고 저의 정년 퇴임을 축하하여 주시기 위하여 참석하신 내외 귀빈 여러분, 정년 퇴임이라면, 저와는 아무 상관이 없는 까마득한 선배 교수들의 이야기인 줄 알았는데, 어느덧 세월이 흘러 제가 바로 당사자가 되었습니다. 돌이켜 보면 고려대학에 제가 기여한 것보다 고려대학으로부터 받은 혜택이 더 많았던 것 같습니다. 고려대학이라는 든든한 울타리 덕분에 대한 비뇨기 종양학회 회장과 대한 비뇨기과학회 회장을 할 수 있었으며 국가에서 주는 근정포장도 받게 되었습니다. 자식을 고려대학교 의과대학에 입학시켜 등록금 걱정을 안 하고 학사, 석사 및 박사학위를 받게 된 것도 그리고 고려대학교 의과대학을 졸업한 착하고 총명한 며느리를 얻을 수 있었던 것도 제가 근무하였던 평생직장 고려대학 덕이었습니다.

그래서 저는 오늘 감사하면서 행복합니다.

저는 의료원 순환근무를 하면서 혜화 및 안암, 안산병원에서 8년여를 근무하였고 그 외 대부분의 시간들은 구로병원에서 근무하였습니다. 초기에는 비뇨기 전반에 걸쳐서 진료를 하였지만 1986년경 이후로는 비뇨기 암과 전립선 비대증을 주로 다루었습니다. 30년 가까이 근무하면서 약 5,880건의 수술을 하였으며 540명의 신장암 환자와 약 1,200명의 방광암 환자, 190여 명의 전립선암 환자(근치적 전립선 적출술), 100여 명의 신우 요관암 환자, 80여 명의 고환암 환자, 다수의 음경암 환자들에게, 그리고 약 600명 이상의 전립선 비대증 환자에게 수술적 치료를 하였습니다. 그리고 의과대학 교수로서 천하 영재인 의과대학 학생들을 가르쳤으며 79명의 전공의를 교육하여 이들에게 전문의 자격을 취득하게 하였으며 12명의 석사, 그리고 8명의 박사를 배출시켰습니다.

이러한 일들을 할 수 있게 하여 준 고려대학교에 감사합니다.

저는 이렇게 많은 것을 고려대학교로부터 받고 이제 고려대학교를 떠납니다. 이제부터는 혼자서 모든 것을 생각하고 책임지는 생활을 시작하게 될 것입니다. 어느 곳에서 어떤 일을 하더라도 항상 고려대학교의 명예를 훼손시키는 일이 없도록 사려 깊게 행동할 것임을 약속드립니다. 아울러 이 자리를 빛내 주시기 위하여 참석하신 총장님을 비롯한 모든 내외 귀빈 여러분의 가정에 행복과 신의 가호가 함께 하기를 기원합니다. 감사합니다.

—2012년 2월 퇴임사

고대 생활 33년

정규병

1947년생 • 의과대학 의학과 1983-2012년 재직

세월이 물같이 흘러 어언 33년, 내가 고대에 취업하여 고대인으로 보낸 시간들이 꿈만 같다. 내가 고대에 지원하여 교수로 취업한 것은 순전히 나의 자유선택에 의해서이다. 다른 사람이 권해서도 아니고 피치 못할 사정이 있어서도 아니다. 나는 시골에서 자란 초·중등 어린 시절부터 고려대학교를 동경하였다. 당시에는 오늘날처럼 좋은 대학교가 드문 탓도 있었겠으나 당시 고려대학교는 시골 섬에서도 잘 알려진 참으로 좋은 학교였다. 오늘날의 고려대학교보다 상대적인 위상이 높았던 것으로 생각한다. 전문의 과정이 끝나고 취업을 해야 하는 1979년 초, 제1지망으로 주저 없이 고려대학교를 선택하였다. 당시 고려대학교 의과대학은 발전의 여지가 아주 많은 유망한 대학이었다.

1979년 2월 28일 고려중앙학원 이활 이사장님과 고려대학교 김

상협 총장님의 초임 발령 면담은 잊을 수가 없다. 지금도 변함없이 이루어진다고 듣고 있는 이 신임 교수의 총장 면담은 고려대학교의 자랑이다. '힘들겠지만 한번 해 봅시다' 하고 격려해 주신 총장님의 말씀에 큰 용기를 얻었다. 그해 여름방학 무의촌 진료팀 지도교수로 참가했을 때 한 학생이 내게 '선생님은 우리 학교를 떠나지 말아 주세요' 하고 당돌하게 말하던 학생이 아직도 기억에 남아 있다.

나의 초창기 7년은 의과대학과 부속병원이 혜화동에 있던 시절이었다. 어깨는 무겁고 하고 싶은 일은 많은데, 많은 것이 부족하고 심신이 고달팠다. 십이지장 궤양 출혈로 응급처치를 받은 것도 이 무렵, 1982년 1월이다. 8층 병실에 문병 갔다 내려오는 엘리베이터 안에서 쓰러졌는데 같이 탄 환자와 보호자들이 1층 응급실로 옮겨 주었다. 마침 저녁 늦은 시간인데 퇴근하지 않고 병원에 있던 현진해 교수가 달려와서 내시경으로 지혈시켜 살아났다. 그때에도 내시경 진단과 치료는 고려대학병원이 국내에서 독보적이었다. 항상 감사하고 있다. 그 다음 6년은 구로병원에서 일했다. 구로병원 개원 후 얼마 되지 않은 때이라 부족한 것이 많았으나 환자만은 폭주하였다. 인근 수백만 인구를 진료할 대학병원으로 유일했기 때문이다. 환자 진료에 매달리면서도 여러 편의 연구논문을 쓰고 국내외 학회 활동도 열심히 하였다. 어떤 연유로 등재되었는지는 모르지만 내가 Marquis 인명록《Who is Who in the World》에 처음 등재된 것도 구로병원 시절(1989)이었다. 안암병원으로 옮겨온 것이 1992년이니 어언 20년이 됐다. 이제는 안암병원이 제대로 자리 잡아 많은 발전을 했다. 규모는 그리 큰 편이 아니지만 여러 가지 노하우를 지닌 훌륭한 대학병원이다. 내가 근무 중에 JCI(Joint Commission International) 인증으로 세계적인 안전성이 인정된 병원이 된 것에 자부심을 느낀다. 고대의료원은, 병원이 셋으로 나누어져 있어서 힘이 분산된 것은 아쉽지만, 400여 명의 전임교수, 200여 명의 임상교수 등 600여 명의 박사급 인재가 근무하는 대두뇌 집단이다. 잘 조직화하여 운영한다면 세계적인 업적을 낼 수 있는 의료원이다. 나는 다른 병원에 진료 받으러 갈 필요를 느끼지 않았고 또 실제로 다른 병원에 진료를 받으러 간 기억이 없다. 고대병원이 완벽하다고는 생각지 않지만 의사의 능력과 한계는 어느 대학병원에서나 비슷하고, 고대병원은 첨단 수준이라고 믿기 때문이다.

정년 퇴임을 맞아 고려대학교 당국과 재단에 권하고 싶은 것은 우선 좀더 과감하고 신속한 투자를 해 달라는 점이다. 오늘날의 의료는 옛날과 달라서 명의 한두 사람이 이끌어 갈 수는 없다. 첨단 기계, 기술과 조직화된 의료 인력이 유기적으로 협동해야만 양질의 진료가 가능하고, 훌륭한 연구 논문이 생산될 수 있다. 안암병원의 첨단진료센터 신축안이 오랫동안 제자리걸음을 하고 있는 것은 안타까운 일이다. 학교 당국의 입장에서는 5년, 10년이 별로 중요한 기간이 아닐지 모르지만 학교에서 일하는 교수 개개인에게는 초조한 기간이다. 또 교직원의 사기를 높이고 근무 의욕을 고취시키는 처우 개선이 필요하다. 옛날에는 교직원의 급료를 국내 최고로 하라는 김성수 선생의 遺志라든가, 6·25사변이 터지자 교직원들에게 2, 3개월치 급료를 선불하고 자신은 미처 피난하지 못한 초대 총장 현상윤 박사의 이야기 등이 자랑이었다. 그러나 현재는 교직원의 급료 수준이 그렇게 자랑스러운 수준은 아닌 것 같다. 자본주의 사회에서는 우선 報酬가 힘이다.

동료 교수 의료진에게도 권하고 싶은 것이 있다. 좀더 노력하고 분발하는 분위기를 키웠으면 좋겠다. 오늘날은 무한경쟁 시대, 고대보다 나은 여건의 국내외 의료기관과 경쟁해서 살아남는 길은 더 많은 땀과 노력만이 정답이다. 내가 성취하지 못한 후회이기도 하지만, 먼저 학교를 떠나는 사람의 간곡한 부탁이기도 하다. 좁은 무대에서 잡음과 갈등은 백해무익, 들고 뛰어도 못 따라갈 판에 내부의 갈등으로 주춤거리고 있으면 안 된다고 생각한다. 인간 사회에는 어디나 내부 갈등과 잡음이 있게 마련이지만 최소한으로 억제하고 공동의 목표를 위하여 더 한층 분발해 주기를 바란다. 선의의 경쟁으로 목표를 쟁취하고, 다른 사람의 성취에도 마음으로부터의 축하를 보낼 수 있어야 한다.

마지막으로, 정년을 맞아 느끼는 所懷는 고대 교수로 보낸 33년이 참으로 자랑스럽다는 점이다. 다른 직장에서 근무한 적이 없어 비교하기는 어렵지만 그동안 참 좋은 대우를 받고 지냈다. 내가 고대를 위해서 한 기여보다 고대가 나에게 베풀어 준 혜택이 더 크다고 생각한다. 나 자신보다 고대 교수로서의 나, 과대 평가받은 경험이 더 많다.

개인적으로는 남다르게 병약하여 고대병원 임상 각과의 신세를 참 많이 졌다. 나처럼 좋은 주치의를 많이 두고 지낸 사람도 드물 것이다. 은혜를 갚지는 못해도 알고는 있다. 100여 년이 넘는 고대 역사 중에 내가 33년을 같이했다는 것이 자랑스럽다. 고려대학교, 크림슨 컬러, 호랑이, 언제나 가슴이 뛰는 이름들이다. 학교를 떠나도 고려대학교를 향한 믿음과 사랑은 지속될 것이고, 다시 태어난다고 해도 고대에서 지내고 싶다. 감사한다.

고려대학교를 위한 명태

김영환

1947년생 • 보건과학대학 환경보건학과 1977-2012년 재직

보건과학대학의 발전을 위하여 힘써 주신 모든 분들께 감사한다

1999년 7월 19일 나는 병설보건대학 4년 임기의 학장에 임명되었다. 임명장을 받은 후 다음 달인 8월 30일 학교의 두 가지 중요한 개혁과 발전을 논의하기 위하여, 비장한 각오로 당시 김정배 고려대학교 총장님을 면담하였다.

지금도 내 PC에 저장되어 있는 면담 내용은 두 가지였는데 첫 번째는 고려대학교와 병설보건대학의 통합에 의한 발전안과, 두 번째는 통합이 불가하다면 25년 이상 고려대학교에 위임되어 있는 병설보건대학의 인사권과 재정권 모두를 보건대학으로 완전히 이관할 것을 강력하게 표명한 후, 교명도 인촌보건과학대학(안)으로 개명하며, 교가도 새로 작사, 작곡하여 고려대학교에서 완전히 독립된 진취적이고

자신감 넘치는 학교로 발전시키겠다는 강한 의지를 표명하는 것이었다. 하지만 다행스럽게도 총장의 통합에 따른 학제 개편의 의지가 명확하게 확인됨으로써, 두 번째 발전안은 거론조차 되지 않고 나의 메모지에만 남게 되는 매우 뜻깊은 면담이었다.

당시 통합의 가장 큰 걸림돌은 수도권 인구 정책에 있었으나 재단의 김병관 이사장님을 비롯한 모든 이사님, 고려대학교 김정배 총장님, 병설보건대학의 교수, 재학생, 졸업생들의 노력으로 2001년부터 매년 통합안을 교육인적자원부에 제출하게 되었다. 그 결과 2005년 통합이 승인되었고, 2006년 신입생이 입학하게 되면서 보건과학대학으로서의 새로운 출발이 시작되었다.

그러나 2005년 통합 직후 잠시 동안이나마 보건과학대학의 정체성과 존재 가치가 흔들릴 때마다 그야말로 참담한 마음이었고, 그때마다 나는 김민기의 〈상록수〉를 수없이 부르며 답답하고 아픈 마음을 달래야만 하였다.

"저 들의 푸르른 솔잎을 보라, 돌보는 사람도 하나 없는데 비바람 맞고 눈보라 쳐도 온 누리 끝까지 맘껏 푸르다. 철없고 쓰리던 지난날들도 다시는 다시는 오지 말라고 땀 흘리리라 깨우치리라 거칠은 들판에 솔잎 되리라."

이제 보건과학대학의 발전은 앞으로 無限疾走할 것이며 아주 오래전부터 내가 꿈꾸어 온 고려대학교와 국가 발전을 위하여 위풍당당한 거목으로 크게 성장할 것을 확신하고 있다.

때문에 이제 아무 미련 없이 가장 편안한 마음으로 행복한 퇴임을 맞게 되었다.

그동안 우리 대학의 발전을 위하여 심혈을 기울여 주신 모든 분들과 특히 학교의 발전에 눈물겹도록 헌신적인 모습을 보여 주시고 힘이 되어 주신 병설보건대학 선후배 교우님, 순간적이었지만 풍전등화와 같았던 우리 대학의 철갑과 방패가 되어 앞으로 크고 알찬 열매를 맺을 수 있도록 최선을 다해 주신 홍승길 의무부총장님, 나의 자랑스러운 모교의 개혁과 발전을 위하여 봉사할 수 있는 기회를 주신 고려대학교에 감사한다.

나는 진정한 고대인 김연아 선수를 좋아한다

2018년 동계올림픽 개최지가 평창으로 확정 발표되는 날, 남아공의 더반에서 유치단의 한 사람이었던 고려대 학생 김연아의 아름다운 눈물을 나는 볼 수 있었다.

언론과의 인터뷰에서 연아는 개인적으로 올림픽에서 금메달을 따는 것보다, 국가 차원의 염원인 평창으로의 동계올림픽 유치가 더욱 부담스러웠다고 말하였다.

그 당시 나는 인촌 김성수 선생님의 '公先私後'의 가르침을 연아에게서 찾을 수 있었고, 진정한 고대인의 아름답고도 멋진 모습을 볼 수 있었다.

공선사후의 정신은 배려와 참여 그리고 봉사하는 마음에서 비롯된다고 생각한다.

현재 우리 고려대학교에서 필요한 것 중의 하나는 상대에 대한 배려이다. 학생은 학우에 대한 배려, 교수는 학생과 동료 교수에 대한 좀 더 높은 배려, 그리고 소속 학과보다 소속 대학, 더 나아가 고려대학교 전체에 대한 配慮心과 봉사를 위한 적극적 참여가 요구되고 있다고 본다. 대의를 버리고 천박한 이기심 때문에 小貪大失하는 학생과 교수 그리고 그러한 집단은 진정한 고대인이 될 자격이 없다고 생각한다.

이미 우리가 갖고 있는 知性과 野性에 남을 配慮하는 소중한 마음 하나가 더해진다면 분명 우리 학생과 교수는 누구에게서나, 어느 곳에서나 존경과 사랑을 받는 자랑스러운 고대인 그리고 고려대학교가 될 것으로 확신한다.

나는 명태가 되어 이름 모를 고려대 학생의 다정한 친구가 될 것이다

나의 취미 중의 하나로, 우리나라 가곡을 듣는 것을 좋아한다.

자주 듣는 가곡 중의 하나는 양명문의 시를 오현명이 노래하는 〈명태〉이다.

"검푸른 바다, 바다 밑에서 마음껏 노닐다가 어느 어부의 그물에 걸리어 에지푸트의 왕처럼 미이라가 되어, 짜악 짝 찢어지어 내 몸은 없어질지라도, 어떤 외롭고 가난한 시인의 소주 안주가 되겠다"는 노래이다. 정년을 앞두고 나는 35년 이상 고려대학교라는 넓고, 깊은 바다에서 바쁘게, 때로는 여유롭게 수많은 선후배, 그리고 제자들과 마음껏 노닐었으니, 이제 나도 고려대학교의 명태가 되겠다고 다짐을 해 왔다. 얼마 전 시신 기증 유서에 서명하고 아내와 자식들의 동의를 거쳐 의과대학 해부학교실에 시신기증서(학생실습용)를 제출하였다. 그동안 방부제에 찌든 창백한 나의 모습을 연상해 보는 두려움과 망설임을 극복하고 이제야 평온함을 찾는 참기쁨을 만끽하게 되었다. 그리고 '자신의 생명보다 환자의 생명을 몇 배나 더 소중하게 생각하는 技와 仁을 겸비한 멋진 의사(고대인)을 키워 주십시오'라고 의과대학에 당부하였다. 다만 극도로 외로워질지도 모르는 내 곁에 가능하면 많은 친구들이 찾아와 주었으면 더욱 좋겠다는 생각을 해 본다.

끝으로 1977년 김상협 총장님으로부터 전임강사의 임명장을 받은 후, 가끔씩 나는 教授가 아니고 絞首라고 생각하며 살아 온 초조함과 긴장의 굴레 속에서, 평생의 고마운 친구 박경옥의 큰 도움으로, 이제 무사히 정년을 맞아 완전한 자유인이 되었으니, 이 얼마나 고맙고 신명나는 일인가.

삶을 담은 그릇, 고려대학교

이윤석

1947년생 • 과학기술대학 환경시스템공학과 1989-2012년 재직

이번에 고려대학교 세종캠퍼스 환경시스템공학과에서 약 23년의 교수직을 마감하고 정년 퇴임하게 된 이윤석입니다. 학창 생활까지 합하면 거의 30년의 세월이지요.

무엇보다도 그동안 여러분들께서 저에게 보여 주셨던 격려와 도움 덕분에 무사히 오늘의 정년에 이르게 된 것을 진심으로 감사드립니다.

저는 고려대학교에 부임하기 전에 서울시립대학교 환경공학과에서 4년간 근무했었습니다. 당시 서울시립대학은 대학원 등 연구 및 교육 환경이 비교적 잘 갖추어져 있었습니다.

이런 것들을 뒤로 하고, 1989년 9월 충남 조치원에 위치한, 교육 및 연구 여건이 매우 취약하였던 고려대학교 세종캠퍼스로, 그것도 1학년 신입생밖에 없었던 신설학과 환경공학과로 부임하게 된 동기

는 오로지 고려대학교를 향한 저의 열망 때문이었습니다. 기꺼운 마음으로 마음의 고향인 고려대학교에 나의 평생을 묻고 싶었고 고려대학교 세종캠퍼스의 발전에 동참하고 싶었습니다.

부임 당시 고려대학교 세종캠퍼스가 열악한 여건들을 극복하고 도약하기 위해서 필요한 것은 교육과 연구 능력 향상뿐만 아니라 연구 성과나 전문 지식을 활용한 수익 창출이라고 생각하였습니다. 그리고 세종캠퍼스가 발전하는 것뿐만 아니라 환경공학과가 명문 학과로 발전해 가는 데 일조하겠다는 열정과 각오도 가졌었습니다.

그런 생각으로 그동안의 여러 가지 즐거웠던 일들과 더불어 그보다 더 많았던 어려운 일들을 겪으면서 열심히 그리고 바쁘게 20여 년의 세월을 살아오지 않았나 생각됩니다. 이제 정년을 눈앞에 둔 이 시점에 되새겨 보면, '열심히 살았지만 이룬 것은 별로 없이 세월은 빠르게 흘러갔구나'라는 생각이 드는 한편 '고려대학교에서의 그동안의 생활은 다른 직장에서는 결코 경험할 수 없는 행복한 삶이었다'라는 생각도 듭니다. 부임 초기와 달리 학교의 위상을 높이는 데 크게 기여하지 못한 점이 못내 아쉽고 미안한 마음입니다. 저는 비록 정년을 맞아 앞으로 큰 힘을 보탤 수는 없지만 후배 교수님들의 노력으로 더욱 빛나는 세종캠퍼스와 환경시스템공학과의 미래가 펼쳐질 것이라고 확신합니다.

고려대학교는 저에게는 너무나도 커다란 의미가 있습니다. 6년의 교육 기간을 포함하여 30여 년 동안 제 인생의 모든 것을 함께해 온 곳이기도 합니다. 그만큼 혜택은 크게 받았지만 보답은 제대로 돌려 주지 못한 곳이기도 합니다.

고려대학교의 눈부신 발전은 곧 저의 커다란 소망이고 행복입니다. 고려대학교가 국내를 넘어 세계 속의 훌륭한 대학으로 우뚝 서는 모습을 그려 봅니다. 그렇게 기대하고 응원하겠습니다. 그리고 여건이 된다면 저도 기꺼이 돕겠습니다.

마지막으로, 저에게 훌륭한 배움을 주고 교수로서의 삶은 물론 제 개인적인 삶을 담도록 그릇이 되어 준 고려대학교에 무한한 감사를 드립니다.

그리고 학교의 미래를 이끌어 갈 후배 교수님들과 직원 선생님들의 건강과 가정의 행복을 진심으로 빕니다. 감사합니다.

—2012년 2월 퇴임사

인명 찾아보기

二有錄

초판발행 2012년 9월20일
초판 1쇄 2012년 9월20일
엮은이 고려대학교 교무처
펴낸곳 **고려대학교출판부**
www.kupress.com
kupress@korea.ac.kr
136-701 서울특별시 성북구 안암동
02-3290-4230, 4232
Fax 923-6311
찍은곳 한국컴퓨터인쇄정보

ISBN 978-89-7641-784-8 03000

값 18,000원

* 잘못 만들어진 책은 바꿔드립니다.